高 等 学 校 研 究 生 教 材

物流系统规划与优化

孙国华 ◎ 主编

中国财经出版传媒集团

经济科学出版社
Economic Science Press

图书在版编目（CIP）数据

物流系统规划与优化/孙国华主编．－－北京：经济科学出版社，2022.11
ISBN 978－7－5218－4207－4

Ⅰ.①物…　Ⅱ.①孙…　Ⅲ.①物流－系统规划　Ⅳ.①F252

中国版本图书馆 CIP 数据核字（2022）第 207695 号

责任编辑：刘战兵
责任校对：蒋子明
责任印制：范　艳

物流系统规划与优化

孙国华　主编

经济科学出版社出版、发行　新华书店经销
社址：北京市海淀区阜成路甲 28 号　邮编：100142
总编部电话：010－88191217　发行部电话：010－88191522
网址：www. esp. com. cn
电子邮箱：esp@ esp. com. cn
天猫网店：经济科学出版社旗舰店
网址：http：//jjkxcbs. tmall. com
北京密兴印刷有限公司印装
787×1092　16 开　18.25 印张　368000 字
2022 年 11 月第 1 版　2022 年 11 月第 1 次印刷
ISBN 978－7－5218－4207－4　定价：65.00 元
（图书出现印装问题，本社负责调换。电话：010－88191510）
（版权所有　侵权必究　打击盗版　举报热线：010－88191661
QQ：2242791300　营销中心电话：010－88191537
电子邮箱：dbts@ esp. com. cn）

前　言

时光荏苒，岁月如梭。转眼间，讲授"物流系统规划与优化"课程已经十余年。作为物流工程与管理专业学位硕士研究生的必修课程，"物流系统规划与优化"综合了物流学、系统科学、管理科学、运筹学及现代优化理论等多个学科的研究成果，形成了自身独特的理论体系。通过"物流系统规划与优化"课程的学习，能够培养学生从整体性和全局性的角度对物流系统进行规划与优化，并学会使用科学的方法给出合理的物流系统方案。笔者综合现有国内外教材、文献资料和相关从业人员的实践经验，结合多年来科学研究与教学实践的经验，着眼于我国物流行业发展现状和社会对高端物流人才的需求，编写完成了本教材。

党的二十大报告提出，高质量发展是全面建设社会主义现代化国家的首要任务，高质量发展离不开高效顺畅的流通体系，并需要不断的降低物流成本。为了方便学生掌握规划高效顺畅的物流系统和优化物流系统成本的思想、模型和方法，本书在编写过程中，按照物流系统规划的一般步骤及战略层面规划—战术层面规划—操作层面规划的顺序，依次讲授了概论、物流系统现状调研与需求预测、物流网络规划、物流节点选址规划、物流系统优化、配送系统优化、配送中心规划、物流园区规划、物流系统评价。全书的整体编排符合"物流系统规划与优化"课程教学的特点，层层铺垫，逐步推进，科学合理。

本书的编写工作主要由山东财经大学管理科学与工程学院的孙国华、薛克雷、刘圆圆三位从事相关研究和教学实践的专业教师共同完成，新疆工程学院经济管理学院的郝慧敏也参与了教材部分章节的编写。全书共九章，由孙国华担任主编，负责全书的编写、校对、统稿和定稿工作。薛克雷参与了全书的统稿工作，刘圆圆参与了第三章的校对工作，郝慧敏参与了第一章、第八章、第九章的编写工作。

在编写过程中，山东财经大学管理科学与工程学院的王娅姿、魏美蓉、刘欣在资料收集、文字整理方面做了大量的工作，中核同方创新基金管理有限公司的袁正磊（高级经济师）参与了本书的框架制定与校对工作，上海师范大学的杨帆博士对本书涉及的模型和算法进行了校对，山东高速临空物流发展有限公司的刘行超（工程师）对规划方面涉及的工程问题进行了校对，在此一并表示感谢。

本书在编写过程中参考了许多国内外同行的著作和论文，作者已尽可能在参考文献中列出，在此对这些专家学者表示真诚的感谢！也有可能因为多方面的原因而有所疏漏，若有这样的情况发生，笔者表示万分歉意，并愿意在得知具体情况后予以纠正，在此表示感谢！

本书为山东省研究生教育优质课程建设项目"物流系统规划与优化"（项目编号：SDYKC21135）的阶段性成果，在此对山东省教育厅学位管理与研究生教育处一并表示感谢！

本书适合作为高等院校物流工程与管理、管理科学与工程等专业研究生与高年级本科生的教材，也可用作从事相关专业管理、规划和研究工作的人员的参考书。

限于作者的知识范围和学术水平，加之"物流系统规划与优化"的理论和实践仍在不断发展之中，书中难免会有疏漏和错误之处，恳请广大读者批评指正、不吝赐教。

孙国华

2022 年 6 月

CONTENTS 目录

第一章

概　　论

第一节　系统概述

一、系统的定义

"系统"（system）一词来自拉丁语 systema，有"群"和"集合"的含义。20 世纪 40 年代以来，在国际上"系统"作为一个研究对象引起了广泛的关注。近年来，虽然国内外诸多专家学者对系统科学展开了深入而广泛的研究，但是对于系统的定义至今仍没有达成共识。目前，比较有代表性的定义有：

（1）在《韦氏大词典》中，系统一词被解释为 "A group of interacting, interrelated, or interdependent elements forming a complex whole"，即系统是"一组相互作用、相互联系或相互依存的元素组成的一个复杂整体"。

（2）奥地利生物学家、现代系统研究的开创者贝塔朗菲（Ludwig von Bertalanffy）给出的定义为：相互作用的诸要素的综合体。

（3）日本工业标准《运筹学术语》中给出的定义是：许多组成要素保持有机的秩序向同一目标行动的体系。

（4）《现代汉语大词典》给出的解释为：①自成体系的组织、同类事物按一定的秩序和内部联系组合成的整体；②始终一贯的条理，有条不紊的顺序；③生物机体内能够完成共同生理功能而组成的多个器官的总称。

（5）我国著名科学家、系统工程的倡导者钱学森认为：系统是由相互作用和相互依赖的若干组成部分结合而成的具有特定功能的有机整体，而且这个系统本身又是它所从属的一个更大系统的组成部分。

综上所述，系统可以定义为"由若干个相互区别、相互依赖和相互制约的要素，为了一个共同的目标组成的、有特定功能的有机整体"。

系统在自然界和人类社会中是普遍存在的。例如，我们生活的太阳系是一个系统；人体是一个由呼吸系统、神经系统、消化系统、循环系统等子系统组成的有机系统；一个工厂可以看作由采购系统、生产系统、销售系统等子系统构成的系统；一个国家的交通运输系统是由公路运输、铁路运输、水路运输、航空运输、管道运输等子系统组成的复杂系统。

系统在一定环境或条件下存在，具有自己独特的运作模式。一个完整的系统通常包括输入、转换处理、输出和反馈四个要素。输出需要输入经过系统的转换处理才能得到，输出是转换处理的结果，代表系统的目的；转换处理是使输入变为输出的一种活动，一般由人和设备分别或联合参与。由于受外部环境的影响，系统的输出结果可能偏离预期目标，所以系统还具有将输出结果的信息反馈给输入的功能。输入、转换处理和输出是组成系统的三个基本要素，加上反馈，就构成了一个完整的系统。此外，系统存在于某个特定的环境中，外界的干扰也会对系统的过程与结果产生影响。系统的基本模式如图 1-1 所示。

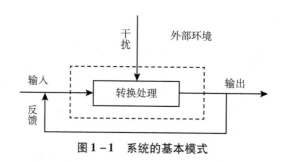

图 1-1 系统的基本模式

二、系统的基本特征

通常来说，系统具有以下六个基本特征：

（1）整体性。整体性是系统最基本的特征，是系统性最集中的体现。系统由两个或两个以上有一定区别又有一定联系的要素组成。系统整体性不是指各组成要素功能的简单叠加，而是呈现出各组成要素分散存在时所不具有的功能，即"整体大于部分之和"。

（2）目的性。要素的组合是为了达到特定的目的，系统的组织结构及各要素的联系方式是按照系统的不同功能要求建立的。

（3）相关性。构成系统的要素是相互联系、相互作用的；同时，所有要素均隶属于系统整体，并具有互动关系。通常来说，每一要素的变化都会受到其他要素变化的影响，并会引起其他要素的变化。

（4）动态性。事物都是不断变化的。系统的发展是一个有方向的动态过程。系统的动态性也称为时变性，是系统随时间变化的一种属性。系统作为一个运动着的有机体，其稳定状态是相对的，运动状态是绝对的。系统不仅作为一个功能实体存在着，还作为一种运动存在着。

（5）环境适应性。系统存在一个边界，将系统本身与环境区分开来。环境是指系统以外的事物（物质、能量、信息）的总称。系统处在某个环境之中，与所处环境有着密切的联系。系统必须适应外部环境的变化，并能不断向更好地适应环境的方向发展。

（6）约束性。系统受到外部环境的约束，对环境来说，它表现为功能；而系统内部则受结构的影响，形成了系统内部的约束。所以，大多数系统既受到外部环境施加于它的外部约束，又受到自身固有的结构局限性带来的内部约束。

第二节 物 流 概 述

一、物流概念的起源

物流的概念最早是在美国形成的，起源于 20 世纪 30 年代，使用的是 "physical distribution" 一词，意为 "实物分配" 或 "货物配送"。1963 年被引入日本，日文的意思是 "物的流通"。

1915 年，美国的阿奇·萧（Arch Shaw）在《市场流通中的若干问题》（*Some Problems in Market Distribution*）一书中提到 "物流是与创造需求不同的一个问题"，并指出 "物资经过时间或空间的转移会产生附加价值"。其中，market distribution 指的是商流，时间和空间的转移指的是销售过程的物流。1935 年，美国销售协会最早对物流进行了定义：物流（physical distribution，PD）是包含于销售之内的物料和服务，是从生产地到销售地的流动过程中伴随的种种活动。1964 年，日本开始使用物流这一概念（与 physical distribution 的概念对应）。1979 年，我国通过对日语汉字的直接引用，从日本引入了 "物流" 一词。1989 年，第八届国际物流会议在北京召开，"物流" 一词开始被大众熟悉。

现代物流大多使用 logistics 一词，最早出现在第二次世界大战期间，意思为 "后勤"，美国使用后勤管理对军火的运输、补给、屯驻等进行全面管理。在第二次世界大战以后，后勤管理的方法被引入商业部门，称为商业后勤，定义为 "包括原材料的流通、产品分配、运输、购买与库存控制、储存、用户服务等业务活动"，涵盖原材料物流、生产物流和销售物流。

1986 年，美国国家物流管理协会（National Council of Physical Distribution Management，NCPDM）改名为美国物流管理协会（The Council of Logistics Management，CLM）。将 "physical distribution" 改为 "logistics"，原因是 physical distribution 的领域相对狭窄，logistics 的概念则较宽广、连贯、整体。

二、物流的定义

与系统一样，物流也是一个发展中的概念，随着理论和实践的发展，物流的定义也在不断地发生变化，仍然没有一个统一的定义。目前，比较有代表性的定义有：

（1）2002 年，美国物流管理协会（Council of Logistics Management，CLM）将物流定义为："物流是供应链运作的一部分，是以满足客户需求为目的，对货物、服务和相关信息在产出地和消费地之间实现高效且经济的正向和反向的流动和储存所进行的计划、执行和控制过程。"

（2）在日本，不同学者对物流有不同的定义，最有代表性的是 1981 年日本日通综合研究所给出的物流定义："物流是将货物由供应者向需求者的物理性位移，是创造时间价值和场所价值的经济活动，包括包装、搬运、保管、库存管理、流通加工、运输、配送等活动领域。"

（3）1994 年，欧洲物流协会（European Logistics Association，ELA）发表的《物流术语》（*Terminology in Logistics*）中将物流定义为："物流是在一个系统内对人员及/或商品的运输、安排和与此相关的支持活动的计划、执行与控制，以达到特定的目的。"

（4）1985 年，加拿大物流管理协会（Canadian Association of Logistics Management，CALM）给出的定义为："物流是对原材料、在制品库存、产成品及相关信息从起运地到消费地的有效率的、成本有效益的流动和储存进行计划、执行与控制，以满足顾客需求的过程。"

（5）中华人民共和国国家标准《物流术语》（GB/T 18354—2021）给出的物流定义为："根据实际需要，将运输、储存、装卸、搬运、包装、流通加工、配送、信息处理等基本功能实施有机结合，使物品从供应地向接收地进行实体流动的过程。"

三、现代物流的特征

根据国内外物流实践与发展的情况，现代物流的主要特征表现为以下几个方面。

（一）物流过程一体化

现代物流将运输、仓储、配送等活动及相关的信息流动视为一个动态的整体，不再孤立地关注某一个环节的运行情况，更多关注的是整个物流系统的运行绩效。而且，随着物流实践的不断深入，现代物流从企业内部物流要素的整合逐步扩展到企业的外部资源，将供应商、生产商、批发商、零售商和用户资源进行一体化运作，力求通过为用户提供更优质的服务和降低运营成本，来提高企业的竞争力。

（二）物流技术专业化

现代物流区别于传统物流的一个重要特征就是先进的科学技术在物流活动中的广泛应用，如条形码技术、射频识别技术（RFID）、电子数据交换（EDI）、全球定位系统（GPS）、地理信息系统（GIS）、自动化技术、人工智能、无线通信技术、柔性化技术等。运输、装卸搬运、仓储、配送等环节也普遍采用专业化、标准化、智能化的物流设施和物流设备。这些现代化技术和设施设备的应用大大提高了物流效率，扩大了物流活动的范围。

（三）物流管理信息化

物流管理信息化是整个社会信息化的必然需求。现代物流高度依赖于对大量数据、信息的采集、分析、处理和即时更新。在信息技术、网络技术高度发达的今天，从客户资料的取得和订单数据处理的数字化、物流信息处理的电子化和计算机化，到信息传递的实时化和标准化，信息化渗透至物流运营的方方面面。众多没有任何物流设施设备的第三方物流提供商正是依赖其信息优势展开业务运作的。从某种意义上来说，现代物流竞争已经成为物流信息的竞争。

（四）物流服务社会化

物流服务社会化突出表现为第三方物流与物流中心的迅猛发展。随着社会分工的深化和市场需求的日益复杂，企业在运营过程中更倾向于将有限的资源集中于自身的核心业务，将自身并不擅长的物流环节交由专业物流公司，或者在企业内部设立相对独立的物流专业部门。专业的物流部门由于具有人才优势、技术优势和信息优势，可以采用更为先进的物流技术和管理方式，取得规模经济效益，从而实现物流合理化——在产品从供应方到需求方的全过程中，达到环节最少、时间最短、路程最短、费用最省的目的。

（五）物流活动国际化

在经济全球化的浪潮中，跨国公司普遍采取全球战略，在全世界范围内选择原材料、零部件的来源，选择产品或服务的销售市场。因此，其物流的选择和配置已不局限于某个国家，而是着眼于全球市场。例如，耐克公司在全球范围内招标采购原材料，在东南亚和中国等地生产，将产品分别运送到欧洲、亚洲的几个中心仓库，然后就近销售。

第三节 物流系统概述

一、物流系统的定义

物流系统是指按照计划为达成物流目的而设计的相互作用的要素的统一体。作为社会经济大系统的一个子系统，物流系统存在的目的与作用是将物品按照规定的时间、规定的数量，以合适的成本，准确无误地送达目的地，完成物品的物理性位移，最终实现物品的使用价值。

二、物流系统的基本模式

作为一个系统，物流系统也包括输入、转换处理、输出和反馈等功能，但具体内容因物流系统的性质不同而有所区别。具体的模式如图1-2所示。

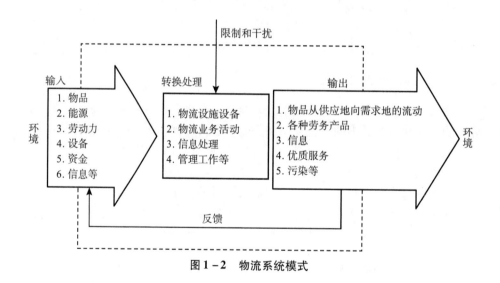

图1-2 物流系统模式

（一）输入

输入是外部环境对物流系统的输入，通过物品、能源、劳动力、设备、资金、信息等对物流系统发生作用。

（二）转换处理

从输入到输出之间所进行的采购、生产、销售、服务等活动中的物流业务活动称为物流系统的转换处理。具体内容包括物流设施的建设、物流设备的选择与使用、物流业务活动、信息处理及管理工作等。

（三）输出

物流系统的输出即物流服务，包括物品从供应地向需求地的实体流动、各种劳务产品、物流信息、优质的服务及对环境造成的污染等。

（四）限制和干扰

外部环境对物流系统施加一定的约束被称为外部环境对物流系统的限制和干扰。具体包括资源条件、能源限制、资金与生产能力的限制、价格影响、需求变化、仓库容量、装卸与运输的能力、政策的变化等。

（五）反馈

物流系统在将输入转换为输出的过程中，由于受各种因素的限制，不能按原计划实现，需要把输出结果返回给输入，进行调整，即使按原计划实现，也要把信息返回，以对工作做出评价，这被称为反馈。反馈的活动主要包括物流活动分析报告、统计报表、调查报告、国内外市场信息及有关动态。

（六）环境

物流系统总是处在一定的环境之中，受环境中各个元素的限制和干扰，只有在适应环境的情况下物流系统才能存在和发展。环境分为外部环境和内部环境，外部环境包括市场环境、科技因素、经济和产业结构等，内部环境包括生产系统、财务系统和销售系统等。一般来说，外部环境是系统不可控的，内部环境相对来说是可控的。

三、物流系统的特征

物流系统是一个复杂的系统，除了具有一般系统所共有的特点，如整体性、目的性、相关性、动态性、环境适应性与约束性，还具有一些独特的特点。

（一）物流系统是一个"人机系统"

物流系统是由"人"和"物"共同组成的，具体表现为物流劳动者运用运输设备、包装设备、装卸搬运设备、仓库、配送中心、物流中心等设施，作用于物品的一系列活动。在这一系列的物流活动中，人是物流系统的主体。因此，在研究物流系统各个方面的问题时，应把"人"和"物"有机结合起来加以考察和分析。

（二）物流系统是一个大跨度系统

物流系统的跨度体现在空间和时间两个方面。随着经济全球化的发展，物流在空间上的跨度越来越大，不仅会跨越不同的地域，甚至会跨越不同的国家。物流系统通常采用仓储的形式解决供应和需求之间的时间矛盾，这一时间跨度往往也很大。随着物流系统跨度的增大，在管理方面的难度也逐步越大，对信息的依赖程度也越来越高。

（三）物流系统是一个可分解系统

无论规模多大的物流系统，都可以分解成若干个相互联系的子系统。首先，物流系统是由运输、仓储、装卸、搬运、包装、流通加工、配送及信息处理等多个功能要素构成的。这些要素本身可以分解为子系统，这些子系统中的一个或几个通过有机结合，也可以构成具有特殊功能的物流系统；其次，这些子系统又可以按空间或时间特性划分成更低层次的系统，如运输系统可进一步分为公路运输系统、铁路运输系统、水路运输系统、航空运输系统及管道运输系统。不同层次的子系统既相互联系又相互区别、相互协调，通过有机结合形成一个整体，且系统的整体功能大于各子系统功能之和。

（四）物流系统是一个动态系统

物流系统一端连接着供应地，另一端连接着需求地，物流系统内的各个功能要素和系统的运行会随着需求、供应、渠道和价格的变化而发生变化，这无疑增加了物流系统规划和优化的难度。物流系统是一个具有满足社会需要、适应环境能力的动态系统，因此，物流系统的各组成要素需不断地修改和完善，这就要求物流系统具有足够的灵活性与可改变性。

（五）物流系统是一个复杂系统

物流系统的运行对象是"物"，"物"的大量化和多样化增加了物流系统的复杂性。从物品资源的角度看，物品的品种层出不穷，数量极大；从从事物流活动的人员角度看，物流从业人员众多；从资金占用的角度看，物流系统内的物资占用大量的流动资金；从物品供应地的角度看，供应地遍及全国乃至全球的各个地方。这些人力、物力、财力的组织和合理利用，是一个极其复杂的问题。

在物流活动的全过程中，始终贯穿着大量的物流信息，物流系统要通过这些信息把各个子系统有机地联系起来。如何收集和处理物流信息，并使之指导物流活动，也是一项复杂的任务。

（六）物流系统是一个多目标系统

物流系统的总目标是实现社会效益与经济效益，但在实践中，要同时实现服务时效最优、服务质量最佳、物流成本最低几乎是不可能的。物流系统各要素之间存在"效益悖反"现象，即物流系统的若干功能要素之间存在损益的矛盾，一个功能要素在得到优化的同时，通常会损坏另一个或几个功能要素的利益。例如，小批量、多频次的配送，虽然能够减少需求方的仓储成本，但是无形之中增加了运输成本。这些相互矛盾的问题，在物流系统中广泛存在。而物流系统又要在这些矛盾中运行，并尽可能满足社会的需求。显然，在物流系统规划与优化过程中，要建立多目标优化模型，并求得物流系统的整体最佳方案。

四、物流系统的目标

物流系统的目标就是以最低的成本向客户提供优质的服务，即在恰当的时间，将恰当数量、恰当质量的恰当商品送达恰当的地点。一般认为，物流系统就是将运输、仓储、装卸搬运、包装、流通加工、配送和信息处理等功能结合起来，以实现服务、及时性、库存控制、节约、规模优化等目标的综合体。

（一）服务（service）

物流系统是连接生产和再生产、供应和需求的桥梁和纽带，因此要有较强的服务性，这种服务性就是要以客户为中心，树立"客户第一"的观念，将物品按照客户的要求，以最快的方式、最低的成本送到客户手中。

（二）及时性（speed）

及时性是服务性的延伸。随着社会的进步，客户对物流服务的及时性要求越来越高。物流系统中采用直达运输、即时配送、快速反应机制等管理和技术，就是这一目标的体现。

（三）库存控制（stock control）

库存控制是及时性的延伸，也是物流系统本身的要求，涉及物流系统的效益。物流系统通过本身的库存，起到对众多生产企业与消费者的需求保障作用，从而创造一个良好的社会外部环境。在物流领域中正确确定库存方式、库存数量、库存结构、库存分布就是库存控制目标的体现。

（四）节约（saving）

物流过程消耗大，且基本不增加物品的使用价值，因此，通过节约来降低投入是非常重要的。物流领域必须提高物流作业能力，采取各种节约、省力、降耗的措施，以实现降低物流成本的目标。

（五）规模优化（scale optimization）

相对于生产系统而言，物流系统的稳定性较差，不易形成标准的规模化模式，较难获得规模效益。但是可以通过科学规划来构建物流系统，提高物流集约化程度，以实现规模优化这一目标。

五、物流系统的构成要素

物流系统是由诸多要素组成的复杂系统。根据其特点，物流系统的要素可具体分为资源要素、网络要素、功能要素、物质基础要素、流动要素和外部支撑要素。

（一）物流系统的资源要素

1. 人

人的要素是核心要素，因为人是物流系统中最活跃、最具有能动性的要素。人是保证物流得以顺利进行和提高管理水平最关键的要素。

2. 财

财的要素很关键，物流系统的建设本身是资本投入的过程。实现交换的物流过程实际上也是资金流动的过程，同时物流服务本身也要以货币为媒介。在物流系统中重视财的要素主要指降低物流成本、提高经济效益等，它是物流系统规划与优化的出发点。

3. 物

物的要素包括物流系统的劳动对象，即各种实体流动的"物品"，还包括各种劳动工具和劳动手段，如物流设施和设备等。在物流系统中，物的管理贯穿于物流活动的始终，涉及物流活动的各个环节。

（二）物流系统的网络要素

物流系统不是由孤立的点和线组成的，可以看作是由点和线有机联系在一起的网络。

1. 点

在物流过程中，为流动的物品提供储存和中转以便进行相关后续物流作业的场所称为点，如仓库、物流中心、配送中心、车站、港口、堆场等。根据点所具备的功能可以将其分为三类：单一功能点、复合功能点和枢纽点，从单一功能点、复合功能点到枢纽点，功能不断完善，在物流系统网络结构中的辐射范围也不断扩大，规划和管理的难度也逐渐加大。

2. 线

连接物流网络中的节点的线路称为线。物流系统网络中的线是通过一定的资源投入形成的。线是矢量，分为正向和反向，一般物流的正向是从供应链的上游经过连线到达下游的终端客户，而物流的反向则是从供应链的下游经过连线到达上游的供应商。物流网络中的线具有方向性、有限性、多样性、连通性、选择性、层次性等特点。

（三）物流系统的功能要素

物流系统的功能要素主要有运输、仓储、装卸搬运、包装、流通加工、配送、信息处理等功能。

1. 运输功能

运输能够实现物品的空间位移，是物流系统一个非常重要的功能，并在物流总成本中占有非常大的比重。常见的运输方式有公路运输、铁路运输、水路运输、航空运输和管道运输。对运输活动的管理，要求选择技术经济效果最好的运输方式及联运方式，并确定合理的运输线路，以实现价廉、快速、及时的要求。

2. 仓储功能

在物流系统中，仓储是与运输同等重要的核心功能要素，在物流活动中处于中心地位。仓储环节包括对进入物流系统的货物进行堆存、保管、保养、维护、库存控制等一系列活动。对仓储活动的管理，应尽可能提高保管效率，降低损耗，加速物资和资金的周转。

3. 装卸搬运功能

在整个物流活动中，装卸搬运出现频率最高，也是最容易造成货物损坏的环节。装卸搬运是对运输、仓储、包装、流通加工、配送等物流活动进行衔接的中间环节，也是在仓储保管中为进行检验、维护、保养而进行的活动。对装卸搬运的管理，主要包括装卸搬运方式及器具的选择和合理配置、使用，力求减少装卸次数，以达到节能、省力、安全、快速、减少损失的目的。

4. 包装功能

包装的主要功能是保护商品、方便物流、促进销售和方便消费。包装活动包括产品的出厂包装，生产过程中在制品、成品的包装，以及在物流过程中换装、分装、再包装等。对包装活动的管理，主要是根据物流方式、销售要求和全物流过程的经济效果，确定包装材料和包装形式。

5. 流通加工功能

流通加工是物流过程的辅助加工活动，是根据顾客的需要，在流通过程中对产品实施的简单加工作业活动（如包装、分割、计量、分拣、刷标志、拴标签、组装、组配等）的总称。流通加工具有适应顾客多样化的需求、弥补生产领域加工不足、更好地衔接不同运输方式、提高物流和加工效率等优点。

6. 配送功能

配送是整个物流过程的末端环节，是指根据客户要求，对物品进行分类、拣选、集货、包装、组配等作业，并按时送达指定地点的物流活动。对配送活动的管理，主要包括配送方式与模式的选择、配送业务的组织及配送中心的规划设计、运营管理等。

7. 信息处理功能

现代物流的高效运作离不开信息技术的保障。物流信息处理包括对与物流活动相关信息的收集、汇总、统计、使用等活动，以便获得相关的计划、预测等信息，以及有关的费用信息、生产信息、市场信息。可以说，物流信息化是物流信息系统高效运转的基础。

（四）物流系统的物质基础要素

物流系统的建立和运行，需要大量基础设施和技术装备手段，这些手段就构成了物流系统的物质基础要素，这些要素的有机联系对物流系统的运行具有决定性意义。物质基础要素主要有以下一些。

1. 物流设施

物流设施是物流系统运行的基础和物质条件，主要包括物流节点（港口、车站、物流园区、物流中心、配送中心、仓库等）和运输通道（铁路、公路、水路、航空、管道）。

2. 物流设备

物流设备是保证物流系统开动的条件，主要包括运输车辆、仓储货架、装卸搬运机械、包装设备、流通加工设备等。

3. 物流工具

物流工具是物流系统运行的物质条件，主要包括包装工具、办公设备和维护保养工具。

4. 信息技术及网络

信息技术及网络是掌握和传递物流信息的手段，包括通信设备及线路、传真设备、计算机及网络设备等。

5. 组织及管理

组织及管理是物流系统的"软件"，起着连接、调运、运筹、协调和指挥其他各要素以保障物流系统目的的实现。

（五）物流系统的流动要素

物流系统有以下七个流动要素。

1. 流体

流体即物流中的"物"，一般指物质实体，具有自然属性和社会属性。流体的自然属性是指其物理、化学、生物的属性；流体的社会属性是指流体所体现的价值属性，以及生产者、采购者、物流作业者及销售者之间的各种关系。有些关系国计民生的重要商品作为流体还肩负着国家宏观调控的重要使命，因此在物流过程中要保护流体的社会属性不受影响。

2. 载体

载体是指流体借以流动的设施和设备，是物流活动得以完成的物质基础。设施主要包括公路、铁路、港口、车站、机场等基础设施；设备直接承载并运送流体，主要包括装卸搬运设备、分拣设备、运输设备及仓储设备等。物流载体的状况，尤其是基础设施的状况直接决定物流的质量、效率和效益，也决定着物流网络的形成与运行。

3. 流向

流向是指流体从起点到终点的流动方向，包括正向物流和逆向物流。起点是供应链上游的供应商、终点是同一供应链的下游或者是沿着下游方向的流向就是正向物流；逆向物流是指为恢复物品价值、循环利用或合理处置，对原材料、零部件、在制品及产成品从供应链下游向上游反向流动，或按特定的渠道或方式归集到指定地点所进行的物流活动，比较典型的是退货物流、回收物流及废弃物物流等。

4. 流量

流量是通过载体的流体在一定流向上的数量表现，是物流对象多少的反映。流量分为两类：第一类是实际流量，即实际发生的流量；第二类是理论流量，即从物流系统合理化的角度看应发生的流量。

5. 流程

流程是通过载体的流体在一定流向上行驶路径的数量表现，通常表现为物流经过的路径的长短，它直接影响物流的成本和效益。流程与流向、流量一起构成了物流向量的三个数量特征，流程与流量的乘积还是物流的重要量纲，如吨公里。流程可分为实际流程和理论流程，其中，理论流程通常是指可行路径中的最短路径。

6. 流速

流速是单位时间流体转移的空间距离长短，反映流体转移速度的快慢，在很大程度上影响物流的响应速度和服务质量。流速由两个部分决定：一是流体转移的空间距离，即流程；二是进行这种转移所用的时间。流速就是流程除以时间所得到的值。流体在转移过程中通常处于运输和仓储两种状态。运输的运作方式（如不同的运输设备、不同的运输网络、不同的装卸搬运方式和设备等）对单位时间内流体转移的空间距离产生影响；处于仓储状态的流体不发生位移，但需要花费时间，是导致流速降低的一个原因。因此，要提高流体的流速，需要从运输和仓储两个方面进行合理的规划和优化。

7. 流效

流效是指物流系统的效率和效益。物流系统的目的是用尽可能少的物流成本完成物品从供应地到需求地的实体流动，并满足客户对物流服务的要求。这个目的集中体现在物流的效率和效益上。

在物流过程中，七个流动要素缺一不可，并且是彼此相关的。流体的自然属性决定了载体的类型和规模，流体的社会属性决定了流向、流量和流程，载体对流向、流量和流速具有制约作用，载体的状况对流体的自然属性和社会属性均会产生影响，流体、载体、流向、流量和流程决定了流速，其他六个要素的具体运作决定了流效。

（六）物流系统外部支撑要素

物流系统处于社会经济系统中，其建立需要许多支撑要素。要确定物流系统的地位，以及协调与其他系统的关系，这些支撑要素必不可少。物流系统外部支撑要素主要包括以下几种。

1. 体制和制度

物流系统的体制和制度决定物流系统的结构、组织、领导、管理方式，因此，国家需要建立完善的物流体制和制度对其进行控制和指挥。有了这个支撑条件，物流系统才能确定在国民经济中的地位。

2. 法律和规章

物流系统的运行，不可避免会涉及企业或人的权益问题。法律和规章一方面限制和规范物流系统的活动，使之与更高一层的系统协调；另一方面，法律和规章对物流系统的运行给予了保障，如物流合同的执行、客户权益的保障、责任的认定都需要靠法律和规章来维系。

3. 行政命令

物流系统和一般系统的不同之处在于物流系统关系到国家军事、经济命脉，因此，行政命令也是支撑物流系统正常运转的重要因素。

4. 标准化体系

保证物流环节协调运行，是物流系统与其他系统在技术上实现连接的重要支持。

5. 组织及管理

组织及管理发挥协调与控制各种流动要素、规范物流业务活动、协调各方利益冲突等作用，以保证物流系统目标的实现。有效且高效率的组织及管理是物流系统至关重要的组成部分。

六、物流系统中的目标冲突

物流系统由多个要素组成，各要素都有自身的目标，这些目标各不相同，往往相互冲突；同时，物流系统与外部系统之间也存在冲突。在物流系统规划与优化的过程中，需要对这些目标冲突进行权衡和折中，以实现物流系统整体目标最优。

（一）物流系统各要素之间存在目标冲突

物流系统中各功能独立存在时，各自的目标之间存在冲突。例如，对于零售商，当采用小批量、多频次的补货策略时，运输成本会增加，但是仓储成本会降低；当采用大批量、少频次的补货策略时，虽然会降低运输成本，但是仓储成本会增加。采用简易的包装能够降低包装费用的支出，但是增加了运输和装卸搬运过程中货物的破损率，而且降低了货物的堆码高度，使得仓库的利用率下降。

（二）物流系统要素内部存在目标冲突

从系统的角度看，物流系统的各功能可以看作是物流系统的子系统，如果将物流系统内部功能要素之间的目标冲突应用于任何一个功能要素的话，物流系统要素内部也存在着目标冲突。例如，在运输子系统中，各种运输方式各具有优缺点。公路运输灵活性强，能实现"门到门"服务，但长距离运输成本偏高；铁路运输运送批量大、成本低，但不够灵活；水路运输成本低，但是速度太慢；航空运输速度快，但运输成本昂贵，且容易受天气影响。在选择运输方案时，各种运输方式的优点不可兼得，需要进行综合权衡。

（三）物流服务水平与物流成本之间存在冲突

物流服务水平与物流成本之间存在着"效益悖反"。一般来说，提高物流服务水平，物流成本通常也会随之上升，而且有时候物流成本增加的幅度要远远大于物流服务水平提高的幅度。在进行物流系统规划与优化时，必须认真考虑物流成本与物流服务水平之间的关系。一般来说，物流服务水平与物流成本之间有以下关系：（1）物流服务水平不变的前提下尽可能降低成本；（2）为提高物流服务水平不惜增加物流成本；（3）在物流成本不变的情况下尽可能提高物流服务水平；（4）用较低的物流成本实现较高的服务水平。

（四）物流系统与外部系统之间存在冲突

物流系统作为一个更大的系统中的一个子系统，要与外部系统发生联系，而构成物流系统环境的就是这些与物流系统处在同一层次的子系统。与物流系统一样，环节中的其他系统都有特定的目标，这些目标之间的冲突也是普遍存在的，物流系统以这种方式同环境中的其他系统发生联系。例如，生产系统的目标和销售系统的目标可能会形成对物流系统目标的夹击。由于物流的各种要素包含在销售、财务、生产及采购等各种活动中，各部门管理人员的目标往往会有冲突。

七、物流系统的集成

物流系统集成是把分散的、各自为政的要素集中起来，形成一个新的整体，以发挥单个要素不可能具有的功能，集成是现代物流发展的一种趋势。

物流系统要素的集成需要通过一定的制度安排，对物流系统功能、资源、信息、网络及流动要素进行统一规划、管理和评价，通过要素之间的协调和配合使所有要素进行整体化运作，从而实现物流系统要素之间的联系，达到物流系统整体优化。物流系统的集成原理有以下要点：（1）物流要素集成的最终目的是实现物流系统整体最优；（2）物流要素都应该进行集成；（3）物流要素集成要对要素进行统一规划、管理、评价，使要素之间实现协调和配合；（4）物流要素集成要靠单边治理、双边治理、三边治理和多边治理等制度安排来保障；（5）集成需要成本，集成是有条件、分层次的。

第四节　物流系统规划与优化概述

一、物流系统规划与优化的内容

物流系统规划与优化是根据物流系统的功能要求，以提高系统服务水平、运作效率和经济效益为目的，确定各种要素的合理配置方案，涉及的内容主要有以下一些。

（一）物流战略规划

战略规划侧重于宏观控制，解决的是企业和社会经济长远发展过程中的战略决策等问题。战略规划在各种规划层级中是最高的，时间也是最长的。

对社会物流而言，物流战略规划着重关注整个国民经济的发展，在把握社会经济发展规模与目标、科学技术发展动向、物流业发展基础与市场需求走势等要素的基础上，定位未来物流发展模式及中远期战略目标。

对企业物流而言，物流战略规划是提出物流系统的目标、任务、方向及未来服务的工作，并制定实现企业总体目标和自身分阶段目标的各项政策和措施，具体而言即重点关注客户服务战略、设施选址战略、库存决策战略、运输发展战略等方面。

（二）物流网络规划

物流网络规划是指在一定的层次和地区范围内确定物流网络合理的空间布局方案。其中，物流设施选址和运输线路规划是物流网络规划的重点。

社会物流网络规划的重点是综合运输网络和重要物流节点设施的配置，目的是构建公共物流网络，对应着不同的规划区域范围，有不同的规划层次，如全国、区域、城市等多个层次。规划层次越高，研究的对象就越宏观，随着规划层次的下降，研究的对象就越细化。

企业物流网络规划通常是基于社会物流网络规划进行的，企业物流系统依托自身物流节点（物流中心、配送中心、仓库等）的选址，通过社会物流网络的共享，形成满足企业自身运营需求的物流网络。例如，一个主营中、长途运输业务的物流企业将其配送中心选址于高速公路出入口附近，使高速公路成为其物流网络的组成部分之一。

1. 物流设施选址

物流设施选址主要包括物流设施数量及规模、物流设施的位置、物流设施的功能及其配置的确定等内容。

2. 运输线路规划

对于社会物流系统，运输线路规划主要是对公路、铁路、水路、航空和管道等组成的运输网络的配置；对于企业物流系统，规划的重点是充分利用已形成或将改造扩展的相应网络，通过分析现有网络是否能够满足物流系统的需求，根据物流系统的发展需要，对原有网络进行补充改造，形成满足一定物流服务需求的物流运输线路。

3. 物流设施平面布局规划

物流设施平面布局规划主要根据物流设施的功能、作业流程及服务质量等方面的要求，确定物流设施内部各种功能区域的平面布局方案，如配送中心的仓储区、分拣区、加工区、内部通道等的布局。

4. 物流设备选择与布置规划

根据物流系统的作业要求和特点，选择合适的物流设备和工具并制定其布置方案，以提高物流作业效率，是物流设备选择与布置规划的重点，具体来讲，主要包括仓储货架、装卸搬运设备、包装及流通加工设备或工具、分拣设备的选择和平面布置设计等内容。

5. 物流信息系统规划

物流信息系统规划包括企业物流信息系统、物流节点信息系统和公共物流信息平台三个层次的规划。具体规划内容因服务对象的不同而有所不同。

6. 物流运作系统规划

对于社会物流系统而言，物流运作系统规划主要指城市物流产业政策保障规划，具体包括综合协调机制的建立、物流供需市场的培育、物流标准化工作的推进、物流人才战略及为物流基础设施和物流信息平台规划的实施提供所需的政策保障等。

对于企业物流系统而言，物流运作系统规划主要包括运作流程、进（出）库作业、保管作业、拣货作业、运输作业、管理组织结构、品牌管理、订单管理等方面的内容。

二、物流系统规划与优化的原则

物流系统规划与优化必须以物流系统整体目标为中心，使物流各组成要素得到最合理、最经济、最有效的配置和安排。为了实现物流合理化的目标，建立高效率的物流系统，物流系统规划与优化的过程需遵循以下原则。

（一）系统性原则

物流系统的系统性特征决定了物流系统规划与优化时必须遵循系统化原则。首先，从宏观上来看，物流系统在整个社会经济系统中不是独立存在的，而是社会经济系统的一个子系统。物流系统与其他社会经济子系统不但存在相互融合、相互促进的关系，而且存在相互制约、相互矛盾的关系。因此，在对物流系统进行规划与优化时，必须把各种影响因素考虑进来，达成整个社会经济系统的整体最优。其次，物流系统本身由若干个子系统（如运输系统、仓储系统、配送系统、包装系统、装卸搬运系统、流通加工系统、信息系统等）构成。这些子系统之间相互促进，相互制约，要求在进行物流系统规划与优化时对物流系统内部进行系统化的考虑，从而实现物流系统的整体最优而不是某个或某几个子系统的局部最优。

（二）战略性原则

战略性原则是指在进行物流系统规划与优化时，必须对物流系统中的各种要素进行长期的、战略性的思考和设计，主要体现在三个方面：一是在进行物流系统规划与优化时，对物流系统各组成要素的评价和取舍要有战略视角，要从长期发展的角度进行评价并做出取舍；二是在进行物流系统规划与优化时，对规划要素要有全局意识，而且是中长期的全局意识；三是要充分考虑物流系统所处环境可能发生的变化，使物流系统具有一定的环境适应性。

（三）可行性原则

可行性原则是指在进行物流系统规划与优化时必须使物流系统各组成要素满足既定的资源约束条件，也就是说，在规划与优化物流系统时必须考虑现有的可支配资源，必须符合自身的实际运行状况，既要与物流发展的总体水平、社会经济的总体水平及经济规模相适应，体现前瞻性和发展性，又不能超越企业自身的承受能力。

（四）经济性原则

经济性原则是指在物流系统的功能和服务水平一定的前提下，追求成本最低，并以此实现系统自身利益的最大化。经济性原则具体体现在以下六个方面。

1. 规模化

通过批量化运作，可以提高物流设施设备的使用效率和劳动生产率，从而达到降低物流成本的目的。例如，配送中心集中进货、库存集中化管理、将零星分散的运输合并为大批量运输等。规模化还有利于采用先进的作业技术，实现自动化和省力化。

2. 连续性

通过有计划地组织物流活动，保证流体在系统中流动顺畅，消除不必要的停滞，保证整个过程的连续性，避免无谓的浪费。

3. 柔性化

在进行物流系统规划与优化时，要充分考虑内外部环境的变化对系统带来的影响，以便于以后的扩充和调整。

4. 协同性

当各种不同的物流要素在同一个物流系统中运行时，该物流系统应该具有协同性，从而达到 $1+1>2$ 的效果，实现单个要素无法实现的功能。

5. 资源的高利用率

物流系统的投资主要集中在设施建设与设备购买，属于固定资产的范畴，也就是说，不论资源的利用率如何，固定成本是不变的。因此，提高资源利用率可以降低物流成本。

（五）社会效益原则

社会效益原则是指物流系统规划与优化应该考虑环境污染、可持续发展、社会资源节约等因素。一个好的物流系统不仅能创造良好的经济效益，在社会效益方面的表现也应该是杰出的。物流系统的社会效益受到社会各界的关注和重视，我国倡导的循环经济，绿色物流是其中重要的组成部分。另外，政府在法律和法规上也对物流系统的社会效益问题做出了引导和规定。

三、物流系统规划与优化的影响因素

物流系统的规划与优化是为了更好地配置系统中的各种物流要素，形成一定的物流生产能力，使之能以尽可能少的成本完成既定的目标。因此，在进行物流系统规划与优化时，有必要分析影响物流系统运营的因素，从而制定合理的物流系统方案。影响物流系统规划与优化的因素主要有以下几点。

（一）物流服务需求

物流服务需求包括服务水平、服务地点、服务时间、产品特征等多项因素，这些因素是物流系统规划与优化的基础。提高服务水平，意味着需要采用更加快捷的运输方式或配置更多更靠近目标客户的物流节点，服务地点和服务时间直接决定物流系统的网络配置及运输方案设计，产品特征影响运输设备、仓储设备、装卸搬运设备等的选择。

由于物流市场和竞争对手都在不断地发生变化，为了适应这些变化，物流系统必须不断调整和改进，支持市场发展前景良好的物流服务项目。

（二）行业竞争状况

在进行物流系统规划与优化时，需要详细分析竞争对手的情况，如竞争对手的服务水平、资源配置情况、服务方式及商业模式等，全面了解行业基本服务水平，寻求适合企业自身的物流市场定位，从而发展自身的核心竞争力、构筑合理的物流系统。

（三）地区市场差异

物流系统中物流节点结构直接同客户的特征有关。地区人口密度、交通状况、经济发展水平、区域产业结构等都影响着物流节点设置的相关决策。如外向型经济比较发达的省市，其物流系统中常常要考虑物流枢纽节点的配置、与国际物流的有效衔接等。

（四）物流技术发展

信息、通信和自动化等技术对物流发展具有革命性的影响。及时、快速、准确的信息交换可以使物流相关企业随时掌握物流动态，不但改进了物流系统的实时管理控制与决策，而且为实现物流作业一体化、提高物流效率奠定了基础。

（五）流通渠道结构

流通渠道结构是指参与完成商品由生产领域向消费领域转移的各种组织机构的构成方式。一个企业必须在流通渠道中建立企业间的商务关系，而物流活动是伴随着一定的商务关系产生的，是构成渠道的重要组成部分之一。因此，为了更好地支持企业的商务活动，物流系统的构筑应考虑流通渠道结构。

（六）经济发展

经济发展水平、居民消费水平、产业结构直接影响着物流服务需求的内容、数量和质量。为此，物流系统的规划与优化应适应物流服务需求的变化，不断拓展其功能，以满足经济发展的需要。

（七）政策、法规、税收、工业标准等

运输法规、税收政策、工业标准等都将影响物流系统的规划。在进行物流系统规划与优化时，要充分考虑政策性因素，如政府的方针、税收政策、法律法规、区域规划和生态环保等方面的要求，还要考虑如何衔接国家标准与行业标准，如物流系统中托盘的标准规格等。

四、物流系统规划与优化的常用方法

物流系统规划与优化需要借助其他学科发展比较成熟的理论方法和技术，常用的方法主要有以下几种。

（一）最优化方法

优化是指在一定的约束条件下使目标函数达到最优。求解最优化问题的方法被称为最优化方法。物流系统是一个复杂的系统，构成系统的要素众多，且相互制约、相互影响。最优化技术能够根据物流系统的目标，在诸多备选方案中，通过建立数学模型为物流系统选择出最佳的可行方案。物流系统常用的优化方法有数学规划（线性规划和整数规划）、动态规划方法、探索法、分割法等。

（二）网络技术

网络技术是现代管理方法中的一个重要组成部分，最早用于工程任务完成方面，后来在企业的经营管理中得到了广泛应用和发展。1958 年，美国海军特种计划局在研制"北极星导弹潜艇"过程中提出了以数理统计为基础、以网络分析为主要内容、以计算机为手段的新型计划管理方法，称为计划评审法（program evaluation and review technique，PERT），后来又开发出了关键路线法（critical path method，CPM）。应用网络技术可以统筹安排物流系统中的各个环节，特别是对于关系复杂、多目标决策的物流系统研究，网络技术是不可忽视的基本方法。网络技术以时间为基础，用表达工作之间相互联系的网络图来反映整个系统的全貌，从而指出影响全局的关键所在，帮助物流系统做出比较切实可行的全面规划和安排。

（三）系统仿真技术

系统仿真是利用系统模型在仿真的环境和条件下，对系统进行研究、分析和实验的方法。系统仿真技术在物流领域的应用非常广泛。因为物流系统涉及的活动领域十分广泛，其中各子系统功能部分又相互交叉、互为因果，复杂的物流系统设计很难借助实验或实验成本巨大，而通过物流系统仿真，可以低成

本、有效地研究真实系统的现象或过程。

（四）分解协调技术

分解协调技术是解决大系统问题的一种常用方法。其中，分解是将复杂的大系统分解为若干个相对简单的子系统，以便运用通常的方法进行分析和综合。协调是根据大系统的总任务、总目标的要求，使各子系统相互协调配合，在各子系统局部优化的基础上，通过协调控制，实现大系统的全局最优化。

在使用分解协调技术解决物流系统优化问题时，首先实现各子系统的局部优化，再根据总系统的总任务、总目标，使各子系统相互协调配合，最终实现物流系统的全局最优化。

五、物流系统规划与优化的步骤

物流系统规划与优化大致分为四个阶段：确定目标与约束条件；现状调研、需求分析与方案拟定；方案评价与选择；方案实施与实效评价。具体步骤如图 1-3 所示。

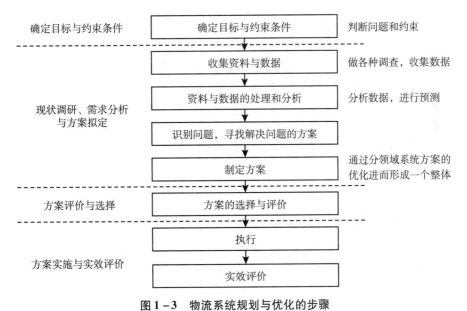

图 1-3　物流系统规划与优化的步骤

（一）确定目标与约束条件

1. 明确规划与优化的目标、约束条件

在规划与优化的过程中，最重要的是确定物流系统的目标。目标的定位直

接决定了物流系统的组成部分。例如，对于企业物流系统的规划与优化，比较常用的目标有总资金成本最低、运营成本最小和客户的服务水平最高。总资金成本最低的目标旨在使物流系统中总投资最小，相对应的物流系统规划方案往往是减少物流节点的数量，选择租赁第三方仓储而不是自营仓储；运营成本最低的目标往往需要利用物流节点实现整合运输；顾客服务水平最高的目标往往需要在靠近客户的位置设置仓库，从而为客户提供更快捷的服务。由于物流系统庞大而复杂，各子系统之间相互影响和相互制约的情况非常普遍，而且外部环境也会对物流系统的运营造成诸多限制。因此，在物流系统规划与优化的过程中，需要说明各种约束，特别是暂时无法改变的制约因素。

2. 确定系统的边界，明确规划与优化的内容

根据规划与优化的既定目标，确定物流系统的边界，并明确规划与优化的主要内容。不同的研究对象所涉及的范围与内容有所不同，规划的方法也有所区别，因此在规划工作开始准备阶段，应对物流系统的边界加以界定，为分析问题的要素间的相互关系和要素与环境间的关系奠定基础。

3. 设立组织机构

物流系统规划与优化的组织机构应包括为做好规划工作而设立的领导小组、工作机构与专家组。鉴于物流系统规划与优化工作的复杂性和系统性，规划工作必须有一个强有力的领导小组，同时考虑到规划与优化工作的专业性，还要设立专家组负责提供专业技术咨询服务。

4. 制定整个项目的计划表

规划与优化工作本身就是一个系统工程，为了对整个项目进行有效管理，有必要引入项目管理的方法来进行统筹管理，制定项目计划进度表，以控制整个项目按时保质完成。

（二）现状调研、需求分析与方案拟定

在确立物流系统规划与优化的目标后，要对拟建物流系统的现状进行调查，收集必要的数据，并对这些数据进行分类、整理、分析等操作，寻找解决问题的方法，结合系统目标制定物流系统的初步方案。

1. 现状调研

作为系统规划和优化的基础，一个物流系统方案的有效性依赖于调研获得的基础资料的准确程度和全面程度。调研的内容根据规划与优化的目标和调查对象来确定。一般物流系统规划与优化需要调查的基础资料包括物流服务需求、物流资源状况、社会经济发展状况和竞争对手的状况。在完成数据收集工

作以后，剔除异常数据，确定数据样本容量，对数据进行分类、整理、分析，为制定物流系统的初步方案做好准备。

2. 需求分析

对收集的数据进行分析、预测未来的需求，依据需求识别存在的问题，提出解决问题的方法，制定多个物流系统初步方案。

3. 方案的目标分析

确认方案的具体目标，并构思出物流系统方案必须达到的技术标准和经济效益标准。

4. 方案的总体规划

对物流系统进行总体功能设计与总体框架结构设计。

5. 子系统的功能设计

设计出总体框架结构中各子系统具体的功能、实施方法与步骤并加以说明。设计的内容要根据系统的目标与范围来确定。

（三）方案评价与选择

物流系统方案评价是物流系统规划与优化工作必不可少的步骤和重要组成部分，是对各种初步方案进行经济、技术与社会多个层面的比较和评价，即根据物流系统的评价标准，采用有效的方法，比较这些备选方案的优劣，从而辅助决策者选择最优或最满意的方案。

由于要规划的物流系统结构各不相同，规划的内容与目标也千差万别，因此，物流系统评价时研究的对象、考虑的因素、评价的标准、所采用的方法、评价过程与步骤也各不相同。物流系统方案评价一般需要经过以下步骤：确定评价目标和评价内容，确定评价因素，建立评价指标体系，制定评价准则，选择评价方法，进行单项和综合评价。常用的评价方法有加权因素评价法、层次分析法、模糊综合评价法和灰色关联度综合评价法等。

（四）方案实施与实效评价

物流系统方案的实施过程是相当复杂的，方案的实际可操作性将在这一阶段得到验证。这就要求实施者根据决策者选出的最优设计方案，严格按照方案设计的要求逐步实施。在这个过程中，可能会遇到各种实际问题，有些是决策者事先未曾预料到的，因此，在方案实施过程中，实施者首先要充分领会决策者的整体思路和优化理念，在遇到问题时尽可能最大限度地满足设计要求。如果确有无法满足的部分，需要对设计方案做必要调整，但要保证不影响物流系统整体目标的实现。

方案评价是在没有实施方案的前提下，凭借专家、实践者的经验和模拟仿真结果进行评价，因此，最后阶段的实效评价就是对实际方案实施结果的评价。实效评价的目的是检验实际方案设计的优劣，并作为今后物流系统规划与优化的参考和借鉴。

 习题

一、单选题

1. 物流系统的支撑要素不包括_____。

A. 体制和制度　　　　　　　　B. 法律和规章

C. 物流系统设备　　　　　　　D. 物流标准化体系

2. 物流系统的特点不包括_____。

A. 层次性　　　B. 环境适应性　　　C. 不确定性　　　D. 相关性

二、简答题

1. 物流系统的特征有哪些？

2. 物流系统的功能要素有哪些？

3. 物流系统规划与优化的原则有哪些？

4. 举例说明物流系统中的目标冲突现象。

第二章

物流系统现状调研与需求预测

第一节　物流系统现状调研

物流系统现状调研是指在物流系统规划与优化过程中对物流系统的现状进行调查，并系统地收集、整理和分析有关规划和优化所必需的数据、资料和信息的活动。"没有调查就没有发言权"，在物流系统规划与优化的前期进行相关基础资料的调查、收集和整理分析工作是非常必要的。可以说，一个物流方案的可行性与有效性完全依赖于现状调查中所获得的基础资料的充分性与正确性。

一、调研的类型

调研的类型主要有以下四种。

（一）探索性调研

探索性调研主要指出问题在哪里，一般是在调研的内容与性质不太明确时，为了了解问题的性质、确定调研的方向与范围而进行的资料的初步收集与调查。通过这种调研，可以了解情况，分析问题，从而得到关于调研的某些假定或新设想，以供进一步调查研究。例如，什么原因导致某区域危险品物流市场低迷？是因为市场需求减少，还是因为铺设了管道？可能的原因很多，只能用探索性调研去寻求可能的答案。

（二）描述性调研

描述性调研即指出是什么，通常是在对调研对象有了一定了解的情况下，要回答怎么样、是什么样等问题时进行的调研。描述性调研旨在对所调研的对象做出尽可能准确的结论性描述，其资料数据的采集和记录，着重于客观事实的静态描述。例如，农村快递成为快递业务新的增长点，这种描述性调研提供了一个重要信息，它会使快递公司开始考虑在农村布局快递站点及物流网络运营等问题。

（三）因果性调研

因果性调研即指出为什么，是为了研究某种市场现象与各种影响因素之间客观存在的关系而进行的市场调查，旨在确定有关事物之间的因果关系。例如，价格、服务质量、服务时间等对快递服务需求量的影响，就是典型的因果性调研。

（四）预测性调研

预测性调研即指出将来如何，是专门为了预测未来一定时期内某一环节因素的变动趋势及其对企业市场经营活动的影响而进行的市场调研。它收集调研对象过去和现在的各种相关资料，推算其发展变化的规律，运用科学的方法估计未来一定时期内物流需求及变化趋势。例如，新冠肺炎疫情下国际冷链物流市场是否会持续萎缩？这类调研就是对事物未来发展变化的一种预测。

二、现状调研的主要内容

现状调研是为物流系统规划与优化工作提供服务的，它的内容必须根据规划与优化的目标、研究对象来确定。对于宏观层面上的社会物流系统与微观层面上的企业物流系统，调研工作在内容与重点上虽然有所不同，但大体包含以下几个方面：

（一）物流需求调研

物流需求调研主要是调查特定范围内的物流需求结构与发展趋势，主要包括：

（1）服务水平，如送货时间、物流服务费用、物流服务质量等。

（2）物流需求的空间分布，如现有的和潜在的客户分布等。

（3）物流服务对象的特征，如货物的尺寸、质量和特殊的搬运需求等。

（4）需求特征，如客户的订单特征、需求的季节性变化、物流消费水平、物流消费观念、需求发展趋势等。

（5）需求规模，如需求量、OD（origin-destination，从起点到终点）流量等。

（6）需求的环境条件。

（二）物流资源状况调研

物流资源状况调研是为了掌握特定区域物流服务的提供能力、空间分布、结构分布、发展动向、发展趋势等，主要包括：

（1）现有物流设施状况，如物流节点分布、规模、功能，交通网络，运输设备提供情况，仓储设备使用现状，信息系统运用情况等。

（2）现有物流系统的运营状况，如物流服务企业组织管理体系、服务模式、营业状况、服务种类、作业方式、作业流程等。

（3）限制现有物流资源发挥的制约因素。

（三）物流服务的竞争状况调研

竞争状况调研主要是了解竞争对手的物流服务水平、服务方式、理赔情况、物流资源配置、网络布局、发展动向、市场占有率、优势与劣势等。

（四）社会经济发展状况调研

社会经济发展状况调研主要调查和分析物流服务区域内社会经济发展状况，如国家的产业政策和区域经济发展规划、区域经济规模、产业构成、空间布局、区域物流的总体构成；自然资源状况，如土地、水、气候、矿产等；社会资源状况，如劳动力数量、年龄构成、技能、受教育水平、使用成本等；经济资源状况，如工农业生产、交通运输、电力能源、城乡建设等状况。

（五）物流技术状况调研

物流技术状况调研主要调查与分析目前物流市场上物流技术的使用情况、发展水平、技术结构、发展趋势及新技术的开发能力与开发情况。

三、现状调研的方法

（一）实地观察法

这是一种由调研人员直接进入现场进行实地调查的方法，具有直观可靠、简便易行、不受干扰等优点。在实际操作中，调研人员一般采用耳听、眼看的方式或借助各种摄像录音工具，在现场直接记录正在发生的行为或状况。实地观察法是一种有效收集信息的方法，与其他方法相比，可以避免让调研对象感觉到正在被调研，使被调研者的活动不受外在因素的干扰，从而提高调研结果的可靠性。但是，现场观察一般只能看到表面现象，而不能了解到其内在因素和缘由，并且在使用观察法时，需要反复观察才能得出切实可信的结果。同时，调研人员必须具备一定的业务能力，才能看出结果。

（二）问卷调查法

问卷调查法也称为"书面调查法"，或称"填表法"，是用书面形式间接收集研究材料的一种调研方法。问卷一般由开头、正文和结尾三个部分构成，其中，开头主要包括说明信、指导语和问卷编号等内容；正文是问卷的核心，包括问题和答案；结尾通常设置开放式问题，征询被调查者的意见或感受，或者是记录调查情况，也可以是感谢语或其他补充说明。

调研人员根据调研目标的要求，事先设计制作问卷或调查表；然后运用各种方式将问卷或调查表分发给调查对象，由调查对象根据问卷或调查表的要求进行填写；最后调查对象将填写好的问卷返回给调研人员。这种调研方法的特点是调查对象自主填写，自主提供调查内容，有比较充足的时间进行思考，保证了调查内容的可靠性。问卷与调查表的发放与回收方式主要有邮寄、电子邮件、派专人分发或回收、网站提交等。

（三）文案调查法

文案调查法又叫文献调查法、资料查阅寻找法、间接调查法、资料分析法、室内调研法及桌面调查法，这是一种从第二手资料中收集信息与数据的调查方法。企业在经营过程中经常需要了解物流市场行情、国民经济发展等信息，这些信息很难从消费者处得到，文案调查法能很好地帮助企业获取这方面的信息。

文案调查资料的来源分为企业内部资料和企业外部资料两种。

企业内部资料是指那些源自机构内部的数据或者是由机构记录的数据，主要包括以下几种：一是销售记录、进货单、财务报表等工商企业内部资料；二是各类统计报表和分析资料；三是由企业财务部门提供的各种财务、会计核算和分析资料，包括生产成本、销售成本、商品售价及经营利润等；四是企业积累的其他资料，如日常简报、经验总结、顾客建议、各种调研报告及有关照片和录像等。

企业外部资料是其他机构而非调研人员所在机构收集或记录的资料，主要来源有：一是国家及各地方统计部门定期发布的统计公报、定期出版的各类统计年鉴，这些都是权威性的一般综合性资料文献；二是各种经济信息部门、各行业协会和联合会提供的定期或不定期信息公报，这类文献定向性较强，是非常重要的文献来源；三是国内外有关报刊、电视、公众号等大众传播媒介；四是有关生产和经营机构提供的信息和资料；五是各种国际组织、外国驻华使馆、国外商会等提供的定期或不定期统计公告或交流信息；六是国内外各种博览会、交易会、展销订货会等营销性会议及专业性和学术性会议上发放的文件和资料；七是学术论文和调查报告等；八是中华人民共和国国家统计局、中华人民共和国商务部、世界贸易组织、欧盟统计局、美国商务部经济分析局、中国物流与采购联合会等网站。

（四）访谈法

访谈法是以口头形式，根据被询问者的答复收集客观的、不带偏见的事实资料，以准确地说明样本所代表的总体的一种方式。调研人员根据调研目标的要求，明确调研所需要解决的问题，准备好要访谈的内容与调研大纲，做到心中有数，以提高访谈调研的效率和质量，然后与被调研人进行面对面的讨论式调研，讨论过程中，在敏捷地捕捉信息、快速记录信息的同时，能够根据调研对象的陈述，及时补充、调整和完善调研内容。

四、现状调研的阶段

为了保证现状调研的顺利完成，必须对调研工作进行科学合理的安排，一般来说，现状调研有以下五个阶段。

（一）确定问题和调研目标阶段

在物流系统现状调研时，首先要界定清楚需要调研的问题，明确调研的目标。一般来说，现状调研的问题与目标可以根据物流系统规划与优化的总目标和要采用的具体方法、技术与模型来确定。

（二）制定调研计划阶段

物流系统现状调研的第二个阶段是制定调研计划，该阶段工作主要是在充分理解调研目标的基础上，经过与规划人员共同讨论，形成调研计划，包括明确调研范围、对象、具体内容。设计调研大纲、调查表和调查问卷，确定调研方法、调研进度和管理协调控制方式。

（三）收集原始资料与现状信息阶段

这是具体执行调研计划的过程，即按照调研计划的要求，具体开展对原始资料与现状信息的实际调研工作。这个阶段是整个调研过程中最花时间与精力的阶段，也是能否获得调研计划规定的数据资料、实现调研目标的关键。

（四）分析原始资料与现状信息阶段

收集到原始资料与现状信息以后，就要对其进行检查、确认、分类整理，保证原始资料与现状信息的完整性、真实性和可靠性，并进一步对原始资料与现状信息进行统计分析，以得到规划与优化所需的决策数据与信息，形成调研成果。

（五）提交现状调研报告阶段

现状调研工作的最后阶段是提交现状调研报告。现状调研报告要全面、系统地总结整个调研工作的过程，充分分析与说明调研成果，总结调研工作的经验和教训，提出调研结论和建议方案。

第二节　物流系统需求预测

一、物流需求的定义

物流需求是指一定时期内社会经济活动对生产、流通、消费领域的原材料、半成品和成品、商品及废旧物品、废旧材料等的配置作用而产生的对物流在空间、时间和费用方面的要求，涉及运输、仓储、包装、装卸搬运、流通加工、配送及与之相关的信息需求等物流活动的诸方面。

物流需求是以物流规模和物流结构综合表示的。物流规模是物流活动中运输、仓储、包装、装卸、搬运、流通加工、配送等物流作业量的总和。物流结构可以有以下不同的表述：（1）从物流服务的内容来说，包括运输、仓储、包装、装卸搬运、流通加工、配送及相关信息服务等方面的需求；（2）从物流需求的形态来说，包括有形需求和无形需求。有形需求是指对物流服务内容的需求；无形需求是指对物流服务质量的需求。

物流需求作为社会经济系统的一个组成部分，与社会经济活动的发展存在着密切的联系，是因社会经济活动的需要而产生的派生需求。物流需求总量受到社会经济活动中生产与消费的限制，还受到物流系统服务能力与水平的影响。因此，物流需求与社会经济活动水平及物流服务能力密切相关。此外，物流需求是流量而非存量，是在一段时间内而非某一时点上所发生的量，没有时间限制笼统地谈物流需求是没有意义的。

二、物流需求的特征

物流需求的特征主要体现在以下三个方面。

（一）物流需求的空间特性和时间特性

物流活动有空间和时间维度，在进行物流系统的规划与优化时，不仅要了解物流需求的多少，更要知道这些需求在何处、何时发生。物流需求的空间特性要求管理人员必须清楚物流需求发生在何处。例如，规划仓库位置、平衡物流网络中的库存水平和按地理位置分配运输资源等都需要知道物流需求的空间位置。物流需求的时间特性表现为物流需求随时间的变化而发生波动，多数预测方法都会处理物流需求随时间变化的波动。

（二）物流需求的规律性和不规律性

物流系统需要处理各种各样的产品、物料，这些不同的产品、物料都会随时间的变化形成不同的需求模式。需求的变动可能是"规律性"的，也可能是"不规律性"的。其中，规律性的需求变动如图 2 - 1 所示。如果需求是规律性的，随机波动只占时间序列其余变化部分的很小比例，那么利用常用的预测方法就可以得到比较满意的预测结果。

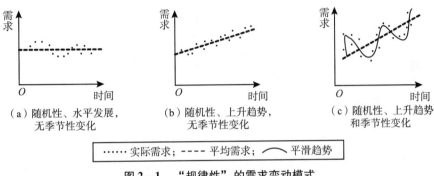

（a）随机性、水平发展，　　（b）随机性、上升趋势，　　（c）随机性、上升趋势
　　无季节性变化　　　　　　　　无季节性变化　　　　　　和季节性变化

······ 实际需求； ---- 平均需求； ⌒ 平滑趋势

图 2 - 1　"规律性"的需求变动模式

物流需求并不是在所有阶段都显示出规律性，如果某些产品或物料由于其总体需求量偏低或需求时间和需求水平非常不确定，那么需求就是间歇式的，这样的时间序列就是"不规律的"。例如，刚刚进入产品线的新产品，或者将要退出生产的产品会出现这种特征，这是因为只有少量的需求出现，需求量很不稳定，而且分散在不同的地区，这样会造成每个存储点上的需求量表现出不规律性。这类需求不适合采用常用的预测方法进行预测，需要采用特殊的预测方法或组合预测方法进行预测。

（三）物流需求的派生性和独立性

如果物流需求是随着其他需求的发生而发生的，具有从属性，这种物流需求就被称为派生性需求。例如，生产企业原材料的采购数量就是典型的派生性需求，它主要依赖于企业制定的生产计划。派生性需求有很强的倾向性，而且不是随机的，所以通过判断系统随时间发展而呈现出的趋势和规律，就能给出相对满意的预测结果。

当物流需求的产生是随机的，影响物流需求变化的因素很多甚至不可获知时，这种需求模式被称为独立需求。对于独立需求，以统计分析为基础的预测方法可以给出不错的预测结果。

三、物流需求预测的作用

预测是根据客观事物的发展趋势和变化规律，对特定事物的未来趋势或状态做出的科学判断。从定义不难看出，客观事物的发展趋势和变化规律是预测的基础，事物的未来趋势和状态是预测的对象；此外，预测既不是"未卜先知"的唯心主义，也不是"赌徒式"的抛硬币行为，所使用的预测方式是基于预测实践工作总结出来的规律或经验，并使用科学的预测方法得出事物发展的一般规律，因此，预测过程是一种科学的推断。

物流需求预测是管理人员对物流系统进行规划和优化的基础，在物流活动中起到非常重要的作用，主要体现在以下几个方面。

（一）物流需求预测是制定物流方案的依据

物流需求预测可以为企业揭示和描述物流市场未来的发展趋势和变化规律，可以对企业活动中可能出现的种种情况进行全面系统的分析和预见，从而使企业能够尽量规避对自己发展不利的情况，为企业制定科学合理的物流方案提供依据，避免决策的片面性和局限性。

（二）物流需求预测是物流管理的重要手段

在物流管理活动中，如果能够通过预测把握物流市场未来的发展趋势，就可以事先采取更具有针对性的战略战术。例如，如果能事先准确预测冬奥会吉祥物"冰墩墩"的需求量，提前组织生产，备足库存，就不会出现"一墩难求"的局面。

（三）物流需求预测是物流管理的重要环节

物流管理是为了达到既定的目标，从物流全过程出发，对相关物流活动进行的计划、组织、协调与控制。在计划、组织、协调与控制的过程中，最重要的就是了解物流系统的发展趋势，而这必须依据预测才能完成。所以，一切物流管理活动都是从预测开始的。

四、物流需求预测的步骤

物流需求主要有确定预测目标、收集和整理有关资料、选择预测方法、建立预测模型、评价预测结果、修正预测结果和提交预测报告七个步骤。

（一）确定预测目标

预测是管理人员进行规划和优化的基础，在进行具体的预测之前，需首先确定预测目标，包括确定预测目的、对象和预测期限。确定预测目标非常重要，它关系到如何收集资料及选择预测方法、控制预测误差和费用等一系列问题。

（二）收集和整理有关资料

资料是预测的重要依据，应根据预测目标的具体要求去收集资料。预测中所需的资料通常包括三项：一是预测对象本身发展的历史资料；二是对预测对象发展变化有影响作用的各相关因素的历史资料；三是形成上述资料的历史背景、影响因素在预测期内可能表现的状况。

准确无误的资料是确保预测准确性的前提条件之一。为了保证资料的准确性，要对资料进行必要的审核和整理。资料的审核工作主要包括：审核来源是否可靠、准确和齐备，资料是否可比。资料的可比性包括：资料在时间间隔、内容范围、计算方法、计量单位和计算价格上是否保持前后一致。资料的整理工作主要包括：对不准确的资料进行查证核实或删除；把不可比的资料调整为可比；对缺失资料进行估计核算；对总体资料进行分类组合。

（三）选择预测方法

预测方法种类很多，不同的方法有着不同的适用范围、不同的前提条件和不同的要求。预测方法选择适当与否，会对预测结果产生很大影响。在确定预测方法时主要考虑的因素有：预测对象的种类和性质、对预测结果的精度要求、已收集到资料的数量和质量，以及预测的人力、物力、财力和时间限制等。

（四）建立预测模型

建立预测模型就是运用收集到的资料和选定的预测方法进行必要的参数估计与计算，以建立能描述和概括研究对象变化规律的预测模型。预测结果是否有效取决于预测模型对预测结果未来发展规律近似的真实程度。

（五）评价预测结果

预测毕竟是对未来事件的预计和推测，建立的模型也只是对实际情况的近似模拟，预测结果不一定与未来发生的实际情况相符；同时，在预测过程中难免产生误差，因此，在得到预测结果后，还应对其进行分析评价。通过预测误差的计算，分析产生误差的原因，评价预测结果是否与实际相符。如果预测误差主要是由所选用的预测模型或预测方法造成的，就应该改进预测模型和预测方法。

（六）修正预测结果

如果预测误差未超出允许的范围，即认为预测模型的功效合乎要求；否则，就要对预测模型进行修正和调整，以改进预测结果的精度。

（七）提交预测报告

以预测报告的形式将确认可以采纳的预测结果提交给决策者，其中应当说明假设前提、所用方法和预测结果合理性判断的依据等。

五、预测误差产生的原因

预测误差是指预测结果与实际观察值之间的偏差。预测误差是必然存在的，预测误差越大，说明预测方法的精确度越低。预测误差产生的原因主要有以下一些。

（一）历史资料的可靠性

预测是基于历史资料进行的，资料的可靠性直接影响预测结果的精确性。在收集资料的过程中，以下因素通常会导致误差的产生：

一是观测误差。如填报统计表有误、数字不准、内容不全、口径不一致等都属于观测误差。

二是统计调研误差。如调研人员使用统计调研方法时，未能正确理解填报内容要求，或者报表的指标体系解释不清楚，抽样调查时未严格按抽样原则进行等。

三是资料整理分类误差。因为收集资料并非实时处理，就会造成收集的资料在时间上不对应，不能反映某一时期的客观情况。

（二）预测方法选择是否得当

物流系统预测对象的表现形态各不相同，内在的规律也有所不同，故应针对不同的问题采用不同的预测方法。针对同一历史资料，采用不同的预测方法及设定不同的参数也会得出不同的结果。因此，预测方法选用是否得当会影响预测误差的大小。

（三）预测对象成熟程度

预测对象发展的成熟程度低，未来发展的不确定性较大，预测误差也较大。

（四）其他原因

预测人员的水平，进行预测所需的条件，包括调查研究的条件、数据、资料、计算机等是否齐备，预测时间是否充足等，都对预测误差有一定影响。

六、预测误差的测定

假设针对某一对象，现有 N 个实际观察值为 $X = (x_1, x_2, \cdots, x_N)$，采用不同的预测方法得到的对应的 N 个预测值为 $Y = (y_1, y_2, \cdots, y_N)$。为了衡量预测误差的大小，常用的评价指标有以下一些：

（一）平均绝对误差

$$MAE = \frac{1}{N} \sum_{i=1}^{N} |x_i - y_i| \qquad (2-1)$$

平均绝对误差（mean absolute error，MAE）会受到预测对象计量单位大小的影响，因此，有必要引入相对平均绝对误差的概念。

（二）相对平均绝对误差

$$MAPE = \frac{1}{N} \sum_{i=1}^{N} \left| \frac{x_i - y_i}{x_i} \right| \qquad (2-2)$$

相对平均绝对误差（mean absolute percentage error，MAPE）较好地衡量了预测模型的精确性，但是该指标涉及绝对值的计算，在数学上处理不是很方便。因此，又引入了误差平方和、均方误差和标准差。

（三）误差平方和

误差平方和（sum of squared error，SSE）的计算公式如下：

$$SSE = \sum_{i=1}^{N} (x_i - y_i)^2 \qquad (2-3)$$

（四）均方误差

均方误差（mean square error，MSE）也称为方差，计算公式为：

$$MSE = \frac{1}{N} \sum_{i=1}^{N} (x_i - y_i)^2 \qquad (2-4)$$

（五）标准差

标准差（standard deviation of error，SDE）也称为均方根误差，计算公式为：

$$S = \sqrt{\frac{1}{N} \sum_{i=1}^{N} (x_i - y_i)^2} \qquad (2-5)$$

均方误差和标准差在数学上易于处理，也比较好地反映了预测模型的精确性。它们的值介于 0 和 $+\infty$ 之间，数值越大，预测精度越低。

七、常用的预测方法

物流需求预测可以采用的预测方法有很多，在实际工作中，应根据预测对象选择合适的预测方法。整体来说，预测方法分为定性预测方法与定量预测方法两大类。

（一）定性预测方法

定性预测方法是指预测者通过调查研究，了解实际情况，凭自己的实践经验和理论与业务水平，对事物发展前景的性质、方向和程度做出判断、进行预测的方法。其特点是：需要的数据量少，简单可行，能考虑无法定量的因素。

定性预测方法是预测工作中不可或缺的灵活的预测方法。当我们掌握的数据信息不够丰富、不够准确或主要影响因素难以用数字描述，难以进行定量分析时，定性预测方法是一种行之有效的预测方法。

常见的定性预测方法有以下几种。

1. 专家判断预测法

专家判断预测法是以专家为获取信息的对象，依靠专家的经验、智慧来进行评估预测的一种方法。其中，专家应当不仅在预测对象方面，而且在相关学科方面都具备一定的学术水平，并具备一种在大量感性的经验资料中看到事物"本质"的能力，亦能从大量随机现象中抓住不变的规律，对未来做出判断。

专家判断预测法的基础方法有个人判断法、专家会议法和专家意见汇总预测法，在此基础上，发展了头脑风暴法、德尔菲法等常用的专家判断预测方法。

（1）个人判断法是以专家个人知识和经验为基础，对预测对象未来的发展趋势及状态做出个人判断。这种方法的优点是：能够最大限度地发挥出专家微观智能结构效应，能够保证专家在不受外界影响、没有心理压力的条件下，充分发挥个人的判断力和创造力。这种方法的缺点是：受制于专家本身的知识面、研究领域、知识深度、资料占有量及对预测对象是否有兴趣等因素，并且缺乏讨论交流的氛围，难免带有片面性和主观性，容易导致预测结果偏离客观实际。

（2）专家会议法是指根据一定的原则选定一定数量的专家，按照一定的方式组织专家会议，发挥专家集体的智慧结构效应，对预测对象未来的发展趋势及状况做出判断的方法。

采用专家会议法进行预测时，要做好组织工作：

①专家会议的组织者最好是预测方面的专家，具有丰富的会议组织经验；

②会议组织者应提前向与会专家提供有关的背景资料和提纲，讲清楚所要

讨论的问题和具体要求，以便与会者有备而来；

③精心选择会议主持人，使与会专家能够充分发表意见；

④要有专人对各位专家的意见进行记录和整理，要注意对专家意见进行科学的归纳和总结，以便得出科学的结论。

这种方法的优点是：能够发挥专家集体的智慧结构效应。这种方法的缺点是：参加会议的人数有限使得代表性不充分；易屈服于权威或大多数人意见，容易压制不同意见的发表；易受专家表达能力的影响，使一些有价值的意见未得到重视；受自尊心等因素的影响，专家不愿意轻易改变自己已经发表过的意见，使会议陷入僵局；会议时间有限，专家考虑问题不一定全面。

（3）专家意见汇总预测法是依靠专家群体经验、智慧，通过思考分析、综合判断，把各位专家对预测对象的未来发展变化趋势的意见进行汇总，然后进行数学平均处理，并根据实际工作情况进行修正，最终确定预测结果的方法。

2. 头脑风暴法

头脑风暴法（brain storming）是由美国 BBDO 广告公司的经理亚历克斯·奥斯本（Alex Osborn）为提出广告新设想而创立的一种方法，也称为智力激励法、脑力激荡法、BS 法，是针对某一问题，召集由有关人员参加的小型会议，在融洽、轻松的会议气氛中，与会者敞开心扉、各抒己见、自由联想、畅所欲言、互相启发、彼此激励，使创造性设想起连锁反应，从而获得众多解决问题的方法。

头脑风暴法的基本方法是通过组织专家会议，激发全体与会专家的创造性思维。为了形成一个创造性思维环境，小组规模以 10～15 人为宜，会议时间一般为 20～60 分钟。

理想的专家预测小组应有这样的构成：方法论学者——预测学家；设想产生者——专业领域专家；分析者——专业领域的高级专家，能够追溯过去，并及时评价预测对象的现状和发展趋势；演绎者——对所讨论的问题具有充分的推断能力的专家。

专家人选应按下述三个原则选取：（1）如果参加者相互认识，要从同一职位级别的人员中选取，领导人员不应参加，否则可能对参加者造成某种压力；（2）如果参加者互不认识，可从不同职位级别的人员中选取，并注意会前和会议过程中不介绍参会人员的职业、职位或头衔等；（3）选择专家不仅看他的经验和知识能力，还要看他是否善于表达自己的意见。

头脑风暴法的领导和主持工作最好委托给相关专家担任。如果预测的问题涉及非常专业的物流领域，则应邀请该领域的专家和熟悉头脑风暴法的专家共同担任领导工作。因为该领域的专家对要预测的问题十分了解，知道如何提出问题和质疑；而熟悉头脑风暴法的专家对引导辩论有足够的经验，也更熟悉头脑风暴法的程序，有利于过程的组织。此外，主持人在主持会议时，应头脑清晰、思路敏捷、作风民主，既善于营造活跃的气氛，又善于启发诱导。

3. 德尔菲法

德尔菲（Delphi）是一处古希腊遗址，因建有阿波罗神殿而闻名。据说太阳神阿波罗有很强的预测未来的能力，因此，德尔菲便成为预测未来的神谕之地。美国兰德公司在20世纪50年代与道格拉斯公司合作，研究如何通过有控制的反馈更可靠地收集专家意见时，采用Delphi命名了这种方法。

德尔菲法是专家会议法的一种发展，是适用性很广的一种预测方法。它以匿名的方式反复征询参与预测过程的专家意见，预测领导小组对每一轮的专家意见进行汇总整理，再作为参考资料发给每位专家，供他们分析判断，提出新的预测结果；如此反复，统一专家的意见，最终形成可靠的预测结果。

德尔菲法的组织过程可以有效地规避个人判断法和专家会议法的不足，消除预测结果形成过程中主观因素的影响。德尔菲法有以下显著特点：一是匿名性。德尔菲法采用匿名函询的方式征询意见，参与预测的专家互不相见，只与预测小组成员单线联系，消除了心理因素对专家判断客观性的影响。二是反馈性。德尔菲法在预测过程中要多次征询专家意见。三是统计性，也称收敛性，德尔菲法采用统计学方法对专家意见进行处理，专家意见逐渐趋于一致，预测值趋于收敛。

德尔菲法的优点主要有：（1）由于采用通信调查的方法，参与预测的专家数量可以多一些，可以提高预测的准确性；（2）预测过程需要经历多次反复，专家们可以从背景资料了解其他专家的观点，更加严谨地修正自己的预测结果；（3）由于预测过程是匿名的，预测结果受权威的影响较小；（4）最终的预测结果综合了所有专家的意见，具有较高的可靠性和权威性。

这种方法的缺点主要有：（1）预测结论受主观因素制约，预测结论取决于已形成的观点和观点所包含的问题、专家的学识和权威、使用的评价尺度、专家的生理状态及专家对预测对象的兴趣程度；（2）专家在了解未来所必需的思想方法学方面涉猎不足；（3）专家评价通常建立在直观基础上，缺乏严格的考证；（4）专家的预测结果经常受到传统观点的束缚，难以预测到那些大大超前于现实的结果。

4. 历史类推法

历史类推法是通过未来与历史进行对比分析，发现相似的模式，利用相似模式的历史数据进行预测。这种方法适合中长短期预测。

5. 市场调查法

市场调查法主要是通过各种不同的市场调查方法（如问卷、面谈）收集对未来发展趋势的估计，依据调查结果，对预测对象的发展趋势给出定性判断。这种方法适合中长期预测。

（二）定量预测方法

定量预测方法是指根据准确、及时、系统、全面的调查统计资料和信息，运用统计方法和数学模型，对事物未来发展的规模、水平、速度和比例关系的测定。定量预测方法适用于历史统计资料较为丰富的情况。

定量预测方法通常有时间序列预测法和因果预测法两大类。时间序列预测法主要包括算术平均法、移动平均法、指数平滑法、季节指数预测法、ARMA 模型、Box – Jenkins 模型等。因果预测法主要包括线性回归法、非线性回归法、投入产出预测法、灰色预测法、经济计量模型法、干预分析模型法等。

1. 时间序列预测法

时间序列是指按一定的时间间隔，把某种变量的数值按发生的先后顺序排列起来的序列。构成时间序列的要素有两个：一个是时间，一个是与时间相对应的变量水平。时间序列预测法基于事物过去的趋势会延伸到未来这一原则进行预测，它注重事物发展变化的内因。这类预测方法通常适合在外界影响比较稳定的条件下做短期预测。

（1）移动平均法。移动平均法是根据时间序列资料逐项推移，依次计算包含一定项数的时序平均数，以反映长期趋势的方法。当时间序列的数值由于受周期变动和不规则变动的影响起伏较大，不易显示出发展趋势时，可以用移动平均法消除这些因素的影响，分析和预测序列的未来趋势。

移动平均法分为简单移动平均法、加权移动平均法、趋势移动平均法等。

①简单移动平均法。简单移动平均法的公式为：

$$y_{t+1} = \frac{x_{t-N+1} + \cdots + x_{t-1} + x_t}{N} = \frac{1}{N}\sum_{i=0}^{N-1} x_{t-i} \quad (t \geq N) \qquad (2-6)$$

其中，y_{t+1} 表示第 $t+1$ 期的预测值，x_t 表示第 t 期发生的观察值，N 表示移动平均的项数。

简单移动平均法主要适用于变化比较稳定的预测对象，总体（或者局部时段）围绕一个固定值上下波动，无趋势和季节性变化。

②加权移动平均法。简单移动平均法不区分观察值的远近，一并同等对待。但是，一般情况下每期数据所包含的信息量并不相同，近期数据往往包含更多关于未来情况的信息。因此，应考虑各期数据重要性的不同，给予近期数据较大的权重，这是加权移动平均法的优势所在。

加权移动平均法的公式为：

$$y_{t+1} = \frac{w_N x_{t-N+1} + \cdots + w_2 x_{t-1} + w_1 x_t}{w_1 + w_2 + \cdots + w_N} \quad (t \geqslant N) \qquad (2-7)$$

其中，w_i 为 x_{t-i+1} 的权数，体现了相应的观察值在加权平均数中的重要性。

在加权移动平均法中，权重的选择具有一定的经验性。一般的原则是，离预测的周期越近的数据权重越大，反之越小。

③趋势移动平均法。在时间序列没有明显的趋势变动时，简单移动平均法和加权移动平均法能够准确地反映实际情况。当时间序列出现增加或减少的变动趋势时，用简单移动平均法和加权移动平均法进行预测会出现滞后偏差，因此需要进行修正，修正的方法是做二次移动平均，利用移动平均滞后偏差的规律来建立直线趋势的预测模型，就是趋势移动平均法。

一次移动平均数为：

$$M_t^{(1)} = \frac{x_{t-N+1} + \cdots + x_{t-1} + x_t}{N} \qquad (2-8)$$

在一次移动平均的基础上再进行一次移动平均就是二次移动平均，计算公式为：

$$M_t^{(2)} = \frac{M_{t-N+1}^{(1)} + \cdots + M_{t-1}^{(1)} + M_t^{(1)}}{N} = M_{t-1}^{(2)} + \frac{M_t^{(1)} - M_{t-N}^{(1)}}{N} \qquad (2-9)$$

假设时间序列 $\{x_t\}$ 从某时期开始具有线性变化趋势，且认为未来时期亦按此趋势变化，设此线性变化趋势的预测模型为 $\hat{y}_{t+T} = a_t + b_t \times T$，其中，$t$ 为当前时期数，$\hat{y}_{t+T}$ 为第 $t+T$ 期的预测值，a_t、b_t 为平滑系数。

趋势移动平均法不是将二次移动平均数作为下一期的预测值，而是用它来求取平滑系数，利用滞后偏差建立线性预测模型，然后再利用模型进行预测。它只适用于存在线性变化趋势的预测问题。

平滑系数 a_t 和 b_t 的确定过程如下：

由于：

$$x_t = a_t$$
$$x_{t-1} = x_t - b_t$$
$$\vdots$$
$$x_{t-N+1} = x_t - (N-1)b_t$$
$$\vdots$$

$$\Rightarrow M_t^{(1)} = \frac{[x_t - (N-1)b_t] + \cdots + (x_t - b_t) + x_t}{N} = x_t - \frac{N-1}{2}b_t$$

$$\cdots\cdots$$

$$M_{t-N}^{(1)} = \frac{[x_{t-N} - (N-1)b_t] + \cdots + (x_{t-N} - b_t) + x_{t-N}}{N} = x_{t-N} - \frac{N-1}{2}b_t$$

$$(2-10)$$

$$\Rightarrow x_t - M_t^{(1)} = \frac{N-1}{2} b_t$$

$$x_{t-1} - M_{t-1}^{(1)} = \frac{N-1}{2} b_t$$

$$\cdots\cdots$$

$$x_{t-N} - M_{t-N}^{(1)} = \frac{N-1}{2} b_t \qquad (2-11)$$

$$\Rightarrow M_t^{(1)} - M_t^{(2)} = \frac{N-1}{2} b_t \qquad (2-12)$$

$$\Rightarrow M_t^{(1)} - M_t^{(2)} = x_t - M_t^{(1)} \qquad (2-13)$$

$$\Rightarrow x_t = 2M_t^{(1)} - M_t^{(2)} \qquad (2-14)$$

由 $x_t = a_t$ 和式（2-12）可得，$a_t = 2M_t^{(1)} - M_t^{(2)}$，$b_t = \frac{2}{N-1}(M_t^{(1)} - M_t^{(2)})$。

（2）指数平滑法。指数平滑法是一种特殊的加权平均法，其中，权重从距离预测期较近的历史数据到距离预测期较远的历史数据按指数规律递减。指数平滑法既不需要存储很多历史数据，又考虑到各期数据的重要性，且使用了全部历史资料。

指数平滑法最适合进行简单的时间序列分析和中、短期预测。根据平滑次数可分为一次指数平滑法、二次指数平滑法和三次指数平滑法等。

①一次指数平滑法。假设时间序列 $\{y_t\}$ 为预测值，一次指数平滑法的计算公式为：

$$y_{t+1} = \alpha x_t + (1-\alpha) y_t \qquad (2-15)$$

其中，$\alpha \in (0, 1)$ 为加权系数，x_t 为第 t 期的观察值。

为了进一步理解一次指数平滑法的实质，将式（2-15）展开，可得：

$$\begin{aligned}
y_{t+1} &= \alpha x_t + (1-\alpha) y_t \\
&= \alpha x_t + (1-\alpha)[\alpha x_{t-1} + (1-\alpha) y_{t-1}] \\
&= \alpha x_t + (1-\alpha)\alpha x_{t-1} + (1-\alpha)^2[\alpha x_{t-2} + (1-\alpha) y_{t-2}] \\
&\cdots\cdots \\
&= \alpha \sum_{i=0}^{t-1} (1-\alpha)^i x_{t-i} + (1-\alpha)^t y_1 \qquad (2-16)
\end{aligned}$$

不难看出，第 $t+1$ 期的预测值为所有历史观察值的加权线性组合。加权系数分别为 α，$\alpha(1-\alpha)$，$\cdots$，$\alpha(1-\alpha)^{t-1}$，是按几何级数递减的，越靠近预测的周期，观测值的加权系数越大，反之越小。由于没有观察值计算 y_1，通常令 $y_1 = x_1$，则有 $y_{t+1} = \alpha \sum_{i=0}^{t-2} (1-\alpha)^i x_{t-i} + (1-\alpha)^{t-1} x_1$。此时，所有观测值的权重之和为 1。因此，一次指数平滑法可以看作是一种特殊的加权平均法。

在一次指数平滑法中，α 的选择直接影响着预测结果，取值是否恰当对预测精度有着关键的决定性作用。一般来说，α 的选取遵循以下原则：

（a）如果预测误差是由某些随机因素造成的，即时间序列虽有不规则起伏和波动，但基本发展趋势比较稳定，只是由于某些偶然变动使得预测发生或大或小的偏差，这时 α 的取值应当小一点（如取 $0.1 \sim 0.3$），以减小修正幅度，使预测模型能包含较长时间序列的信息。

（b）如果预测目标的基本趋势已经发生了系统的变化，也就是说，预测误差是由于系统变化造成的，这时 α 的取值应当大一点（如取 $0.6 \sim 0.8$），使预测模型灵敏度更高些。不过，α 取值过大容易造成预测模型对随机波动反应过度。

（c）如果原始资料不足，初始值选取比较粗糙，则 α 的取值应该大一些。这样，可以使模型加重对以后逐步得到的近期资料的依赖，使得预测模型能够经过最初几个周期的校正后，迅速适应预测对象的变化。

（d）如果确信用以描述时间序列的预测模型仅在某一段时间内能较好地表达这个时间序列，则应选择较大的 α 值，以减少对早期资料的依赖程度。

在实际中，选取 α 的一种比较有效的方法是：选取一系列 α 值，用一次指数平滑法对历史周期进行事后预测，以误差为评价标准，从中确定使误差值最小的 α 值作为最终的平滑系数。

【例 2 - 1】假设某企业按月记录货物的运输量，每月结束时预测下个月的运输量，每个月的运输量如表 2 - 1 所示。采用一次指数平滑法进行预测，当分别取平滑系数 $0, 0.1, \cdots, 1$ 时，计算并分析所得预测结果。

表 2 - 1   某企业的运输量

	1 月	2 月	3 月	4 月	5 月	6 月	7 月	8 月	9 月
运输量	11	10	13	9	7	10	8	9	11

解：可以通过下列程序进行求解。

```
% 时间序列
x = [11  10  13  9  7  10  8  9  11];
% 时间序列的长度
n = length(x);
% 计算最小误差值
min_err = 1000;
% 权重从 0 变为 1
```

```
for a =0:0.1:1
    % 赋给预测值和误差初值
    y(1) =x(1);
    err =0;
    for i =1:n
        % 更新预测值
        y(i +1) =a* x(i) +(1 -a)* y(i);
        % 平方误差和
        err =err +(x(i) -y(i))^2;
    end
    % 当最小误差变小时,更新最小误差值、记录最佳权重和预测值
    if min_err >err
        min_err =err;
        best_weight =a;
        best_forecast =y(n +1);
    end
end
% 输出最佳权重及对应的误差值
best_weight
best_forecast
```

通过计算发现，当 $\alpha =0.2$ 时，平方误差和最小，相应的预测值为 9.7978。

②二次指数平滑法。当时间序列的变动出现线性变化趋势时，用一次指数平滑法进行预测，会存在明显的滞后偏差，因此需要加以修正。修正的方法与趋势移动平均法相同，即对一次指数平滑后的时间序列再做一次指数平滑，但并不是直接将二次指数平滑值作为预测值，而是利用其求出方程参数，利用滞后偏差的规律来建立直线趋势模型，这就是二次指数平滑法。其计算公式为：

$$y_t^{(1)} = \alpha x_t + (1 -\alpha) y_{t-1}^{(1)} \tag{2-17}$$

$$y_t^{(2)} = \alpha y_t^{(1)} + (1 -\alpha) y_{t-1}^{(2)} \tag{2-18}$$

其中，$y_t^{(1)}$ 为一次指数平滑值，$y_t^{(2)}$ 为二次指数平滑值。

当时间序列 $\{x_t\}$ 从某时期开始具有直线趋势时，类似于趋势移动平均法，可用以下线性变化趋势模型进行预测：

$$\hat{x}_{t+T} = a_t + b_t \times T$$

其中，$a_t =2y_t^{(1)} -y_t^{(2)}$，$b_t =\dfrac{\alpha}{1 -\alpha}(y_t^{(1)} -y_t^{(2)})$。

③三次指数平滑法。当时间序列的变动出现非线性变化趋势时，可以用三次指数平滑法。三次指数平滑法是在二次指数平滑法的基础上，再进行一次指数平滑。其计算公式为：

$$y_t^{(1)} = \alpha x_t + (1 - \alpha) y_{t-1}^{(1)} \qquad (2 - 19)$$

$$y_t^{(2)} = \alpha y_t^{(1)} + (1 - \alpha) y_{t-1}^{(2)} \qquad (2 - 20)$$

$$y_t^{(3)} = \alpha y_t^{(2)} + (1 - \alpha) y_{t-1}^{(3)} \qquad (2 - 21)$$

其中，$y_t^{(3)}$ 为三次指数平滑值。

三次指数平滑法的预测模型为：

$$\hat{y}_{t+T} = a_t + b_t \times T + c_t \times T^2$$

其中，$a_t = 3 y_t^{(1)} - 3 y_t^{(2)} + y_t^{(3)}$，

$$b_t = \frac{\alpha}{1 - \alpha} [(6 - 5\alpha) y_t^{(1)} - 2 (5 - 4\alpha) y_t^{(2)} + (4 - 3\alpha) y_t^{(3)}],$$

$$c_t = \frac{\alpha^2}{2 (1 - \alpha)^2} [y_t^{(1)} - 2 y_t^{(2)} + y_t^{(3)}]。$$

（3）带有需求趋势校正的指数平滑法（Holt 模型）。物流需求包含系统需求部分与具有随机特征的需求部分，系统需求部分一般又包含需求水平、需求趋势和季节性需求。系统需求计算有以下几种形式：

①复合型：系统需求 = 需求水平 × 需求趋势 × 季节性需求

②附加型：系统需求 = 需求水平 + 需求趋势 + 季节性需求

③混合型：系统需求 = (需求水平 + 需求趋势) × 季节性需求

在预测系统需求时运用哪种具体形式取决于物流需求的性质。

当系统需求具有明显的趋势性特征但没有季节性特征时，可以采用带有需求趋势校正的指数平滑法（Holt 模型）进行预测。本节采用下列公式来预测带有需求趋势的系统需求：系统需求 = 需求水平 + 需求趋势。

Holt 模型对指数平滑法进行了简单的修正，具体的计算公式如下：

$$S_{t+1} = \alpha x_t + (1 - \alpha) (S_t + T_t) \qquad (2 - 22)$$

$$T_{t+1} = \beta (S_{t+1} - S_t) + (1 - \beta) T_t \qquad (2 - 23)$$

$$y_{t+1} = S_{t+1} + T_{t+1} \qquad (2 - 24)$$

其中，$\alpha \in (0, 1)$ 为需求水平的平滑系数；$\beta \in (0, 1)$ 为需求趋势的平滑系数；S_t 为第 t 期的需求水平的预测值；T_t 为第 t 期的趋势预测值；y_{t+1} 为第 $t+1$ 期的趋势校正后的预测值。

（4）带需求趋势和季节性需求校正的指数平滑法（Winter 模型）。当物流需求兼具趋势变动和季节性波动特征时，使用带需求趋势和季节性需求校正的指数平滑法比较合适。本节采用下列公式来对预测值进行校正：系统需求 = (需求水平 + 需求趋势) × 季节性需求。

采用 Winter 模型时需要满足两个条件：一是需求模型的季节性波动的高峰与低谷产生的原因必须是已知的，这些峰谷值必须在每个周期的同一时间出

现；二是季节性变化要比随机波动大。

假设季节性需求的周期为 L，在第 t 期，给定观察值 x_t、初始需求水平 S_t、初始需求趋势 T_t 及一个周期的初始季节性需求 I_t，I_{t+1}，$\cdots$，I_{t+L-1} 的预测值，则第 $t+1$ 期对需求水平、需求趋势、季节性需求及需求预测值的计算公式如下：

$$S_{t+1} = \alpha \times \frac{x_t}{I_t} + (1-\alpha)(S_t + T_t) \qquad (2-25)$$

$$T_{t+1} = \beta(S_{t+1} - S_t) + (1-\beta)T_t \qquad (2-26)$$

$$I_{t+L} = \gamma \times \frac{x_t}{I_t} + (1-\gamma)I_t \qquad (2-27)$$

$$y_{t+1} = (S_{t+1} + T_{t+1}) \times I_{t+1} \qquad (2-28)$$

其中，$\gamma \in (0, 1)$ 为季节性需求的平滑系数，y_{t+1} 表示第 $t+1$ 期趋势与季节性需求校正后的预测值。

2. 因果预测法

前面介绍的方法是基于时间序列的原理，即通过历史观察数据推测未来的物流需求。实际上，物流需求可能会受到其他因素的影响，如受经济、社会发展和环境政策等的影响。

因果预测法是以因果性原理做指导，分析预测目标同其他相关事件及现象之间的因果联系，对事物未来状态和发展趋势做出预测的定量分析方法。因果预测法也是预测物流需求时常用的方法之一。

（1）回归分析法。回归分析法是一种基于因果分析原理的预测方法，通过分析各因素对需求结果的影响，利用记录的历史数据，建立回归方程，再利用所得的方程进行预测。在回归分析法中，若只考虑单因素对需求的影响，则为单因素回归，若考虑多因素对需求的影响，则为多因素回归。当所考虑的因素对需求的影响呈线性关系时，可采用线性回归。

本节主要介绍单因素线性回归法。

假设 x 表示影响需求的因素，y 表示需求量，它们呈现出以下线性关系：

$$y = a + b \times x \qquad (2-29)$$

假设已有 N 组记录数据 (x_i, y_i)，要确定直线方程（2-29），可以通过最小二乘法确定参数 a 和 b，使其与这 N 组数据达到最好的吻合效果。统计学给出的 a 和 b 的计算公式为：

$$b = \frac{\sum\limits_{i=1}^{N}(x_i - \bar{x})(y_i - \bar{y})}{\sum\limits_{i=1}^{N}(x_i - \bar{x})^2}$$

$$a = \bar{y} - b\bar{x}$$

其中，$\bar{x} = \dfrac{1}{N}\sum\limits_{i=1}^{N}x_i$，$\bar{y} = \dfrac{1}{N}\sum\limits_{i=1}^{N}y_i$。

　　当物流需求受多个因素共同影响时，可以采用多元回归分析法进行预测。建立一个多元回归模型需要复杂的统计方法，可以借助统计软件（SPSS、SAS等）来建立多元线性回归方程。

　　（2）灰色预测。灰色系统理论是我国学者邓聚龙教授于 1982 年创立的一种处理不完全信息的理论方法，其理论起源于对控制论的研究。

　　灰色预测是通过对原始数据的处理，使随机的无规律的数据变为较为规律的生成数列，进而建立灰色模型，对系统的未来状况做出科学的定量预测。灰色预测具有计算简单、所需原始数据少和适用范围广等优点。

　　本节主要介绍灰色模型中最为常用的 GM（1，1）模型，其中，G 表示灰色（grey），M 表示模型（model），（1，1）分别表示 1 个变量和 1 阶方程。

　　令 $X^{(0)}$ 为 GM（1，1）的建模序列：

$$X^{(0)} = (x^{(0)}(1)，x^{(0)}(2)，\cdots，x^{(0)}(N))$$

$X^{(1)}$ 为 $X^{(0)}$ 的 1 – AGO 序列：

$$X^{(1)} = (x^{(1)}(1)，x^{(1)}(2)，\cdots，x^{(1)}(N))$$

$$x^{(1)}(k) = \sum_{i=1}^{k} x^{(0)}(i) \quad (k = 1，2，\cdots，N)$$

　　令 $Z^{(1)}$ 为 $X^{(1)}$ 的紧邻均值生成系列：

$$Z^{(1)} = (z^{(1)}(2)，z^{(1)}(3)，\cdots，z^{(1)}(n))$$

其中，$z^{(1)}(k) = 0.5x^{(1)}(k) + 0.5x^{(1)}(k-1)$。

　　则 GM（1，1）的灰色微分方程模型为：

$$x^{(0)}(k) + az^{(1)}(k) = b \qquad\qquad (2-30)$$

　　GM（1，1）模型为含有一个变量的一阶方程，其中，参数 a 为发展系数，b 为灰色作用量。

　　设 $\alpha = (a \quad b)^T$ 为待估参数向量，则式（2–30）的最小二乘估计参数列满足：

$$\alpha = (B^T B)^{-1} B^T Y$$

其中，$B = \begin{bmatrix} -z^{(1)}(2) & 1 \\ -z^{(1)}(3) & 1 \\ \vdots & \vdots \\ -z^{(1)}(n) & 1 \end{bmatrix}$，$Y = \begin{bmatrix} x^{(0)}(2) \\ x^{(3)}(3) \\ \vdots \\ x^{(n)}(n) \end{bmatrix}$。

　　$\dfrac{\mathrm{d}x^{(1)}(t)}{\mathrm{d}t} + ax^{(1)}(t) = b$ 被称为灰色微分方程 $x^{(0)}(k) + az^{(1)}(k) = b$ 的白化方程，也叫影子方程。有：

　　①白化方程的解也称为时间响应函数：

$$\hat{x}^{(1)}(t) = \left(x^{(1)}(0) - \frac{b}{a}\right)e^{-at} + \frac{b}{a}$$

　　②GM（1，1）的灰色微分方程的时间响应序列为：

$$\hat{x}(k+1) = \left[x^{(1)}(0) - \frac{b}{a} \right] e^{-ak} + \frac{b}{a} \quad (k = 1, 2, \cdots, N)$$

③取 $x^{(0)}(0) = x^{(0)}(1)$，$\hat{x}^{(1)}(k+1) = \left(x^{(0)}(1) - \frac{b}{a} \right) e^{-ak} + \frac{b}{a} \quad (k = 1, 2, \cdots, N)$。

④预测方程为：$\hat{x}^{(0)}(k+1) = \hat{x}^{(1)}(k+1) - \hat{x}^{(1)}(k)$。

最后，在预测之前要对 $GM(1, 1)$ 模型进行检验，若检验在允许的范围内，则可以用模型进行预测，否则应进行修正。

 习题

一、单选题

1. 关于物流系统预测，下面说法错误的是_____。

A. 一次指数平滑法适用于所有时间序列的预测

B. 定性预测法是利用判断、直觉、调查或比较分析对未来做出估计的方法

C. 德尔菲法的特点是匿名性、统计性、反馈性

D. 一次指数平滑法与简单平均法都是一种特殊的加权平均法

2. 物流系统现状调研的方法不包括_____。

A. 访谈调查   B. 查找历史资料

C. 发放问卷调查   D. 随机抽样调查

二、计算题

1. 某物流公司过去6个月的业务需求量如表2-2所示，试用指数平滑法预测7月的物流需求量，α 分别取0.4、0.6，初始预测值为40，并比较不同参数对应的平均绝对误差与误差平方和的大小。

表2-2　　　　　　　　某物流公司的业务需求量

月份	实际需求	月份	实际需求
1月	40	4月	30
2月	35	5月	48
3月	45	6月	40

2. 某货运公司过去6个月使用的车辆数如表2-3所示，试选择合适的方

法预测 7 月的车辆数。

表 2 – 3　　　　　　　　　　某物流公司使用的车辆数

月份	实际需求	月份	实际需求
1 月	40	4 月	50
2 月	45	5 月	51
3 月	46	6 月	53

　　3. 某物流公司的货物吞吐量与当地的生产总值（见表 2 – 4）经验证具有线性关系。

　　（1）求出线性回归方程。

　　（2）假设 2023 年当地的生产总值预计为 12 亿元，该物流公司预计货物吞吐量为多少？

表 2 – 4　　　　　　　　某物流公司的货物总量与当地生产总值

年份	吞吐量（万吨）	生产总值（亿元）
2018	42	8
2019	40	6
2020	53	11
2021	50	10
2022	54	16

第三章

物流网络规划

第一节　物流网络概述

一、物流网络的定义

物流网络（logistics network）是指通过交通运输线路连接分布在一定区域的不同物流节点所形成的系统。

从定义不难看出，物流网络主要由物流节点和交通运输线路共同组成，是物流活动的重要载体。其中，在线路上进行的物流活动主要是运输和配送，包括集货运输、干线运输、区域配送等；物流功能要素中的其他所有功能要素，如包装、装卸搬运、仓储、分拣、流通加工等，都是在物流节点完成的。

运筹学给出的网络定义为：设 G 为一个（有向）图，若对 G 的每条边（弧）都赋予一个实数，并称为这条边（弧）的权，则 G 连同它边（弧）上的权称为一个（有向）网络，记为 $D = (N, E, W)$，其中，N 为节点集合，E 为边（弧）集合，W 为 G 的所有边（弧）的权集合。如果将所有物流节点看作是节点集合 N，交通运输线路看作是边（弧）集合 E，交通运输线路的长度看作是权重集合 W，那么物流网络就可以抽象成运筹学的网络。

二、物流网络的构成要素

从物质实体的角度来说，物流网络是由厂商、客户、物流节点、运输线路、信息系统和物流网络组织等要素构成的。

（一）厂商

厂商作为产品或原材料的生产者和供应商，是物流网络的起点。物流网络的核心功能就是实现原材料或产品从供应地到需求地之间的空间转移。因此，厂商的分布情况会对物流网络结构起着至关重要的作用。例如，在厂商分布集中和分散两种情况下，所要求的物流节点的位置、数量和运输线路会有所不同，使得物流网络存在明显差别。

厂商与物流网络是相互影响的。当大规模的厂商分布既定的时候，物流网络往往把厂商分布作为一个约束条件；而当物流网络初具规模时，新的厂商会把已有的物流网络作为约束条件。

（二）客户

与作为物流网络起点的厂商相对应，客户是物流网络的终点，也是物流网络的重要组成要素。只有存在始点和终点，物流网络的存在才有实际意义，构建物流网络的目标才能明确。客户自身特征和分布的特点直接决定着物流网络的内部结构，即如何规划物流网络以适应特定的客户分布和客户需求。

客户既是物流网络结构的一部分，也是物流网络服务的对象。物流网络系统是否高效的直接评价标准就是能否为客户提供所需的服务。

（三）物流节点

物流节点是物流网络中运输线路的联结处，是物流过程中货物从供应地到需求地流动过程中经过和停靠的地方。

物流的包装、装卸搬运、仓储、流通加工、配送等功能要素都是在物流节点上完成的。因此，物流节点是物流网络非常重要的组成部分，离开了物流节点，物流线路也会发生中断。

（四）运输线路

厂商、客户和物流节点构成了物流网络的主要架构，而要把这些要素联系起来，就必须通过运输线路的连接。这些节点之间的实体连接需要通过运输来实现。广义的运输线路是指所有可以行驶和航行的水、陆、空路线；狭义的运输线路仅指已经开辟的，可以按规定进行物流运营的路线和航线。

（五）信息系统

物流网络各节点之间不仅存在物品的实体流动，而且有大量物流信息在节点之间进行传递。在物流网络内，物流信息的及时传递、共享及处理会对整个物流网络的效率产生重要影响。因此，在构建物流网络时，既要考虑有形的硬件节点建设，也要考虑无形的信息网络的建设。只有有了物流信息管理体系的支持，物流网络才能真正被激活，才能真正发挥效用。

（六）物流网络组织

物流网络的运行离不开人力资源与组织管理，进行物流网络资源配置时不仅要考虑节点配置，还要考虑人力资源配置以及整个物流网络的组织管理。只有建立一套好的组织管理和运行机制，物流网络才能实现持续的良性运转。

若把物流网络比作人的生理系统，那么，厂商、客户、物流节点可以看作是骨架和器官，运输线路和信息系统可以看作是血液循环系统和神经系统，而物流网络组织可以看作是调节系统，它们既有明确的分工，又相互协作，共同构成物流网络。

三、物流网络的特点

（一）层次性

从组织边界的角度看，虽然每个节点企业都是物流网络的成员，但是它们可以通过不同的组织边界体现出来。例如，某些集团公司规模非常大，内部结构也十分复杂，其他节点企业联系的只是它的一个部门或者一个子公司；并且集团公司内部也存在着产品供求关系，当用很多小节点来表示内部供需关系结构时，此企业集团就成为整个物流网络的一个物流子网络。

（二）开放性

物流网络的运作建立在开放的网络基础上，每个节点可以与其他任何节点发生联系、交换信息、协同处理业务。互联网的开放性决定了节点的数量可以无限多，单个节点的变动不会影响其他节点。

（三）层次性

组成物流网络的节点和运输线路在规模、地理区位和功能等方面都存在着差异，这种差异使得物流网络对外表现出一定的层次性，如全球、国家、区域和城市物流网络。

（四）动态性

物流网络的节点企业通过物流、信息流和资金流相互连接起来，它们之间的关系往往是不确定的，随着时间的推移而不断变动。一方面，某一节点企业在业务上的变动会影响上下游企业的经营状况，甚至波及物流网络的所有节点企业；另一方面，节点企业存在被其他节点企业选择或者抛弃的可能，也将影响物流网络中相关节点企业的经营状况。

（五）跨地域性

随着互联网、电子商务等信息技术的发展以及交通运输网络的完善，物流网络中的节点企业超越了空间的限制，通过在业务上加强合作，共同加速物流、信息流和资金流的协同运作，为各个节点企业创造更多的收益。尤其是伴随着国际贸易的发展，物流网络的跨度更是突破了区域和国家的限制。这种地理上的分散增加了物流网络管理的难度以及节点间的运输成本，也使物流网络受到更多外部因素的干扰。

第二节　物流网络结构模式

一、物流网络的基本结构模式

物流网络结构是指货物从供应地到需求地流动的结构。不同的企业具有不同的物流网络结构，但综合来看，物流网络一般具有以下三种基本结构模式：（1）直送网络结构模式；（2）回路运输网络结构模式；（3）经过中转节点中转的网络结构模式。物流网络的其他结构模式都可以看作是这三种基本结构模式的混合或变形。物流网络的三种基本结构模式如图 3-1 所示。

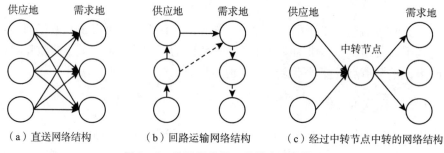

图 3-1　物流网络的三种基本结构模式

图 3-1（a）为物流直送结构模式，即一个或多个供应地直送到一个或多个需求地。

图 3-1（b）为回路运输网络结构模式，即从一个供应地装载的货物依次运送到多个需求地，或者收集完多个供应地的货物后运送到同一个需求地。这种运输线路是一种典型的旅行商线路，也称为"送奶线路"（milk-run）。

图 3-1（c）是多个供应地通过中转节点中转后运送到多个需求地的网络结构示意图。图中只给出了一般形式，在供应端，多个供应地可以用直送方式运到中转节点，也可用"送奶线路"方式集货到中转节点；在需求端，同样也是如此。

（一）直送网络结构模式

在直送网络结构模式中，货物直接从供应地运送到需求地。每次运输的线路是固定的，管理人员只需根据运输的数量选择运输方式。

直送网络的优势主要有：物流环节少，不需要中转节点，减少了物流中转节点的建设和运营成本，而且在操作和协调上简单易行，效率比较高。由于货物从供应地直接运送到需求地，省去了中途的装卸搬运、换装等环节，节约了从供应地到需求地的运输时间。

直送网络经济可行的前提条件是：需求地的需求足够大，每次运输的规模都与所用运输工具的最大装载量相近。如果需求地的需求量过小，远远低于运输工具的满载要求，那么会导致直送网络的运营成本过高。

随着物流系统业务范围扩大，"一对一"的直送网络将变成"多对多"的直送网络，这种直送方式的效率将大幅下降，无法满足业务增长的需要。另外，"一对一"或者"多对多"的直送网络辐射范围非常有限，区域物流系统根本无法使用这种方式。

（二）回路运输网络结构模式

回路运输网络结构模式主要包括两种类型：一种是同一运输工具从一个供应地装载运往多个需求地的货物［如图3－2（a）所示］，另一种是同一运输工具从多个供应地装载运往同一个需求地的货物［如图3－2（b）所示］。一旦选择这种物流网络结构模式，管理者就必须对每条"送奶线路"进行科学合理的规划。

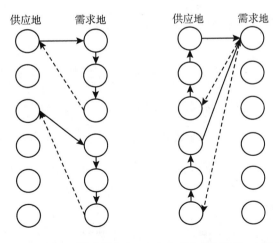

（a）一个供应地到多个需求地　　（b）多个供应地到一个需求地

图3－2　利用"送奶线路"的回路运输网络结构模式

直送网络具有无须进行货物中转的优点，而回路运输网络通过开展将多个供应地或需求地的货物装载在同一运输工具的规模运输降低了运输成本。例如，由于每家零售店的订单需求量较小，采用回路运输网络结构时，多家零售店的货物可以装载在同一辆车上进行配送，从而提高了车辆的装载率，降低了运输成本。如果有规律地、频繁地进行小规模的配送，而且多个供应地或需求地在空间上非常靠近，回路运输网络将显著地降低物流运营成本。例如，丰田公司利用"送奶线路"运输来维持其在美国和日本的即时制（JIT）制造系统。在日本，丰田公司的许多装配厂在空间上非常接近，因而使用"送奶线路"从单个供应商运送零配件到多个装配厂；在美国，丰田公司利用"送奶线路"将多个供应商的零配件运往位于肯塔基州的一家汽车装配厂。

【例3-1】某超市在一个区域有8家门店，8家门店所售4种商品分别来自4家不同的供应商。超市使用自有车辆将商品从供应商处运送至门店，车辆的最大装载量为40000单位。每辆车的启动成本为1000元，每配送一个超市会产生100元的变动成本，即当一辆车一次同时配送n个超市时，车辆的总成本为$1000+100n$。超市的库存持有成本为0.2元/年。

（1）当每个门店每种商品的年销量分别为1000000单位，若超市采用回路运输网络时，车辆一次同时配送2个超市，试分析采用直送网络和回路运输网络哪个的物流总成本更低。

（2）当每个门店每种商品的年销量分别为80000单位时，若超市采用回路运输网络时，车辆一次同时配送2个或4个超市，试分析采用哪种物流网络总成本最低。

解：（1）当每个超市每种商品年销量为1000000单位时：

①采用直送物流网络。

每种商品需要向每个门店补货的次数为：$\dfrac{1000000}{40000}=25$（次/年）；

物流网络每年的运输总成本为：$25\times1100\times4\times8=880000$（元）；

每个门店每种商品每年的平均库存量为：$\dfrac{40000}{2}=20000$（单位）；

物流网络每年的库存总成本为：$20000\times0.2\times4\times8=128000$（元）；

物流网络的总成本为：$880000+128000=1008000$（元）。

②采用回路运输网络。

每种商品每次向每个门店补货的数量为：$\dfrac{40000}{2}=20000$（单位）；

每种商品需要向每个门店补货的次数为：$\dfrac{1000000}{20000}=50$（次/年）；

车辆配送一个门店的运输成本为：$\dfrac{1000}{2}+100=600$（元）；

物流网络每年的运输总成本为：$50\times600\times4\times8=960000$（元）；

每个门店每种商品每年的平均库存量为：$\dfrac{20000}{2}=10000$（单位）；

物流网络每年的库存总成本为：$10000\times0.2\times4\times8=64000$（元）；

物流网络的总成本为：$960000+64000=1024000$（元）。

由于$1008000<1024000$，因此，每个超市每种商品年销量为1000000单位时，采用直送物流网络的物流总成本更低。

（2）当每个超市每种商品年销量为80000单位时：

①采用直送物流网络。

每种商品需要向每个门店补货的次数为：$\dfrac{80000}{40000}=2$（次/年）；

物流网络每年的运输总成本为：$2\times1100\times4\times8=70400$（元）；

每个门店每种商品每年的平均库存量为：$\dfrac{40000}{2}=20000$（单位）；

物流网络每年的库存总成本为：$20000\times0.2\times4\times8=128000$（元）；

物流网络的总成本为：$70400+128000=198400$（元）。

②采用回路运输网络（$n=2$）。

每种商品每次向每个门店补货的数量为：$\dfrac{40000}{2}=20000$（单位）；

每种商品需要向每个门店补货的次数为：$\dfrac{80000}{20000}=4$（次/年）；

车辆配送一个门店的运输成本为：$\dfrac{1000}{2}+100=600$（元）；

物流网络每年的运输总成本为：$4\times600\times4\times8=76800$（元）；

每个门店每种商品每年的平均库存量为：$\dfrac{20000}{2}=10000$（单位）；

物流网络每年的库存总成本为：$10000\times0.2\times4\times8=64000$（元）；

物流网络的总成本为：$76800+64000=83200$（元）。

③采用回路运输网络（$n=4$）。

每种商品每次向每个门店补货的数量为：$\dfrac{40000}{4}=10000$（单位）；

每种商品需要向每个门店补货的次数为：$\dfrac{80000}{10000}=8$（次/年）；

车辆配送一个门店的运输成本为：$\dfrac{1000}{4}+100=350$（元）；

物流网络每年的运输总成本为：$8\times350\times4\times8=89600$（元）；

每个门店每种商品每年的平均库存量为：$\dfrac{10000}{2} = 5000$（单位）；

物流网络每年的库存总成本为：$5000 \times 0.2 \times 4 \times 8 = 32000$（元）；

物流网络的总成本为：$89600 + 32000 = 121600$（元）。

由于 $198400 > 121600 > 83200$，因此，每个超市每种商品年销量为 80000 单位时，采用回路运输网络（$n = 2$）的物流总成本更低。

通过以上计算可以推断，当需要运输的货物批量很大时，采用直送物流网络可能是更经济的；否则，宜采用回路运输网络，但是并不是车辆出发一次配送的超市越多物流总成本就越低。

（三）经过中转节点中转的网络结构模式

在这种物流网络结构模式中，供应地的货物不是直接运送到需求地，而是经过中转节点（物流中心、配送中心、仓库等）中转后再运到需求地。这种模式的核心集中表现在收集（collection）、交换（exchange）和发送（delivery），简称 CED 模式。作为供应地与需求地之间的中间环节，中转节点发挥着两种不同的作用：一是进行货物的仓储保管与分拣；二是进行不同运输方式转换与货物交换。

如果需求地对供应地的产品需求规模足以实现运输的规模经济效应，中转节点就没有必要为需求地持有库存了。在这种情形下，中转节点仅需把供应地运送的货物直接分拣成较小批量运送到每个需求地，并将运往同一需求地的货物进行集中，然后使用整车运送到相应的需求地，这种方式被称为越库作业（cross docking）。越库作业方式的优势在于降低了库存成本，减少了装卸搬运的次数，加快了产品的流通速度。但是，成功实施越库作业需要高度的协调以及进出货物节奏的高度一致。

如果需求地对供应地的产品需求偏少不能实现运输的规模经济效应，那么中转节点就需要持有一定的库存，并对需求地进行小批量的配送。例如，由于配送中心的进货批量远比门店的订单批量大，沃尔玛选择将从海内外供应商处采购的货物保存在配送中心。

二、物流网络的其他结构模式

除了前面提到的三种基本网络结构模式外，物流系统中还存在这些基本结构模式的混合或变形，主要有以下几种。

（一）通过中转节点使用"送奶线路"集货与配送的网络结构模式

以配送为例，在经过中转节点中转的网络结构模式中，当需求地的订单规模偏小时，使用整车进行单个需求地的配送是不经济的，应当将多个需求地的货物进行集中，由一辆车采用规划好的"送奶线路"进行配送，从而达到降低物流成本的目的。具体的网络结构模式如图 3 – 3 所示。

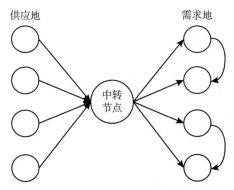

图 3 – 3　通过中转节点使用"送奶线路"配送的网络结构模式

（二）多枢纽节点的 LD – CED 网络结构模式

这种网络结构是由经过中转节点中转的网络结构模式演变而来的，即采用多级"物流中心 + 配送中心"（logistics center + distribution center，LD）的模式。

在这种物流网络结构模式中存在物流中心和配送中心两类枢纽节点，其中，物流中心主要为上游供应商提供货物中转服务；配送中心主要为下游客户提供配送服务。物流中心和配送中心不仅是物流活动的载体，而且是大量物流信息的汇集地。具体的网络结构模式如图 3 – 4 所示。

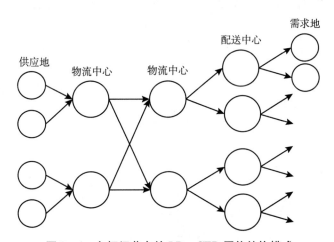

图 3 – 4　多枢纽节点的 LD – CED 网络结构模式

多枢纽节点的 LD – CED 网络结构模式通过多级枢纽节点完成货物的运送，实现了物流规模化运作，降低了物流总成本。这种网络结构模式广泛存在于一些范围较大的经济区域内，一些大型企业的销售物流网络采用的就是这种结构模式。

三、轴辐式网络结构模式

前面介绍的各种物流网络结构模式都是单向运输网络，即货物都是从供应地运输到需求地，不考虑货物在供应地与需求地之间的双向运输。与前述模式不同，轴辐式（hub-and-spoke）网络（也称中枢辐射式网络）是一种双向运输网络，在实践中具有广泛的应用，如航空运输管理、邮政包裹业务等。

轴辐式网络的节点之间可以进行双向运输，形成节点之间的两条 OD 流（origin-destination，即从起点到终点的运输流）。轴辐式网络的规划问题就是选择枢纽节点，并使每条 OD 流通过一个或两个枢纽节点（hub）后到达目的地。由于枢纽节点之间的干线运输能够实现规模效应，虽然从起点到终点的运输距离及运输时间有所增加，但物流网络中的运输总成本下降了。

常见的轴辐式网络结构模式有以下几种。

（一）单一枢纽站纯轴辐式网络结构模式

单一枢纽站纯轴辐式网络结构模式是由一个枢纽站和若干个站点组成的。其中，站点一般兼具收、发货功能，站点与站点之间的货物必须由起始站点运送到枢纽站再转运到目的站点。单一枢纽站纯轴辐式网络结构模式如图 3 – 5 所示，可以看出，这种网络结构模式像一个车轮的轮辐，因此被称为轴辐式网络。

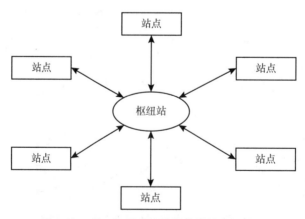

图 3 – 5　单一枢纽站纯轴辐式网络结构模式

单一枢纽站纯轴辐式网络运输组织工作的开展方式如下：第一个阶段，站点收集服务区域内客户的货物；第二个阶段，每个站点将收集的目的地不是本站点服务区域的货物采用合适的运输方式运送到枢纽站转运；第三个阶段，枢纽站将来自不同站点的货物按照货物的流向进行分类，并采用合适的运输方式将货物运送至相应的站点；第四个阶段，站点把枢纽站送达的货物送至收货客户。

单一枢纽站纯轴辐式网络的辐射能力较弱，辐射范围较小，一般适用于区域性物流系统网络。

（二）单一枢纽站复合轴辐式网络结构模式

在单一枢纽站纯轴辐式网络中，站点与站点之间不允许进行货物的直接运输，当两个站点之间的货物往来频繁且运量比较大时，再将货物运送到枢纽站中转是不经济的。因此，在单一枢纽站复合轴辐式网络中，当从某起始站点运送到某目的站点的货物达到车辆满载的条件时，货物将不再通过枢纽站中转，而是直接从起始站点采用整车送至目的站点，这样可以减少装卸搬运的次数，缩短运输时间和降低运输成本。单一枢纽站复合轴辐式网络结构模式如图 3-6 所示。

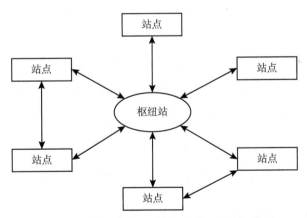

图 3-6 单一枢纽站复合轴辐式网络结构模式

单一枢纽站复合轴辐式网络是单一枢纽站纯轴辐式网络的扩展，在服务能力、服务范围上与单一枢纽站纯轴辐式网络基本相同，也同样适用于区域性物流系统网络。但是，单一枢纽站复合轴辐式网络在网络构成和运输组织上比纯轴辐式网络更加复杂和灵活。

（三）多枢纽站单一分派轴辐式网络结构模式

多枢纽站单一分派轴辐式网络与单一枢纽站纯轴辐式网络一样，站点必须与某一个枢纽站唯一连接，发出和送达的货物必须在该枢纽站进行处理。多枢纽站单一分派轴辐式网络结构模式如图3-7所示。

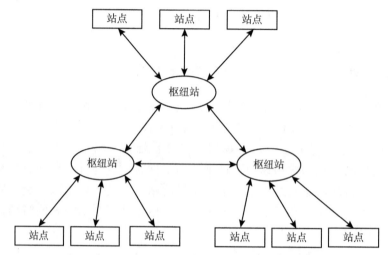

图3-7　多枢纽站单一分派轴辐式网络结构模式

多枢纽站单一分派轴辐式网络运输组织工作的开展方式如下：第一个阶段，站点收集服务区域内客户的货物；第二个阶段，每个站点将收集的目的地不是本站点服务区域的货物采用合适的运输方式运送到唯一分派的枢纽站；第三个阶段，枢纽站将来自不同站点的货物按照货物的流向进行分类，如果货物是发往其他枢纽站服务区域内的，则选择合适的运输方式运送至相应的枢纽站；第四个阶段，枢纽站将站点和其他枢纽站送达的货物，根据货物的去向选择合适的运输方式运送至相应的站点；第五个阶段，站点把枢纽站送达的货物送至收货客户。

相对于单枢纽站的物流网络，多枢纽站单一分派轴辐式网络的辐射能力更强，辐射范围更广，适用于跨区域的物流系统网络。

（四）多枢纽站多分派轴辐式网络结构模式

多枢纽站多分派轴辐式网络允许站点与多个枢纽站相连，站点可以根据实际情况（如枢纽站拥挤、货物的流向）选择与其连接的枢纽站，从而提高整个网络的转运效率，缩短运输时间，降低物流成本。多枢纽站多分派轴辐式网络结构模式如图3-8所示。

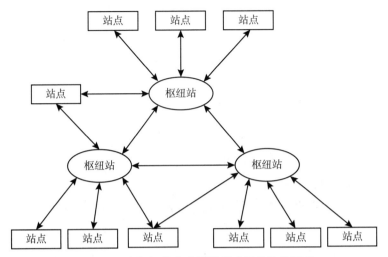

图 3-8 多枢纽站多分派轴辐式网络结构模式

第三节 多枢纽站的轴辐式网络优化模型

一、多枢纽站单一分派轴辐式网络的优化模型

（一）问题描述

多枢纽站单一分派轴辐式网络的优化问题可以描述为：在一个有 n 个节点的物流网络中，按照单一分派的原则，如何从 n 个节点中选择 p 个节点作为枢纽站，使整个物流网络的物流成本最小。

（二）符号说明

1. 参数

N：物流网络中的所有节点集合，$N = \{1, 2, \cdots, n\}$；

H：物流网络中所有潜在枢纽节点集合，$H \subseteq N$；

i, j：起始站点与目的站点，$i, j \in N$；

k, m：候选的枢纽节点，$k, m \in H$；

p：拟设置的枢纽节点个数，$i, j \in N$；

w_{ij}：站点与站点之间的 OD 量，$i, j \in N$；

c_{ij}：节点 i 与节点 j 之间的单位运输成本，$i, j \in N$；

α：枢纽节点之间干线运输的折扣率，$0 < \alpha < 1$；

f_{ijkm}：货物从站点 i 分别经过枢纽点 j 和枢纽点 m 到达站点 j 的运输成本，其中，$f_{ijkm} = w_{ij}(c_{ik} + \alpha c_{km} + c_{mj})$，$i, j \in N$，$k, m \in H$。

2. 决策变量

$$x_{ijkm} = \begin{cases} 1 & \text{货物从站点 } i \text{ 分别经过枢纽点 } j \text{ 和 } m \text{ 到达站点 } k \\ 0 & \text{否则} \end{cases}$$（$\forall i, j \in N$，$k, m \in H$）；

$$y_{ik} = \begin{cases} 1 & \text{站点 } i \text{ 与枢纽站 } k \text{ 相连} \\ 0 & \text{否则} \end{cases}$$（$\forall i \in N$，$k \in H$）；

$$z_k = \begin{cases} 1 & \text{节点 } k \text{ 被选为枢纽站} \\ 0 & \text{否则} \end{cases}$$（$\forall k \in H$）。

（三）数学模型

$$\min \sum_{i \in N} \sum_{\substack{j \in N \\ j \neq i}} \sum_{k \in H} \sum_{m \in H} f_{ijkm} x_{ijkm} \tag{3-1}$$

$$\text{s. t.} \quad \sum_{k \in H} y_{ik} = 1 \, (\forall i \in N) \tag{3-2}$$

$$y_{ik} \leq z_k \, (\forall i \in N, \, k \in H) \tag{3-3}$$

$$\sum_{k \in H} z_k = p \tag{3-4}$$

$$\sum_{m \in H} x_{ijkm} = y_{ik} \, (\forall i, j \in N, \, k \in H, \, i \neq j) \tag{3-5}$$

$$\sum_{k \in H} x_{ijkm} = y_{jm} \, (\forall i, j \in N, \, m \in H, \, i \neq j) \tag{3-6}$$

$$x_{iikm} = 0 \, (\forall i \in N, \, k, \, m \in H) \tag{3-7}$$

$$x_{ijkm}, \, y_{ik}, \, z_k \in \{0, 1\} \, (\forall i, j \in N, \, k, \, m \in H) \tag{3-8}$$

式（3-1）为目标函数，表示站点之间的运输总成本最小；式（3-2）表示每个站点都唯一分派给某一枢纽站，而当节点 k 被选为枢纽站时，将不再进行分派；式（3-3）表示只有当某个节点被选为枢纽站时，站点才能与之相连；式（3-4）表示被选为枢纽站的节点个数为 p 个；式（3-5）与式（3-6）表示任意覆盖了枢纽节点对 (k, m) 的 OD 流，它的起始站点和目的站点分别与枢纽节点 k 和 m 相连；式（3-7）表示起始站点与目的站点为同一站点的货物不需要经过枢纽站中转；式（3-8）为决策变量取值范围约束。

二、多枢纽站多分派轴辐式网络优化模型

（一）问题描述

与多枢纽站单一分派轴辐式网络类似，多枢纽站多分派轴辐式网络的优化

问题可以描述为：在一个有 n 个节点的物流网络中，按照一个站点可以分派给多个枢纽站的原则，如何从 n 个节点中选择 p 个节点作为枢纽点，使整个物流网络的物流成本最小。

（二）符号说明

1. 参数

N：物流网络中的所有节点集合，$N = \{1, 2, \cdots, n\}$；

H：物流网络中所有潜在枢纽节点集合，$H \subseteq N$；

i, j：起始站点与目的站点，$i, j \in N$；

k, m：候选的枢纽节点，$k, m \in H$；

p：拟设置的枢纽节点个数，$i, j \in N$；

w_{ij}：站点与站点之间的 OD 量，$i, j \in N$；

c_{ij}：节点 i 与节点 j 之间的单位运输成本，$i, j \in N$；

α：枢纽节点之间干线运输的折扣率，$0 < \alpha < 1$；

f_{ijkm}：货物从站点 i 分别经过枢纽点 j 和枢纽点 m 到达站点 j 的运输成本，其中，$f_{ijkm} = w_{ij}(c_{ik} + \alpha c_{km} + c_{mj})$，$i, j \in N$，$k, m \in H$；

2. 决策变量

$$x_{ijkm} = \begin{cases} 1 & \text{货物从站点 } i \text{ 分别经过枢纽点 } j \text{ 和 } m \text{ 到达站点 } k \\ 0 & \text{否则} \end{cases} (\forall i, j \in N, k, m \in H)；$$

$$z_k = \begin{cases} 1 & \text{节点 } k \text{ 被选为枢纽站} \\ 0 & \text{否则} \end{cases} (\forall k \in H)。$$

（三）数学模型

$$\min \sum_{i \in N} \sum_{\substack{j \in N \\ j \neq i}} \sum_{k \in H} \sum_{m \in H} f_{ijkm} x_{ijkm} \tag{3-9}$$

$$\text{s. t.} \quad \sum_{k \in H} \sum_{m \in H} x_{ijkm} = 1 (\forall i, j \in N) \tag{3-10}$$

$$\sum_{k \in H} z_k = p \tag{3-11}$$

$$\sum_{m \in H} x_{ijkm} \leq z_k (\forall i, j \in N, k \in H, i \neq j) \tag{3-12}$$

$$\sum_{k \in H} x_{ijkm} \leq z_m (\forall i, j \in N, m \in H, i \neq j) \tag{3-13}$$

$$x_{iikm} = 0 (\forall i \in N, k, m \in H) \tag{3-14}$$

$$x_{ijkm}, z_k \in \{0, 1\} (\forall i, j \in N, k, m \in H) \tag{3-15}$$

式（3-9）为使物流网络运输成本最小的目标函数；式（3-10）表示每条 OD 流只有一条路径，由于站点可以与多个枢纽点相连，每条 OD 流会有多条路径可以选择；式（3-11）表示被选为枢纽站的个数为 p 个；式（3-12）与式（3-13）表示如果某站点没有被选为枢纽站，那么覆盖此站点的路径都不能选为 OD 流的路径；式（3-14）表示起始站点与目的站点为同一站点的货物不需要经过枢纽站进行中转；式（3-15）为决策变量取值范围约束。

本节所介绍的两个优化模型均为 0-1 规划数学模型，对于小规模问题可以用穷举法、分支定界、割平面法等精确算法进行求解，也可以借助 Lingo 等软件在可接受的时间内获得最优解。但是，随着问题规模的增大，获取精确解的难度增大，可以用启发式算法和智能算法在可接受的时间内得到满意解。

第四节　物流网络规划的原则和影响因素

一、物流网络规划的原则

为了使得物流网络达到节约社会资源、提高物流效率的目标，物流网络规划应遵循以下原则。

（一）按照经济区域建立网络

物流网络规划要兼顾经济效益和社会效益。考虑经济效益就是要通过物流网络降低整体的物流成本，考虑社会效益就是指物流网络要有利于资源的节约。在一个经济区域内，各个地区或企业之间经济上的关联性和互补性通常比较大，经济活动往来频繁，物流规模总量较大，物流成本占整个经济成本的比重大，物流改善的潜力巨大。因此，在经济关联性较强的经济区域，建立物流网络非常必要，要从整个经济区域的发展来考虑构建区域物流网络。

（二）以城市为中心布局网络

作为厂商和客户的集聚地，城市的基础设施建设和相关配套支持比较完备，是物流网络布局的重点，可有效地发挥节省投资和提高效益的作用。因此，在宏观上进行物流网络规划时，要重点考虑将物流网络所覆盖区域的城市作为重要的物流节点；在微观上进行物流网络规划时，要考虑以中心城市作为依托，充分发挥中心城市现有的物流功能。

（三）以厂商集聚形成网络

厂商集聚是指同一或不同产业在某个特定经济区域内高度集中，在产品供求上出现网络效应。厂商集聚不仅能够降低运营成本，而且会形成巨大的物流市场。物流是一种实体经济活动，与商流具有明显的区别，物流活动对地域、设施节点等依赖性很强，因此，很多企业把生产基地设在物流系统网络的中心。在进行物流网络规划时，需要在厂商集聚地形成物流网络的重要节点。

（四）建设信息化的物流网络

作为物流网络的重要组成部分，物流信息化发挥着举足轻重的作用。物流网络的要素不只是物流中心、配送中心、仓库、公路、铁路等有形的硬件，这些硬件只是保证物流活动能够实现，但不能保证物流系统的高效率运转。通过搭建物流信息平台，可以实现通过物流信息的及时共享和对物流活动的实时控制，大大提高物流网络的整体效率。

二、影响物流网络规划的因素

影响物流网络规划的因素很多，而且这些因素在规划不同的物流网络中的重要性也不同。物流网络规划通常要考虑以下因素：（1）产品数量和种类；（2）供应地和需求地客户的地理分布；（3）每一区域的客户对每种产品的需求量；（4）运输成本和费率；（5）运输时间、订货周期、订单满足率；（6）仓储成本和费率；（7）采购和制造成本；（8）产品的运输批量；（9）物流设施节点的建设成本；（10）物流设施节点的运营成本；（11）订单的频率、批量、季节波动；（12）订单处理成本与产生这些成本的物流活动；（13）客户服务水平；（14）设备和设施的可用性与可靠性。

第五节　物流网络规划的内容和步骤

一、物流网络规划的内容

物流网络规划就是确定产品从供应地到达需求地流动的网络结构，包括使用何种节点、节点的数量、节点的位置、节点间的运输方式及如何进行服务等，因此在进行规划时，要着重关注以下内容。

（一）物流节点的规划

根据不同物流节点的功能和规模，确定合适的物流节点配置，为物流网络功能的实现提供支撑。物流园区、物流中心和配送中心是物流网络的重要节点。

1. 物流节点的数量和种类

建立物流网络的目标是使物流网络整体最优，而要实现这一目标，就要在物流网络中建立合适数量的物流节点并确定这些节点的种类。物流节点包括物流园区、物流中心、配送中心、仓库、货场、码头等，它们的作用各不相同，实现的功能也不相同，所以要根据实际需要确定物流节点的种类。

2. 物流节点的位置

物流节点的位置对物流网络的运营具有非常深远的影响，在规划物流网络时，必须科学合理地选择物流节点的位置。

3. 物流节点的功能配置

物流节点的功能配置是由节点的种类决定的，如物流中心和配送中心的功能是不同的。物流中心主要是大量货物的集散地，而配送中心主要负责将多品种、小批量的货物配送给客户。在物流网络规划时，要根据物流节点的种类配备相应的功能。

4. 物流节点的规模

目前对物流节点规模的确定还没有统一的方法，但规模的确定主要是由物流节点的种类及用户的需求决定的。

（二）物流线路规划

在宏观层面上，物流线路规划就是对各种运输方式的网络配置，通常也称为物流通道规划。在微观层面上，就是充分利用企业已经形成的网络，制定满足一定物流服务需求的物流线路方案。

（三）物流节点和线路的统一与协调

物流节点与线路之间的相互关系、相对配置及其结构、组成、联系方式的不同，形成了不同的物流网络。物流网络的水平高低、功能强弱取决于这两个基本元素本身和两个基本元素的配置。

物流活动是在节点与线路上进行的。其中，在节点上进行的活动主要有仓储、分拣、配货、流通加工、装卸搬运、包装等，在线路上进行的活动则主要是运输，包括集货运输、干线运输、支线运输等。物流线路上的活动是靠节点组织和联系的。如果离开了节点，物流线路上的活动也必然陷入停滞。因此，要依据节点与线路的不同功能，进行有效的分工和协调，形成统一的、一体化的运作系统，以保障物流网络输出的最大化。

（四）信息网络规划

在物流网络中不仅有货物的实体流动，而且存在大量的信息在各节点之间传递。在物流网络内，物流信息的及时传递、共享及处理都会对整个物流网络的运营效率产生重要影响，所以在物流网络规划时，既要考虑有形的设施节点建设，更要考虑无形的信息网络建设。只有拥有了物流信息网络的支撑，物流网络才能够被真正激活，才能大幅提高运营效率。

（五）物流网络组织规划

物流网络的运行离不开组织管理，因此在进行物流网络规划时需要考虑人力资源的配置及对整个物流网络的组织管理。只有建立一套运行良好的物流网络组织管理和运行机制，物流网络才可能实现持续的良性运转。

二、物流网络规划的步骤

物流网络规划是一个复杂的、反复的过程，具体步骤如下。

（一）现状分析，确定物流网络规划的范围和目标

在对物流网络进行规划时，首先要分析物流网络的现状，找出目前物流网络存在的问题，然后针对这些问题提出明确的规划目标。

（二）确定物流网络规划中的约束条件

在规划时，首先要明确物流网络规划的必要性、目的和意义，然后根据物流系统的现状分析，明确物流网络规划中的约束条件，如总采购、仓储及配送成本、最小运送时间、客户服务水平、仓储及网络处理能力约束等。根据这些条件制定物流网络的基本规划，以便缩小选址的范围。

（三）数据资料的收集与处理

在确定物流网络规划的目标后，就要根据这一目标，收集相关的数据资料，分析数据资料的类型及来源，分析所得数据资料的正确性，对缺失的数据资料进行估计和补充，对于异常数据进行审查，经审查确认的异常数据应该予以剔除。

（四）备选方案的提出

在数据收集之后，利用各种定性、定量的方法建立合适的模型，进行物流节点选址规划和运输线路优化，提出物流网络规划的备选方案。

（五）备选方案比较

物流网络备选方案的比较首先是对各方案的实施费用进行比较，如购置新的仓储设备、仓库的改造费用等都是用以分析各备选方案优劣的重要因素。除了考虑经济性因素外，还必须考虑各方案对于客户服务水平的影响，不能一味地降低成本而使客户服务水平下降。

（六）物流网络规划方案改进及最优方案

根据比较结果，对物流网络进行改进，直至得到最优方案。

 习题

一、单选题

1. 关于物流网络，下列说法正确的是_____。

A. 当每次运输的规模都与整车的最大装载量相近时，应采用通过配送中心中转的网络结构

B. 轴辐式网络是一种单向运输网络，是干线运输与地方支线运输相结合的网络

C. 直送网络与利用"送奶线路"的直送网络都无须中转节点

D. "送奶线路"的直送网络比直送网络的运行成本低

2. 物流网络规划的内容不包括_____。

A. 物流节点的规划　　　　　　　B. 信息网络规划

C. 物流线路规划　　　　　　　　D. 运输流程规划

二、简答题

1. 物流网络的特点有哪些？
2. 物流网络的基本结构模式有哪些？各有什么特点？
3. 物流直送网络模式存在的条件是什么？
4. 影响物流网络规划的因素有哪些？
5. 物流网络规划的原则有哪些？

第四章

物流节点选址规划

第一节　物流节点选址规划概述

一、物流节点选址规划的意义

物流节点选址规划的任务就是确定整个物流系统中所需的节点数量、地理位置及服务对象的分配方案。

在物流系统规划中，物流节点选址是一个非常重要的决策问题，直接决定了物流网络的模式、结构和形状。由于物流节点拥有众多的建筑物、构筑物及固定的机械设备，一旦建成很难搬迁，并且物流节点选址对于物流系统的运营具有非常深远的影响。因此，物流节点科学的选址对物流系统未来的发展十分重要。

二、物流节点选址的目标

物流节点选址的目标主要有以下几个方面。

（一）成本最小化

成本最小化是物流节点选址中最常用的目标，与物流节点选址规划有关的成本主要是运输成本和设施成本。

1. 运输成本

运输成本取决于运输数量、运输距离与运输单价。运输数量如果没有达到运输批量，就不能形成规模经济，从而影响运输总成本；物流节点的位置得当，可以缩短货物的运输距离，从而降低运输成本；运输单价则取决于运输方式与运输批量，与物流节点所在地及客户所在地的交通运输条件直接相关。

2. 设施成本

与设施相关的成本包括固定成本、仓储成本和装卸搬运成本。固定成本是指不随经营活动水平变动的成本，如物流节点的建造成本，税金、租金、监管费和折旧费等都属于固定成本。仓储成本是指那些随物流设施内部货物数量变化而改变的成本。也就是说，如果某项成本随设施中保有的库存水平增加或减少，该项成本就可以归为仓储成本。典型的仓储成本有仓储损耗、某些公用事业费、库存占用的资金费用、库存货物的保险费等。装卸搬运成本是指随设施吞吐量变化的成本。典型的搬运成本包括搬运货物的人工成本、某些公共事业费、可变的设备搬运成本等。

（二）物流量最大化

物流量是反映物流节点作业能力的指标。

反应物流量的主要指标有吞吐量（＝进库量＋出库量＋直拨量）和周转量（＝货物重量×运输距离），从投资物流节点来看，这两个指标常用来测量物流节点的利用率，物流量越大，效益越高。但是，从整个物流系统来看，吞吐量与周转量无法适应现代物流多品种、小批量、高频次的趋势。例如，物流节点与客户距离越远，则周转量越大，运输费用也越高。当以"吨·公里"最大为决策目标时，物流节点的位置是距离客户越远越好，这显然是不合理的。因此，在物流节点选址决策中，要在成本最小化的前提下考虑物流量最大化。

（三）服务最优化

与物流节点选址决策直接相关的服务指标主要是送货时间、距离、速度和准时率。一般来说，物流节点与客户的距离越近，送货速度越快，订货周期也越短，准时率也越高。

（四）发展潜力最大化

物流节点投资大，服务时间长，因此，选址时不仅要考虑在现有市场条件下的成本、服务等目标，还要考虑未来发展的潜力，包括物流节点的可扩展性及客户增长的潜力。

（五）综合评价目标

单纯考虑成本、服务或发展潜力可能不能满足物流系统经营的需要，这时可采用多目标优化方法进行综合评价。

第二节　物流节点选址的影响因素

影响物流节点选址的因素很多，在进行选址时，需根据实际情况分析这些因素对不同类型物流节点选址的重要程度。物流节点选址通常考虑的因素有以下一些。

一、客户状况

选址时首先要考虑的就是客户的分布、规模及经营状况等，这些因素会影响物流节点未来的经营效果和竞争力。例如，对于很多大型超市的配送中心，为了更好地服务分布在人口密集区域的门店，通常会在城乡接合部进行选址，从而达到提高配送时效性及降低配送成本的目的。

二、供应商状况

选址应该考虑的因素还有供应商的分布、供应商供应的商品、供应商的可选择性、供应商之间的竞争性、供应商的供应速度等。因为流通中的商品全部是由供应商所供应的，所以这些因素在一定程度上会影响物流节点中商品的安全库存水平和其在物流市场中的竞争性。

三、竞争者状况

竞争者的状况对物流节点的选址决策具有重要的影响。在进行选址时要考虑所选位置附近是否有其他物流节点或者拟建的物流节点，如果有则要清楚这些物流节点的功能定位和服务内容，进而对自己的物流系统进行合理的调整。

四、自然条件

在物流节点选址时，地质与气候等自然条件也是必须考虑的。不同类型物流节点对场地的地质要求，不仅因设施的性质和类别而不同，也与工艺流程、机械化程度、运输方式、建筑形式和建筑密度有关。一般情况下，自然地形坡度不大于5%，丘陵不大于4%，山区不超过6%。有些对气候有特殊要求的物流节点，温度、湿度、风向、风力以及灾害性天气的种类、严重程度和发生概率在选址时也需要考虑。

五、交通条件

交通条件是影响物流系统运营成本及效率的重要因素之一，交通不便将直接影响车辆的通行，因此必须考虑当前与未来交通的发展状况。当以公路运输方式为主时，物流节点应尽量选择在高速公路、国道及快速道路等附近；当以铁路、水路或者航空运输为主时，物流节点应重点考虑火车站、港口、码头、机场等附近。

六、基础设施条件

基础设施条件对物流节点的运营成本具有很大的影响，主要是水、电、燃油动力的供应是否充足，通信设施是否通畅。这些基础设施条件在物流节点的经营活动中是必不可少的。

七、政策环境

一个国家或地区的政策环境是物流节点选址时首先考虑的因素，尤其是在物流行业拿地难的情况下，如果有地方政府政策的支持，将有助于物流业务的展开。政策环境条件包括企业优惠措施（提供土地、减税）、城市规划（土地开发、道路建设计划）、地区产业政策等。

八、土地条件

建设物流节点需要土地，土地的地理位置、面积、形状及可扩展性等都是需要考虑的因素。另外，还要考虑土地的地价，在考虑现有地价及未来增值情况下，配合未来扩展的需要，决定最合适的使用面积。此外，对于土地的使用，还需要符合相关法规及城市规划的要求。

九、社会环境和文化因素

社会环境和文化因素对物流节点的选址也有重要的影响，主要包括社会稳定性、居民的消费偏好、居民的语言和风俗习惯、居民的生活水平、当地社团组织对物流节点存在的态度等因素。

十、人力资源条件

由于一般的物流作业仍属于劳动力密集的作业形态，在物流节点内部必须要有足够的人力，因此，在进行物流节点选址时，必须考虑人力资源、技术水准、工作习惯、薪资水平等因素。如果所选位置附近的人口稀疏且交通不便，会给招聘带来很大的困难：如果附近地区薪资水平太高，会增加企业的运营成本。

第三节　物流节点选址模型的分类

一、按物流节点的数量分类

按照物流节点的数量，可以将选址问题分为单一物流节点选址问题和多物流节点选址问题。单一物流节点选址问题和多物流节点选址问题是两个不同的问题，单一物流节点选址无须考虑客户服务需求的分配、多个节点之间资源的协调、设施成本与数量之间的关系等。而多物流节点选址问题需要考虑上述问题，相对来说会更加复杂。

二、按选址的离散程度分类

按照选址目标区域的特征，选址问题分为连续选址和离散选址。连续选址问题的备选方案通常是一个连续空间内的所有点，要求从这无穷多个点中选择一个或多个作为物流节点。离散选址问题的备选方案则是目标区域内有限个经过筛选的备选点。

三、按目标函数分类

按照选址问题的目标函数，选址问题可分为以下几种：

一是可行解（feasible solution）和最优解（optimal solution）。对于许多选址问题来说，如果短时间内无法获得最优解，那么得到一个可行解就成了首要目标；如果能够在可接受的时间内获得最优解，选址问题的目标可能就是得到最优解。

二是中值问题（median problem）。中值问题是寻求物流节点的位置使得区域内的需求点距离该物流节点的总距离最小。中值问题的目标函数通常为：

$$\min_x \sum_j D_j(x) \qquad (4-1)$$

其中，x 表示物流节点的坐标，为新的待选设施的位置坐标；$D_j(x)$ 表示第 j 个需求点到物流节点的距离。

三是中心问题（center problem）。中心问题是寻求物流节点的位置使需求点距离该节点的最远距离尽可能小。中心问题的目标函数通常为：

$$\min_x \max_j \{D_j(x)\} \qquad (4-2)$$

四是反中心问题（anti-center problem）。反中心问题是寻求物流节点的位置使需求点距离该节点的最近距离尽可能大。反中心问题的目标函数通常为：

$$\max_x \min_j \{D_j(x)\} \qquad (4-3)$$

五是单纯选址问题（pure location problem）和选址—分配问题（location-allocation problem）。如果新物流节点和已存在的物流节点之间的关系对新物流节点的选址没有影响，那么该选址问题就是单纯选址问题。如果新物流节点和已存在的物流节点之间的关系对新物流节点的选址具有影响，那么这种问题被称作"选址—分配问题"。例如，物流系统新建一个配送中心，不仅会改变原配送中心的客户分配，也改变了配送中心到客户的距离。

四、按能力约束分类

根据物流节点有无能力约束，可分为有能力约束的物流节点选址问题和无能力约束的物流节点选址问题。如果物流节点的能力可充分满足客户的需求，那么此类选址问题就是无能力约束的物流节点选址问题；反之，若物流节点的能力仅能满足部分客户的需求，就是有能力约束的物流节点选址问题。

第四节 选址问题中的距离计算

在进行物流设施选址时，首先要确定各物流节点之间的距离。在已知各物流节点坐标的前提下，一般有直线距离（euclidean metric）、折线距离（rectilinear metric）和大圆距离（spherical trigonometry）三种方法来计算节点之间的距离。现有 A 和 B 两个物流节点，坐标值分别为 (x_A, y_A)、(x_B, y_B)，直线距离和折线距离如图 4-1 所示。

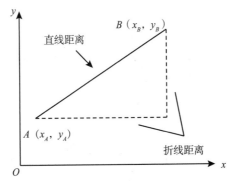

图 4 - 1　直线距离与折线距离

一、直线距离

直线距离也称为欧氏距离、欧几里得距离，是一种常见的距离度量方法。当选址区域的范围较大时，节点间的距离可以用直线距离近似代替，或者用直线距离乘一个适当的系数 ω 来近似代替实际距离。

A 点和 B 点之间的直线距离 d_{AB} 的计算公式为：

$$d_{AB} = \omega_{AB} \times \sqrt{\left(x_A - x_B\right)^2 + \left(y_A - y_B\right)^2} \qquad (4-4)$$

其中，$\omega_{AB}(\geqslant 1)$ 为迂回系数，一般定为一个常数。ω_{AB} 取值的大小应视实际情况而定：在交通相对发达地区，ω_{AB} 取值较小；反之，ω_{AB} 取值较大。例如，在美国，ω_{AB} 通常取 1.2；而在南美洲，ω_{AB} 通常取 1.26。

二、折线距离

折线距离也称为城市距离，当区域范围较小而且区域内道路较规则时，可用折线距离代替两点间的距离。例如，仓库及配送中心内部距离的测算，就可以使用折线距离。

A 点和 B 点之间的折线距离 d_{AB} 的计算公式为：

$$d_{AB} = \omega_{AB} \times \left(\left|x_A - x_B\right| + \left|y_A - y_B\right|\right) \qquad (4-5)$$

三、大圆距离

由于各种地图制图技术都是将球体映射到平面上，这必然会引起变形。用平面坐标来计算距离可能产生计算误差，误差的大小取决于地图映射方法及在地图的什么位置计算距离。更好的方法是利用经纬度坐标计算大圆距离，不仅能避免平面地图的偏差，还考虑了地球表面的弯曲程度。

大圆距离的计算公式为：

$$d_{AB} = 3959 \{ \arccos [\sin(LAT_A) \times \sin(LAT_B) + \cos(LAT_A)$$
$$\times \cos(LAT_B) \times \cos | LONG_A - LONG_B |] \} \qquad (4-6)$$

其中，d_{AB} 表示 A 点与 B 点之间的大圆距离（单位：英里；1 英里 = 1.6092 千米）；LAT_A 与 LAT_B 分别表示 A 点与 B 点的纬度（弧度，即角度乘以 $\pi/180$）；$LONG_A$ 与 $LONG_B$ 分别表示 A 点与 B 点的经度（弧度）。

第五节　单一物流节点选址模型

针对单一物流节点选址问题，常见的模型有精确重心法和交叉中值模型。

一、精确重心法

精确重心法是一种静态连续选址方法，主要解决连续区域内直线距离的单点选址问题。精确重心法将物流系统中的需求点和资源点看作是分布在某一平面范围内的物体系统，各点的需求量和资源量分别看成是物体的重量，物体系统的重心作为设施节点的最佳位置，利用求解物体重心的方法来确定物流节点的位置。

（一）模型假设

第一，需求量集中于某一点上。需求实际上来自分散于区域内的多个需求点，市场的重心通常被当作需求的聚集地，而这会导致某些计算误差，因为计算出的运输成本是到需求聚集地，而不是到每个实际的需求点。在实际计算时，需要对需求点进行有效的聚类，减小计算误差。

第二，选址区域不同地点设施节点的建设费用和运营费用相同，不区分在不同地点建设物流设施节点的投资成本（土地成本等）、经营成本（劳动力成本、库存持有成本、公共事业费等）之间的差别。

第三，运输费用与运输距离呈线性关系，成正比增加。

第四，运输线路为空间直线。在实际中，这种情况比较少，因为运输总是在一定的公路运输网络、铁路运输网络中进行的。因此，可以在模型中引入迂回系数把直线距离转化为近似的公路、铁路或其他运输网络里程。

（二）问题描述及模型构建

假设有 n 个客户，其位置坐标分别为 (x_i, y_i)，各客户的需求量为 q_i，产品的单位运输费率为 ω_i。现需设置一个物流设施节点 P 为这些客户服务，问应当在何处选址能够使总运输费用最小。

假设新物流设施节点的坐标为 (x, y)，那么，精确重心法的优化模型为：

$$\min_{x,y} F(x,y) = \sum_{i=1}^{n} \left[\omega_i \times q_i \times \sqrt{(x-x_i)^2 + (y-y_i)^2} \right] \quad (4-7)$$

由于式（4-7）为 x 与 y 的联合凸函数，使目标函数值 $F(x, y)$ 达到最小的最优解需满足：$\dfrac{\partial F(x, y)}{\partial x} = 0$，$\dfrac{\partial F(x, y)}{\partial y} = 0$。

对式（4-7）求导，可得：

$$\frac{\partial F(x,y)}{\partial x} = \sum_{i=1}^{n} \frac{\omega_i \times q_i \times (x-x_i)}{\sqrt{(x-x_i)^2 + (y-y_i)^2}} = 0$$

$$\frac{\partial F(x,y)}{\partial y} = \sum_{i=1}^{n} \frac{\omega_i \times q_i \times (y-y_i)}{\sqrt{(x-x_i)^2 + (y-y_i)^2}} = 0$$

由上述两个式子可得：

$$x = \frac{\displaystyle\sum_{i=1}^{n} \frac{\omega_i \times q_i \times x_i}{\sqrt{(x-x_i)^2 + (y-y_i)^2}}}{\displaystyle\sum_{i=1}^{n} \frac{\omega_i \times q_i}{\sqrt{(x-x_i)^2 + (y-y_i)^2}}}$$

$$y = \frac{\displaystyle\sum_{i=1}^{n} \frac{\omega_i \times q_i \times y_i}{\sqrt{(x-x_i)^2 + (y-y_i)^2}}}{\displaystyle\sum_{i=1}^{n} \frac{\omega_i \times q_i}{\sqrt{(x-x_i)^2 + (y-y_i)^2}}}$$

由于等式右边依然有 x 与 y，因此不能一次求得显式解，但可以导出 x 与 y 的迭代公式：

$$x^{(k+1)} = \frac{\displaystyle\sum_{i=1}^{n} \frac{\omega_i \times q_i \times x_i}{\sqrt{(x^{(k)}-x_i)^2 + (y^{(k)}-y_i)^2}}}{\displaystyle\sum_{i=1}^{n} \frac{\omega_i \times q_i}{\sqrt{(x^{(k)}-x_i)^2 + (y^{(k)}-y_i)^2}}} \quad (4-8)$$

$$y^{(k+1)} = \frac{\displaystyle\sum_{i=1}^{n} \frac{\omega_i \times q_i \times y_i}{\sqrt{(x^{(k)}-x_i)^2 + (y^{(k)}-y_i)^2}}}{\displaystyle\sum_{i=1}^{n} \frac{\omega_i \times q_i}{\sqrt{(x^{(k)}-x_i)^2 + (y^{(k)}-y_i)^2}}} \quad (4-9)$$

应用式（4-8）与式（4-9），可采用逐步逼近算法求得最优解，该算法称为不动点算法。

（三）算法求解

求解精确重心法的不动点算法有以下四个步骤：

第一步，选取初始迭代点 (x^0, y^0) 并计算运输总费用 $F(x^0, y^0)$。初始迭代点可以选用选址区域内任意的一个点。

第二步，将 (x^0, y^0) 的值代入式 (4-8) 与式 (4-9)，得到新的设施节点位置 (x^1, y^1)，并计算相应的运输总费用 $F(x^1, y^1)$。

第三步，当迭代次数达到设定的上限 N 或者当 $\sqrt{(x^1 - x^0)^2 + (y^1 - y^0)^2} \leqslant \varepsilon$ 时，其中，ε 为设定的非常小的阈值，算法终止，并输出最优解 (x^1, y^1)，否则，转第四步。

第四步，令 $x^0 = x^1$，$y^0 = y^1$，转第二步。

由于精确重心法需要进行多次迭代计算和比较，因此需要借助计算机编程进行求解。

【例 4-1】 一个快递公司想在一个地区设置一个新的自提点，服务的对象是附近 5 个居民小区的居民。为了计算方便，把每个居民小区的中心点抽象成这个小区的需求点位置，每个小区每个月潜在的收发件数量作为这个小区的需求量。各小区的位置如图 4-2 所示，坐标和对应的需求量如表 4-1 所示。假设快递公司可在该地区任何一点设置自提点且费用无差异，单位产品的运输费率为 1，试问该公司应当如何选址，才能使得小区居民到自提点所行走的总距离最小。

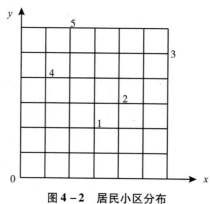

图 4-2　居民小区分布

表 4-1　　　　　　　　　　　　　居民小区坐标和权重

居民小区	x 坐标	y 坐标	需求量
1	3	2	1
2	4	3	2
3	6	5	4
4	1	4	3
5	2	6	4

解：任意选定一个初值（0，0）开始迭代计算，代入式（4-8）与式（4-9），可以得到新的自提点坐标（2.9407，4.3225），将新的自提点坐标代入式（4-8）与式（4-9）继续迭代，依次进行，直到满足设定的终止条件。

利用 Matlab 软件进行计算，程序如下：

```
clear;
% 不同居民小区的权重
w = [1 2 4 3 4];
% 记录迭代次数
N = 1;
% 居民小区的横坐标
x = [3 4 6 1 2];
% 居民小区的纵坐标
y = [2 3 5 4 6];
% 获取居民小区的个数
n = length(x);
% 设定初始迭代点位置
x0 = 1;
y0 = 1;
x1 = 0;
y1 = 0;
distance = sqrt((x0 - x1)^2 + (y0 - y1)^2)
while distance > = 0.0001
        % 更新自提点的位置
        x0 = x1;
        y0 = y1;
        % 初始化累加器
        sum_w = 0;
        sum_wx = 0;
        sum_wy = 0;
        % 计算居民小区到自提点的距离
        for i = 1:n
                d(i) = sqrt((x0 - x(i))^2 + (y0 - y(i))^2);
        end
        % 计算迭代公式
        for i = 1:n
                sum_wx = sum_wx + w(i) * x(i)/d(i);
```

```
            sum_wy = sum_wy + w(i) * y(i)/d(i);
            sum_w = sum_w + w(i)/d(i);
        end
        x1 = sum_wx/sum_w;
        y1 = sum_wy/sum_w;
        % 计算前后两次迭代所选自提点之间的距离
        distance = sqrt((x0 - x1)^2 + (y0 - y1)^2);
        % 更新迭代次数
        N = N + 1;
    end
```

当采用 $\sqrt{(x^1 - x^0)^2 + (y^1 - y^0)^2} \leq 0.00001$ 作为终止条件时，进行了 20 次迭代后，得到提货点位置为 (2.9094, 4.686)，相应的总距离为 31.6082。

二、交叉中值模型

在精确重心法中，计算节点间的运输费用使用的是直线距离，当改用折线距离时，就变成了交叉中值模型。

交叉中值模型的数学模型为：

$$\min_{x,y} F(x,y) = \sum_{i=1}^{n} \left[\omega_i \times q_i \times (|x - x_i| + |y - y_i|) \right] \quad (4-10)$$

$F(x, y)$ 是 x 与 y 的可分离的函数，即 $F(x, y) = F_x + F_y$，其中，$F_x = \sum_{i=1}^{n} \omega_i \times q_i \times |x - x_i|$，$F_y = \sum_{i=1}^{n} \omega_i \times q_i \times |y - y_i|$。也就是说，交叉中值模型可以分解成 x 轴与 y 轴上的两个选址优化问题。由于 x 与 y 的值可能是一个点或者一条线段，因此，交叉中值模型最终的最优解可能是一个点，或者是一条线段，或者是一个区域。

【例 4-2】针对〖例 4-1〗的自提点选址问题，试问当采用折线距离时，该公司应如何选址，可以使小区居民到自提点所行走的总距离最小。

解：从表 4-1 中容易得到中值 $\overline{\omega} = \frac{1+2+4+3+4}{2} = 7$。

为了得到中值点 x_s，先将各居民小区沿 x 轴方向从左向右排序为 1，2，3，4，6；再从左向右计算权重，得到在第 5 个居民小区权重之和恰好为 7；再从右向左计算权重，得到在第 1 个居民小区权重之和恰好为 7；即在 x 轴上 2~3 之间选址总距离是无差别的。具体计算过程如表 4-2 所示。

表 4-2　　　　　　　　　　　　　从 x 轴方向计算的中值点

居民小区	沿 x 轴的位置	$\sum \omega$	居民小区	沿 x 轴的位置	$\sum \omega$
从左向右			从右向左		
4	1	3	3	6	4
5	2	3 + 4 = 7	2	4	4 + 2 = 6
1	3		1	3	4 + 2 + 1 = 7
2	4		5	2	
3	6		4	1	

为了得到中值点 y_s，先将各居民小区沿 y 轴方向从下向上排序为 2，3，4，5，6；再从下向上计算权重，得到自提点位置不会超过第 3 个居民小区；再从上向下计算权重，得到自提点位置不会超过第 3 个居民小区，即在 y 轴上只能选在 5 的位置。具体计算过程如表 4-3 所示。

表 4-3　　　　　　　　　　　　　从 y 轴方向计算的中值点

居民小区	沿 y 轴的位置	$\sum \omega$	居民小区	沿 y 轴的位置	$\sum \omega$
从下向上			从上向下		
1	2	1	5	6	4
2	3	1 + 2 = 3	3	5	4 + 4 = 8
4	4	1 + 2 + 3 = 6	4	4	
3	5	1 + 2 + 3 + 4 = 10	2	3	
5	6		1	2	

综合考虑 x 轴和 y 轴，自提点位后的选址位置为（2，5）和（3，5）之间的线段上的任意一点（如图 4-3 所示），相应的总距离为 38。

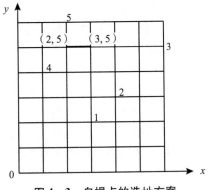

图 4-3　自提点的选址方案

第六节　多物流节点选址模型

在现实中，很多物流节点选址规划工作往往是在规划区域范围内，需要同时为两个或者更多个物流节点选址，即多物流节点选址规划问题。例如，电商企业布局前置仓、快递公司在一个城市布局网点等都是多物流节点选址规划问题。这些多物流节点选址规划问题一般可以归纳为以下几个相互联系的规划问题：

（1）系统中应当设立几个物流节点，分别设在什么位置？

（2）物流节点服务于哪些客户或者市场区域？物流节点的规模多大？具有哪些功能？

（3）如何组织货流？各个物流节点的关系如何？运输线路与各物流节点如何连接？

目前，解决多物流节点选址问题已经有很多非常成熟的优化模型，如多重心法、覆盖模型、P－中值模型、CFLP（capacitated facilities location problem）模型、鲍摩—瓦尔夫模型等。每个模型都有自己适用的范围，在解决实际问题时，应根据实际情况选择合适的模型。

一、多重心法

对于前文所述的精确重心法，如果一个物流节点不能满足规划区域内全部客户的服务需求或者与某些客户点的距离过远，就需要考虑设立多个物流节点。多重心法通过分组后再运用精确重心法来确定多个物流节点的位置与服务分派方案。多重心法的计算分为以下几步：

第一步，初步分组。将需求点按照一定原则分成若干个群组，组数应等于拟设立的物流节点个数；每个群组由一个物流节点负责，确立初步分配方案。这样，问题就转化成多个单一物流节点选址问题。

第二步，选址计算。针对每个群组的单一物流节点选址问题，运用精确重心法确定该群组新的物流节点位置。

第三步，调整分组。分别计算每个需求点到所有选出的物流节点的运输费用，并将计算结果列表，将每个需求点调整到运输费用最低的物流节点由其负责服务，这样不同物流节点服务的需求点形成新的群组。

第四步，重复第二步和第三步，直到群组成员不再变化为止。此时的物流节点分配方案为最佳分配方案，物流节点的位置就是最佳位置。

【例4-3】某电商企业拟建立两个前置仓为10个居民小区送货，居民小区的坐标和需求量如表 4 - 4 所示，单位产品的运费为 1，试确定这两个前置仓的位置，使送货的运输总成本最低。

表 4 - 4　　　　　　　　　居民小区位置与需求量

	居民小区									
	1	2	3	4	5	6	7	8	9	10
x 坐标	70	95	80	20	40	10	40	75	10	90
y 坐标	70	50	20	60	10	50	60	90	30	40
需求量	8	10	6	5	7	8	12	5	11	9

解：（1）将 10 个居民小区分成两组，如分为 {1，2，3，4，5} 和 {6，7，8，9，10}，每一组由一个前置仓负责送货。

（2）按精确重心法进行迭代计算，求出两个前置仓的坐标分别为 $(X_1, Y_1) = (74.3425, 46.1473)$，$(X_2, Y_2) = (40, 59.9999)$。

（3）计算各门店到两个前置仓的运输成本，计算结果如表 4 - 5 所示。

表 4 - 5　　　　　　　　第一次迭代的运输费用及分组方案

居民小区	到 (X_1, Y_1) 的运输费用	到 (X_2, Y_2) 的运输费用	调整前分组	调整后分组
1	193.9579	252.9827	1	1
2	210.1374	559.0171	1	1
3	160.5143	339.411	1	1
4	280.4014	99.9999	1	2
5	349.0209	349.9994	1	1
6	515.6615	252.98176	2	2
7	444.3729	0.0012	2	2
8	219.2881	230.489	2	1
9	729.7144	466.6895	2	2
10	151.3896	484.6648	2	1

根据表 4 - 5，对居民小区 4、8、10 的分组进行调整，可以得到新的分组 {1，2，3，5，8，10} 和 {4，6，7，9}。

（4）按新的分组重新进行计算，得到两个前置仓的坐标分别为 $(X_1, Y_1) = (87.1439, 44.2917)$，$(X_2, Y_2) = (17.6762, 49.679)$。

（5）计算各居民小区到两个前置仓的运输成本，计算结果如表 4 - 6 所示。

表 4 - 6   第二次迭代的运输成本及分组方案

居民小区	到（X_1，Y_1）的运输成本	到（X_2，Y_2）的运输成本	调整前分组	调整后分组
1	247.2027	449.0501	1	1
2	97.1095	773.2442	1	1
3	151.9224	414.178	1	1
4	344.7846	52.89676	2	2
5	408.0748	318.6941	1	2
6	618.8387	61.4636	2	2
7	596.3047	295.13	2	2
8	236.4701	350.421	1	1
9	863.0226	232.3548	2	2
10	46.3966	656.7169	1	1

根据表 4 - 6，对居民小区 5 的分组进行调整，可以得到新的分组 {1，2，3，8，10} 和 {4，5，6，7，9}。

（6）按新的分组重新进行计算，得到两个前置仓的坐标分别为 $(X_1，Y_1) = (90.0628，47.8428)$，$(X_2，Y_2) = (19.9062，45.4738)$。

（7）计算各居民小区到两个前置仓的运输成本，计算结果如表 4 - 7 所示。

表 4 - 7   第三次迭代的运输成本及分组方案

居民小区	到（X_1，Y_1）的运输成本	到（X_2，Y_2）的运输成本	调整前分组	调整后分组
1	239.1264	446.2057	1	1
2	53.8789	752.3013	1	1
3	177.6325	391.6204	1	1
4	355.5488	72.6327	2	2
5	439.2946	285.3863	2	2
6	640.7351	87.1298	2	2
7	618.2137	297.5357	2	2
8	223.837	354.1863	1	1
9	902.2964	202.1036	2	2
10	70.5872	632.7652	1	1

根据表 4 - 7，所有居民小区的分组都不再变化，因此，最终设立的两个前置仓的位置分别为：$(X_1，Y_1) = (90.0628，47.8428)$，$(X_2，Y_2) = (19.9062，

45.4738)，其中，第一个前置仓负责居民小区 1、2、3、8、10 的送货，第二个前置仓负责居民小区 4、5、6、7、9 的送货。最终的运输总成本为 765.062 + 944.7882 = 1709.8502。

二、覆盖模型

所谓覆盖模型，就是对于需求已知的一些需求点，确定一组服务设施满足这些需求点的需求。在这类模型中，需要确定服务设施的数量和相应的位置。

覆盖模型是一类离散选址模型，根据问题的不同，又可以分为两大类：一是集合覆盖模型（set covering location），即用最小数量的设施覆盖所有的需求点（如图 4 – 4 所示）；二是最大覆盖模型（maximum covering location），即在给定数量的设施下，覆盖尽可能多的需求点（如图 4 – 5 所示）。

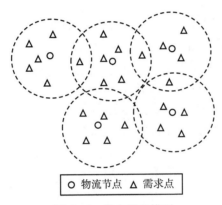

○ 物流节点　△ 需求点

图 4 – 4　集合覆盖模型

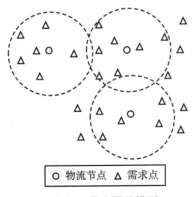

○ 物流节点　△ 需求点

图 4 – 5　最大覆盖模型

这两类模型的区别是：集合覆盖模型要求满足所有需求点的需求，最大覆盖模型则是用给定数量的设施点覆盖尽可能多的需求点的需求。

（一）集合覆盖模型

集合覆盖模型的目标是用尽可能少的物流节点覆盖所有的需求点。

1. 问题描述

已知某企业拟设立物流节点为区域内的多个需求点提供服务，当允许一个需求点由多个物流节点共同服务时，问应当如何选址能够以最少的物流节点满足所有需求点的需求。

2. 符号说明

（1）参数。

n：需求点的个数；

m：备选物流节点的个数；

N：需求点集合，其中，$N = \{1, 2, \cdots, n\}$；

M：备选物流节点集合，其中，$M = \{1, 2, \cdots, m\}$；

q_i：第 i 个需求点的需求量，$i \in N$；

C_j：第 j 个物流节点的最大服务能力，$j \in M$；

$A(j)$：第 j 个物流节点覆盖的需求点集合，$j \in M$；

$B(i)$：覆盖第 i 个需求点的物流节点集合，$i \in N$。

（2）决策变量。

$$x_j = \begin{cases} 1 & \text{当第 } j \text{ 个备选物流节点被选中} \\ 0 & \text{否则} \end{cases} \quad (\forall j \in M);$$

y_{ij}：第 i 个需求点的需求被第 j 个备选物流节点服务的比例（$\forall i \in N$，$j \in M$）。

3. 数学模型

$$\min \sum_{j \in M} x_j \tag{4-11}$$

$$\text{s. t.} \quad \sum_{i \in A(j)} q_i y_{ij} \leqslant C_j \times x_j \quad (\forall j \in M) \tag{4-12}$$

$$\sum_{j \in B(i)} y_{ij} = 1 \quad (\forall i \subseteq N) \tag{4-13}$$

$$x_j \in \{0, 1\}, \ y_{ij} \geqslant 0 \quad (\forall i \in N, j \in M) \tag{4-14}$$

式（4-11）为使物流节点数量尽可能少的目标函数；式（4-12）表示只有备选物流节点被选中，才会为需求点提供服务，且提供的服务不能超过其最大服务能力；式（4-13）表示每个需求点的所有需求均被满足；式（4-14）为决策变量取值范围约束。

上述问题允许每个需求点被多个物流节点共同服务，所建立的模型是 0-1

混合整数规划模型。当要求每个需求点仅能被唯一一个物流节点服务时，只需令 $y_{ij} \in \{0, 1\}$ 即可，此时，建立的模型是 0 - 1 规划模型。不论是 0 - 1 混合整数规划模型还是 0 - 1 规划模型，都是 NP - hard 问题。对于小规模问题，可以用分支定界等精确算法进行求解；但随着问题规模的增加，精确算法无法在短时间内获得最优解，这就需要设计启发式算法进行求解，保证在可接受的时间内获得满意解。

【例 4 - 4】某配送企业拟为 9 个工厂提供即时配送服务，工厂要求配送企业在接到订单后 4 个小时内将原材料运输到其生产线上。配送企业为了满足客户的配送需求，必须在工厂周围 30 千米范围内至少设置一个配送中心，不考虑配送中心的服务能力限制，且 9 个工厂所在地均可作为配送中心备选地。工厂的位置及相互之间的距离如图 4 - 6 所示。试问该配送企业至少应设置几个配送中心并确定相应的位置。

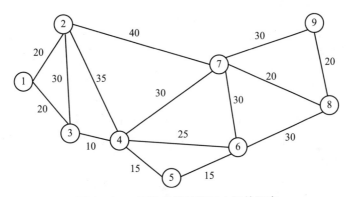

图 4 - 6　工厂的位置及相互之间的距离

解：(1) 确定在不同位置设置配送中心可以覆盖的工厂集合 $A(j)$，结果如表 4 - 8 所示。

(2) 根据表 4 - 8，在 $A(j)$ 中找出配送中心设在其他位置所对应的覆盖范围的子集，并将相应的备选位置删除，以简化问题。例如，在工厂 1 和工厂 2 设立配送中心所覆盖的服务是在工厂 3 设立配送中心所覆盖的工厂的子集，可以忽略在这两个位置设立配送中心的可能。

经过简化，确定配送中心的最终备选点集合为 $\{3, 4, 6, 7\}$。

(3) 确定合适的组合解。显然，问题得到简化后，在最终的备选点集合中选择一个组合解是可行的。由于设立一个配送中心不能覆盖所有的工厂，因此，考虑设立两个配送中心，经观察发现，在 3、7 两个位置设立配送中心可以覆盖所有工厂。

表 4 – 8   备选位置的覆盖范围

配送中心的位置	所覆盖的工厂集合 $A(j)$
1	1, 2, 3, 4
2	1, 2, 3
3	1, 2, 3, 4, 5
4	1, 3, 4, 5, 6, 7
5	3, 4, 5, 6
6	4, 5, 6, 7, 8
7	4, 6, 7, 8, 9
8	6, 7, 8, 9
9	7, 8, 9

（二）最大覆盖模型

最大覆盖模型的目标是对给定数量的物流节点进行选址，并尽可能多地满足需求点的需求。

1. 问题描述

已知某企业拟设立有限个物流节点为区域内的多个需求点提供服务，当允许一个需求点由多个物流节点共同服务时，问有限个物流节点应如何选址可使需求点的需求能够尽可能多地被满足。

2. 符号说明

（1）参数。

n：需求点的个数；

m：备选物流节点的个数；

p：拟设立的物流节点个数；

N：需求点集合，其中，$N = \{1, 2, \cdots, n\}$；

M：备选物流节点集合，其中，$M = \{1, 2, \cdots, m\}$；

q_i：第 i 个需求点的需求量，$i \in N$；

C_j：第 j 个物流节点的最大服务能力，$j \in M$；

$A(j)$：第 j 个物流节点覆盖的需求点集合，$j \in M$；

$B(i)$：覆盖第 i 个需求点的物流节点集合，$i \in N$。

（2）决策变量。

$$x_j = \begin{cases} 1 & \text{当第 } j \text{ 个备选物流节点被选中} \\ 0 & \text{否则} \end{cases} \quad (\forall j \in M);$$

y_{ij}：第 i 个需求点的需求被第 j 个备选物流节点服务的比例（ $\forall i \in N$，$j \in M$ ）。

3. 数学模型

$$\max \sum_{j \in M} \sum_{i \in A(j)} q_i y_{ij} \tag{4-15}$$

$$\text{s. t.} \quad \sum_{i \in A(j)} q_i y_{ij} \leqslant C_j \times x_j \quad (\forall j \in M) \tag{4-16}$$

$$\sum_{i \in A(j)} y_{ij} \leqslant 1 \quad (\forall j \in M) \tag{4-17}$$

$$\sum_{j \in M} x_j = p \tag{4-18}$$

$$x_j \in \{0, 1\}, \ y_{ij} \geqslant 0 \quad (\forall i \in N, j \in M) \tag{4-19}$$

式（4-15）为使尽可能多的需求点的需求被满足的目标函数；式（4-16）表示只有备选物流节点被选中，才会为需求点提供服务，且提供的服务不能超过其最大服务能力；式（4-17）表示每个需求点可能仅有部分需求被满足；式（4-18）为物流节点个数限制；式（4-19）为决策变量取值范围约束。

4. 算法设计

上述模型是一个 $0-1$ 混合整数规划模型，对于小规模问题，可以用分支定界等精确算法进行求解；但随着问题规模的增加，精确算法无法在短时间内获得最优解，这就需要设计启发式算法进行求解。理查德·丘奇（Richard Church）和查尔斯·R. 威乐（Charles R. Velle）设计的贪婪启发式算法可以对最大覆盖模型进行求解，该算法的步骤为：

（1）初始化：令所有 $x_j = 0$，$y_{ij} = 0$，$z_i = \sum_{j \in M} y_{ij} = 0$（需求点已分配的需求比例），$R_j = C_j$（物流节点的剩余服务能力），同时确定集合 $A(j)$ 和 $B(i)$。

（2）选择下一个备选点：在集合 M 中选择 $x_j = 0$ 且 $A(j)$ 规模为最大的点 $\tilde{j}$ 为备选点，即 $|A(\tilde{j})| = \max\limits_{j \in M} \{|A(j)|\}$，令 $x_j = 1$，并在集合 M 中去除节点 $\tilde{j}$，即 $M = M - \{\tilde{j}\}$。

（3）确定备选点 $\tilde{j}$ 的覆盖范围，将 $A(\tilde{j})$ 中的需求点根据 $B(i)$ 的规模按从小到大的顺序指派给 $\tilde{j}$，直至 $\tilde{j}$ 的剩余服务能力为 0 或 $A(\tilde{j})$ 为空集。对于 $i \in A(\tilde{j})$ 且 $z_i < 1$，将需求点 i 指派给备选点 $\tilde{j}$ 的方法为：

①如果 $(1 - z_i) \times q_i \leqslant R_{\tilde{j}}$，令 $y_{ij} = 1 - z_i$，$R_{\tilde{j}} = R_{\tilde{j}} - (1 - z_i) q_i$，$z_i = 1$，并在 $A(\tilde{j})$ 和 N 去除需求点 i。

②如果 $(1 - z_i) \times q_i > R_{\tilde{j}}$，令 $y_{ij} = \dfrac{R_{\tilde{j}}}{q_i}$，$z_i = z_i + y_{ij}$，$R_{\tilde{j}} = 0$。

（4）如果 M 或 N 为空集，算法终止；否则，更新集合 $A(j)$ 和 $B(i)$，转入步骤（2）。

【例4-5】 根据【例4-4】，当企业拟设立的配送中心数量分别为1个和2个时，在什么位置选址能够为尽可能多的工厂提供服务。

解：按贪婪启发式算法进行求解：

（1）确定初始解的集合 $S = \phi$。

（2）根据表4-8，具有最大覆盖能力的备选点为4，因此，当企业只设立1个物流节点时，应当选择设立在工厂4的位置；如果企业拟设立2个物流节点，将4号位置加入解集合 S 中，$S = \{4\}$。

（3）除去4号位置设立物流节点所覆盖的 $\{1, 3, 4, 5, 6, 7\}$，只有 $\{2, 8, 9\}$ 没有被覆盖。在未被选择的备选点中，没有一个节点能覆盖这三个工厂，但是备选点7、8和9能覆盖其中的两个工厂，可将备选点7、8或9加入解集合 S 中。因此，得到设立2个配送中心时的解集合 $S = \{4, 7\}$、$S = \{4, 8\}$ 或 $S = \{4, 9\}$。不难看出，通过贪婪启发式算法得到的解都没有覆盖工厂2，并不是最优解，这也是启发式算法的特点。

三、P - 中值模型

P - 中值模型是指给定一个需求点集合和一个备选物流节点集合的前提下，为给定数量的物流节点确定合适的位置，并将每个需求点唯一指派给某物流节点服务，以达到在需求点和物流节点之间的总运输费用最低。P - 中值模型的指派方案如图4-7所示。

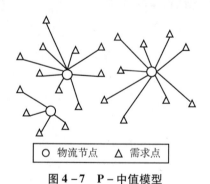

| ○ 物流节点 △ 需求点 |

图4-7 P - 中值模型

（一）问题描述

已知某企业拟设立有限个物流节点为区域内的多个需求点提供服务，每个需求点仅能由唯一一个物流节点服务，单位产品的运输成本为1。当不考虑物流节点的服务能力限制时，问如何对物流节点进行选址可使总运输成本最低。

（二）符号说明

1. 参数

n：需求点的个数；

m：备选物流节点的个数；

p：拟设立的物流节点个数；

N：需求点集合，其中，$N = \{1, 2, \cdots, n\}$；

M：备选物流节点集合，其中，$M = \{1, 2, \cdots, m\}$；

q_j：第 j 个需求点的需求量，$j \in N$；

d_{ij}：第 i 个备选物流节点到第 j 个需求点的距离，$i \in M$，$j \in N$。

2. 决策变量

$$x_i = \begin{cases} 1 & \text{当第 } i \text{ 个备选物流节点被选中} \\ 0 & \text{否则} \end{cases} \quad (\forall i \in M);$$

$$y_{ij} = \begin{cases} 1 & \text{第 } j \text{ 个需求点由第 } i \text{ 个备选物流节点服务} \\ 0 & \text{否则} \end{cases} \quad (\forall i \in M, j \in N)。$$

（三）数学模型

$$\min \sum_{i \in M} \sum_{j \in N} q_i d_{ij} y_{ij} \tag{4-20}$$

$$\text{s. t.} \quad y_{ij} \leqslant x_i \quad (\forall i \in M, j \in N) \tag{4-21}$$

$$\sum_{i \in M} y_{ij} = 1 \quad (\forall j \in N) \tag{4-22}$$

$$\sum_{i \in M} x_i = p \tag{4-23}$$

$$x_i, y_{ij} \in \{0, 1\} \quad (\forall i \in M, j \in N) \tag{4-24}$$

式（4-20）为使物流节点到需求地的运输成本最低的目标函数；式（4-21）表示只有备选物流节点被选中，才会为需求点提供服务；式（4-22）表示每个需求点都唯一地指派给一个物流节点服务；式（4-23）为物流节点个数限制；式（4-24）为决策变量取值范围约束。

（四）算法设计

求解 P-中值模型需要解决两个方面的问题：一是选择合适的物流节点位置；二是将需求点唯一指派给某个选中的物流节点。

与覆盖模型一样，求解 P-中值模型问题也有精确算法和启发式算法两类。对于规模较大的问题，可以采用贪婪取走启发式算法（greedy dropping heuristic algorithm），算法的步骤如下：

第一步，初始化。令循环参数 $k = m$，即将所有的 m 个备选位置都选中，然后将每个需求点指派给距离其最近的一个备选位置。

第二步，当取走一个备选位置点并将原来由它服务的需求点重新指派后，当总运输费用的增加值最小时，则选中并取走该备选位置点，并令 $k = k - 1$。

第三步，重复第二步，直到 $k = p$ 为止。

【例 4 - 6】某饮料公司在一地区经过一段时间的宣传后，得到了 8 个超市的订单，由于该地区离总部较远，该公司拟建 2 个新仓库为超市提供服务。经过实地考察，该公司确定了 4 个新仓库的备选位置，备选位置到各超市的运输费用及各超市的需求量如表 4 - 9 所示。试问应如何进行新仓库选址及如何对超市进行指派能够保证用最低的运输成本满足超市的需求。

表 4 - 9　　　　　　　各备选位置到超市的运费及各超市的需求量

备选位置	超市							
	1	2	3	4	5	6	7	8
1	4	2	3	6	19	14	20	29
2	12	10	4	5	12	2	30	12
3	25	30	19	10	7	4	2	6
4	6	10	14	2	3	9	11	22
需求量	100	50	120	80	200	70	60	100

解：（1）初始化，令循环参数 $k = 4$，将 4 个备选位置全选中，然后将 8 个超市分配给距离其最近的一个备选位置，具体指派结果如图 4 - 8 所示。

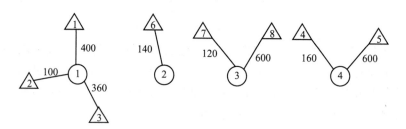

图 4 - 8　初始指派方案

（2）分别取走一个备选位置，并计算运输费用的增加值：

①取走备选位置 1，需要对超市 1、2、3 重新进行指派，分别指派给备选位置 4、2、2，相应的运输费用增加值为 $2 \times 100 + 8 \times 50 + 1 \times 120 = 720$（见图 4 - 9）。

②取走备选位置 2，需要对超市 6 重新进行指派，将指派给备选位置 3，相应的运输费用增加值为 $2 \times 70 = 140$（见图 4 - 10）。

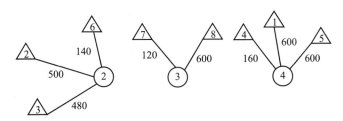

图 4 – 9　取走备选位置 1 后的指派方案

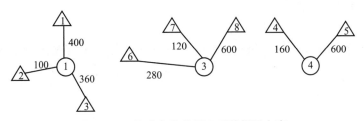

图 4 – 10　取走备选位置 2 后的指派方案

③取走备选位置 3，需要对超市 7、8 重新进行指派，分别指派给备选位置 4 和 2，相应的运输费用增加值为 $9 \times 60 + 6 \times 100 = 1140$（见图 4 – 11）。

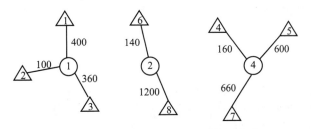

图 4 – 11　取走备选位置 3 后的指派方案

④取走备选位置 4，需要对超市 4、5 重新进行指派，分别指派给备选位置 2 和 3，相应的运输费用增加值为 $3 \times 80 + 4 \times 200 = 1040$（见图 4 – 12）。

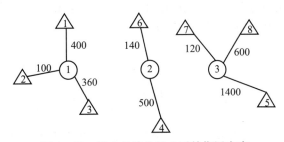

图 4 – 12　取走备选位置 4 后的指派方案

不难看出，取走备选位置2，运输费用的增加值最小。因此，取走备选位置2，并令 $k=3$。

（3）在图4－10的基础上，重复上面的步骤，分别计算取走备选位置1、3、4时运输费用的增加值，可以得到取走备选位置4时运输费用的增量最小，因此，取走备选位置4，最终在备选位置1和3建立新仓库，服务的超市分别为 $\{1，2，3，4\}$ 和 $\{5，6，7，8\}$。

四、CFLP 模型

CFLP（capacitated facilities location problem）是指带容量限制的多设施选址问题，主要考虑了一个双层物流网络中物流节点的选址问题。

（一）问题描述

CFLP 的描述如下：某公司有 n 个需求点，每个需求点的需求量已知。公司拟建立若干个物流节点，经考察确认了若干备选位置，每个备选位置都有容量限制且有固定成本（建造成本或租赁成本）。问题是如何从 m 个备选位置中至多选择 p 个位置设立物流节点，使物流总成本达到最低。

（二）符号说明

1. 参数

n：需求点的个数；

m：备选物流节点的个数；

p：拟设立的物流节点个数；

N：需求点集合，其中，$N=\{1，2，\cdots，n\}$；

M：备选物流节点集合，其中，$M=\{1，2，\cdots，m\}$；

c_{ij}：从备选物流节点 i 到需求点 j 的单位产品运输成本，$i\in M$，$j\in N$；

W_i：备选物流节点 i 的容量，$i\in M$；

F_i：在备选位置 i 设立物流节点的固定成本，$i\in M$；

q_j：第 j 个需求点的需求量，$j\in N$。

2. 决策变量

$$x_i=\begin{cases}1 & \text{当第 } i \text{ 个备选物流节点被选中}\\0 & \text{否则}\end{cases}\quad(\forall i\in M)；$$

y_{ij}：第 i 个备选物流节点运送到第 j 个需求点的货物量（$\forall i\in M$，$j\in N$）。

（三）数学模型

$$\min \sum_{i \in M} F_i x_i + \sum_{i \in M} \sum_{j \in N} c_{ij} y_{ij} \qquad (4-25)$$

$$\text{s. t.} \quad \sum_{i \in M} x_{ij} = q_j \quad (\forall j \in N) \qquad (4-26)$$

$$\sum_{j \in N} y_{ij} \leqslant W_i \times x_i \quad (\forall i \in M) \qquad (4-27)$$

$$\sum_{i \in M} x_i \leqslant p \qquad (4-28)$$

$$x_i \in \{0, 1\}, \ y_{ij} \geqslant 0 \quad (\forall i \in M, j \in N) \qquad (4-29)$$

式（4-25）为使物流总成本最低的目标函数；式（4-26）表示所有需求点的需求均被满足；式（4-27）表示只有备选物流节点被选中，才会为需求点提供服务且送出的货物量不超过其容量限制；式（4-28）为物流节点个数限制；式（4-29）为决策变量取值范围约束。

（四）模型求解

CFLP 模型是一个 0-1 混合整数规划模型，它的求解可以考虑从 m 个备选位置中确定 p 个物流节点，将问题转化为运筹学中的运输问题。因此，如果穷举的话，需要解 C_m^p 个运输问题。除了穷举法之外，对于小规模问题还可用分支定界法等精确算法进行求解，也可借助 Lingo 等软件进行求解；对于大规模问题可以用遗传算法、模拟退火算法、禁忌搜索、蚁群算法等智能算法进行求解。当然，针对这个模型的特点，也可以设计启发式算法来求解。

（五）CFLP 模型适用条件

CFLP 模型中仅考虑了物流节点到需求点的运输成本，没有考虑从供应地到物流节点的运输成本。因此，CFLP 模型有一个适用的前提条件：各供应地距离物流网络的规划区域足够远，各供应地到各备选物流节点的运输成本差异相对于运输成本本身来说可忽略不计。这样各备选物流节点从供应地的进货成本基本相等，在进行物流网络规划时可不考虑。但是，当供应地距离物流网络的规划区域不是很远时，在进行物流节点选址时就必须考虑从供应地到备选物流节点的运输成本，这时，就需要使用下面要讲的鲍摩—瓦尔夫模型。

五、鲍摩—瓦尔夫模型

鲍摩—瓦尔夫（Baumol-Wolfe）模型又称多节点单品种选址模型，与 CFLP 不同，鲍摩—瓦尔夫模型考虑了一个三层物流网络中的物流节点选址问题（见图 4-13）。

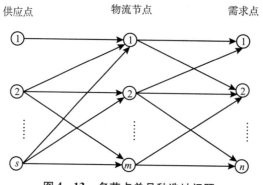

供应点　　　　　物流节点　　　　　需求点

图 4-13　多节点单品种选址问题

（一）问题描述

假设物流系统有 s 个生产同一产品的供应点（如工厂、农场等）和 n 个需求点，供应点生产的产品需经过设立的物流节点（如配送中心）中转后运送到需求点。问题是如何从 m 个备选的物流节点中选择若干个位置作为最终的物流节点，使物流系统的总成本最低。

（二）符号说明

1. 参数

n：需求点的个数；

m：备选物流节点的个数；

s：供应点的个数；

p：拟设立的物流节点个数；

N：需求点集合，其中，$N = \{1, 2, \cdots, n\}$；

M：备选物流节点集合，其中，$M = \{1, 2, \cdots, m\}$；

S：供应点集合，其中，$S = \{1, 2, \cdots, s\}$；

d_{ij}：从供应点 i 到物流节点 j 的单位产品运输成本，$i \in S$，$j \in M$；

c_{jk}：从物流节点 j 到需求点 k 的单位产品运输成本，$j \in M$，$k \in N$；

w_j：单位产品经过备选物流节点 j 中转的变动成本（如仓储成本、装卸搬运成本或包装成本等），$j \in M$；

F_j：在备选位置 j 设立物流节点的固定成本，$j \in M$；

q_k：第 k 个需求点的需求量，$k \in N$；

$\overline{q}_i$：第 i 个供应点的供应量，$i \in S$；

L：一个非常大的正数。

2. 决策变量

$$x_j = \begin{cases} 1 & \text{当第 } i \text{ 个备选物流节点被选中} \\ 0 & \text{否则} \end{cases} \quad (\forall j \in M);$$

y_{ij}：第 i 个供应点运送到第 j 个备选物流节点的货物量（$\forall i \in S$，$j \in M$）；

z_{jk}：第 j 个备选物流节点运送到第 k 个需求点的货物量（$\forall j \in M$，$k \in N$）。

（三）数学模型

$$\min \sum_{j \in M} F_j x_j + \sum_{i \in S} \sum_{j \in M} c_{ij} y_{ij} + \sum_{j \in M} \sum_{k \in N} d_{jk} z_{jk} + \sum_{j \in M} w_j \sum_{i \in S} y_{ij} \qquad (4-30)$$

$$\text{s. t.} \quad \sum_{j \in M} z_{jk} \geq q_k \quad (\forall k \in N) \qquad (4-31)$$

$$\sum_{j \in M} y_{ij} \leq \bar{q}_i \quad (\forall i \in S) \qquad (4-32)$$

$$\sum_{i \in S} y_{ij} \leq L \times x_j \quad (\forall j \in M) \qquad (4-33)$$

$$\sum_{i \in S} y_{ij} = \sum_{k \in N} z_{jk} \quad (\forall j \in M) \qquad (4-34)$$

$$x_j \in \{0, 1\}, \ y_{ij}, \ z_{jk} \geq 0 \quad (\forall i \in S, j \in M, k \in N) \qquad (4-35)$$

式（4-30）为使物流总成本最低的目标函数，包括固定成本、从供应点到备选物流节点及备选物流节点到需求点的运输成本、货物通过备选节点的变动成本；由于供应点的供应量和需求点的需求量可能不相等，式（4-31）和式（4-32）均采用了不等号，分别表示每个需求点运入的货物不少于其需求量、每个供应点运出的货物不能超过其供应量；式（4-33）表示只有备选物流节点被选中，才会有货物的进出；式（4-34）表示进、出物流节点的货物量相等；式（4-35）为决策变量取值范围约束。

（四）算法求解

在式（4-30）中，货物通过备选物流节点 j 的变动成本是货物吞吐量 $\sum_{i \in S} y_{ij}$ 的线性函数，因此所建立的模型也是 0-1 混合整数规划模型。在实际中，由于存在规模经济，货物通过物流节点的变动成本并不是随着吞吐量的增加线性增长的，而是存在边际递减效应（如图 4-14 所示）。

当采用非线性函数来描述变动成本时，鲍摩—瓦尔夫模型就变成了非线性规划模型，使得求解的难度增加。为了降低求解难度，鲍摩—瓦尔夫模型给出了一个启发式算法，这个方法是在迭代求解中对非线性函数采取分段线性化的做法，即在每次迭代过程中用边际成本表示单位变动成本。经过这样处理后，就可直接利用解决运输规划问题的方法求解了。该启发式算法在求解过程中只需要运用求解运输规划问题的计算方法即可，避免了求解 0-1 混合整数规划模型的难度，大大降低了计算成本，不仅如此，它还很好地解决了物流节点变动成本的非线性问题。

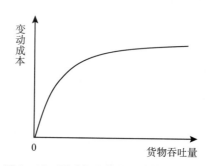

变动成本

0   货物吞吐量

图 4 – 14　通过物流节点中转的变动成本

通过对物流节点的变动成本与吞吐量的数据拟合，可以得到它们相互关系的数学表达式为：$H_j = \mu_j G_j^p$，其中，H_j 为货物通过物流节点 j 的变动成本，G_j 为通过物流节点 j 的货物量，$\mu_j (>0)$、$p(\in(0, 1))$ 为常数。那么，货物通过物流节点的边际成本为 $\overline{w}_j = \dfrac{dH_j}{dG_j} = \mu_j G_j^{p-1}$。

启发式算法的计算步骤如下：

第一步，求初始解。首先，令各备选物流节点的规模均为 0，即 $G_j = 0$，此时 $\overline{w}_j = 0$。对供应点与需求点之间的所有组合 (i, k)，求单位产品运输成本的最小值，即通过哪个物流节点中转单位产品的运输成本最低，相应的运输成本为 $\overline{c}_{ik}^0 = \min_j (d_{ij} + c_{jk})$，引入新的变量 $\overline{G}_{ik}$，表示从供应点 i 经某一物流节点运送到需求点 k 的货物量，将通过求解下列运输问题得到 $\overline{G}_{ik}$：

$$\min \sum_{i \in S} \sum_{k \in N} \overline{c}_{ik}^0 \overline{G}_{ik} \qquad (4-36)$$

$$\text{s. t.} \quad \sum_{i \in S} \overline{G}_{ik} \geqslant q_k \quad (\forall k \in N) \qquad (4-37)$$

$$\sum_{k \in N} \overline{G}_{ik} \leqslant \overline{q}_i \quad (\forall i \in S) \qquad (4-38)$$

$$\overline{G}_{ik} \geqslant 0 \quad (\forall i \in S, k \in N) \qquad (4-39)$$

第二步，求二次解。设经过备选物流节点 j 运输成本最低的组合 (i, k) 组成的集合为 $H(j)$，那么，经过备选物流节点 j 的货物吞吐量为 $G_j = \sum_{(i, k) \in H(j)} \overline{G}_{ik}$。

以单位产品运输成本和边际成本之和最小为标准，求运输成本最小的路线：

$$\overline{c}_{ik}^1 = \min_j (d_{ij} + c_{jk} + \mu_j p G_j^{p-1}) \qquad (4-40)$$

以 $\overline{c}_{ik}^1$ 代替 $\overline{c}_{ik}^0$，重新求解第一步中的运输问题，求出新的 $\overline{G}_{ik}$，并更新 G_j。

第三步，求最优解。重复第二步直至 G_j 不再发生变化为止。

上述启发式算法在迭代过程中，物流系统总成本呈单调下降的趋势，它总是在使物流系统总成本最低的前提下寻求新的更好的选址方案。但是，该算法在计算过程中没有考虑物流节点选址产生的固定成本。

（五）模型拓展

上面给出的数学模型没有考虑从供应点到需求点的直达运输，当某供应点到某需求点的货物量足够使用整车运输时，就不需要先将货物运送到物流节点进行中转了。这种情况下，需要对上面的数学模型进行拓展来解决带直达运输的多节点单品种选址问题。

在增加了从供应点到需求点的直达运输以后，数学模型相应地也要增加一个参数 e_{ik} 和决策变量 v_{ik}，分别表示从供应点 i 运送到需求点 k 的单位产品运输费用和货物量。相应的数学模型为：

$$\min \sum_{j\in M} F_j x_j + \sum_{i\in S}\sum_{j\in M} c_{ij} y_{ij} + \sum_{j\in M}\sum_{k\in N} d_{jk} z_{jk} + \sum_{i\in S}\sum_{k\in N} e_{ik} v_{ik} + \sum_{j\in M} w_j \sum_{i\in S} y_{ij}$$
$$(4-41)$$

$$\text{s. t.} \quad \sum_{j\in M} z_{jk} + \sum_{i\in S} v_{ik} \geq q_k \quad (\forall k \in N) \tag{4-42}$$

$$\sum_{j\in M} y_{ij} + \sum_{k\in N} v_{ik} \leq \bar{q}_i \quad (\forall i \in S) \tag{4-43}$$

$$\sum_{i\in S} y_{ij} \leq L \times x_j \quad (\forall j \in M) \tag{4-44}$$

$$\sum_{i\in S} y_{ij} = \sum_{k\in N} z_{jk} \quad (\forall j \in M) \tag{4-45}$$

$$x_j \in \{0,1\}, \ y_{ij}, z_{jk}, v_{ik} \geq 0 \quad (\forall i \in S, j \in M, k \in N) \tag{4-46}$$

式（4-41）为使物流总成本最低的目标函数，相比式（4-30）增加了从供应点到需求点的运输费用；式（4-42）和式（4-43）是需求点和供应点的需求与供应约束，相比式（4-31）和式（4-32），均增加了从供应点直接运送到需求点的货物量；式（4-44）~式（4-46）与前边的模型一样，没有变化。

六、运输模型法

运输模型法是一种常见的、简单而特殊的线性规划方法。如果几个备选方案的其他因素对选址的影响差别不大，可以不予考虑的话，此时运输费用就成为唯一影响选址的决定因素，运输问题的求解方法就成为处理这类选址决策的理想工具。

（一）问题描述

某企业现有多个供应点和多个需求点，随着市场占有率的增加，该企业的供应能力略显不足，需要增设新的供应点，经考察，该企业确定了多个备选供应点且各节点的固定成本无差别。问题是企业如何选址能够使企业的运输总成本最低。

（二）符号说明

1. 参数

n：需求点的个数；

m：原有供应点的个数；

s：备选供应点的个数；

N：需求点集合，其中，$N = \{1, 2, \cdots, n\}$；

M：原有供应点集合，其中，$M = \{1, 2, \cdots, m\}$；

S：备选供应点集合，其中，$S = \{1, 2, \cdots, s\}$；

c_{ij}：从供应点 i 到需求点 j 的单位产品运输成本，$i \in M \cup S$，$j \in N$；

$\bar{q}_i$：第 i 个供应点的供应量，$i \in M \cup S$；

q_j：第 j 个需求点的需求量，$j \in N$；

L：一个非常大的正数。

2. 决策变量

$$x_i = \begin{cases} 1 & \text{当第 } i \text{ 个备选供应点被选中} \\ 0 & \text{否则} \end{cases} \quad (\forall i \in S);$$

y_{ij}：第 i 个供应点运送到第 j 个需求点的货物量（$\forall i \in M \cup S$，$j \in N$）。

（三）数学模型

$$\min \sum_{i \in M \cup S} \sum_{j \in N} c_{ij} y_{ij} + \sum_{i \in S} L \times x_i \tag{4-47}$$

$$\text{s. t.} \quad \sum_{i \in M \cup S} y_{ij} \geq q_j \quad (\forall j \in N) \tag{4-48}$$

$$\sum_{j \in N} y_{ij} \leq \bar{q}_i \quad (\forall i \in M) \tag{4-49}$$

$$\sum_{j \in N} y_{ij} \leq \bar{q}_i \times x_i \quad (\forall i \in S) \tag{4-50}$$

$$x_i \in \{0, 1\} \quad (\forall i \in S), \ y_{ij} \geq 0 \quad (\forall i \in M \cup S, j \in N) \tag{4-51}$$

式（4-47）为目标函数，第一项为运输总成本，第二项为保证优先考虑使用原有供应点供应；式（4-48）和式（4-49）分别表示每个需求点运入的货物不少于其需求量、每个原有供应点运出的货物不超过其供应量；式（4-50）表示只有备选供应点被选中，才会有货物的运出且运出的货物量不超过其供应量；式（4-51）为决策变量取值范围约束。

（四）算法求解

上面给出的模型是一个 0-1 混合整数规划模型，随着备选供应点个数的增加，获得最优解的难度将增大，可以使用启发式算法或智能优化算法进行求解。

当备选供应点个数较少时，可以先使用穷举法确定备选供应点的可行组合。当加入备选供应点后，供应总量≥需求总量的备选供应点组合才是可行的，否则，存在需求点需求得不到满足的情形。对于可行的备选供应点组合，与原有供应点和需求点一起建立运输问题的数学模型，使用表上作业法或借助Lingo 软件进行求解并计算相应的运输总成本。通过比较得到的运输总成本最终确定新增供应点的个数和位置。

【例 4 - 7】 某公司已有 F_1 和 F_2 两家工厂及 P_1、P_2、P_3、P_4 四个客户。由于产品销量不断增加，公司现有产能已无法满足市场需求，公司拟新建一家工厂，通过考察发现可供选择的地点有 F_3 和 F_4。单位产品的生产成本及工厂至客户的单位运输成本如表 4 - 10 所示，问公司应如何选址能够使总成本最低。

表 4 - 10　　　　　　　　　生产费用与运输费用

工厂	单位运输成本				年生产量	单位生产成本
	P_1	P_2	P_3	P_4		
F_1	0.5	0.3	0.2	0.3	7000	7.5
F_2	0.65	0.5	0.35	0.15	5500	7.0
F_3	0.15	0.05	0.18	0.65	12500	7.0
F_4	0.38	0.5	0.8	0.75	12500	6.7
年需求量	4000	8000	7000	6000	—	—

解：由于公司仅考虑新建一家工厂，不论是选择在 F_3 还是 F_4 建厂，都能使该公司的产销达到均衡。因此，该选址问题可以转化为下面两个运输问题：

(1) 工厂 F_1、F_2、F_3 和客户 P_1、P_2、P_3、P_4；

(2) 工厂 F_1、F_2、F_4 和客户 P_1、P_2、P_3、P_4。

通过对运输问题求解，可以得到，选 F_3 时的总成本为 181865，选 F_4 时的总成本为 182870，181865 < 182870，因此，该公司应选择在 F_3 建厂。

 习题

一、单选题

1. 在同一条街道上，有 5 个居民小区，位置分别为 0、40、50、60、90，现要在这条街道上建一个消防中心，建在＿＿＿＿位置是最优的。

A. 20   B. 45   C. 50   D. 75

2. 交叉中值模型采用的是_____距离。

A. 城市   B. 最短   C. 球面   D. 直线

二、简答题

1. 完全覆盖模型和集中覆盖模型的区别是什么?
2. 物流节点选址考虑的因素有哪些?

三、计算题

1. 某医药公司在一个地区有 8 个分销公司 (A1 ~ A8),公司拟新建 3 个仓库,以最低运输成本满足分销公司的需求。经实地考察后,公司确定了 5 个候选地 (D1 ~ D5),从候选地到分销公司的单位运输成本、各分销公司需求量如表 4 - 11 所示。

表 4 - 11   候选地到分销公司的单位运输成本及各分销公司的需求量

节点	D1	D2	D3	D4	D5	需求量
A1	38	15	30	65	69	13
A2	50	90	60	25	35	6
A3	19	25	15	29	35	11
A4	10	20	30	45	24	25
A5	30	25	12	58	60	15
A6	35	50	45	30	10	10
A7	28	16	35	70	60	20
A8	15	35	58	24	20	8

(1) 试建立该问题的数学模型。

(2) 试设计启发式算法确定仓库的位置及客户的分派情况。

2. 一家公司想在某城市开设一个新的报刊亭,主要的服务对象是附近的 5 个住宿小区的居民。需求点在二维坐标轴上的坐标分别为:(4, 0)、(4, 3)、(2, 5)、(1, 4)、(3, 1),各小区人数分别为 1、3、3、4、3。如何确定一个合适的报刊亭位置,使所有顾客到报刊亭所行走的总距离最短。

第五章

运输系统优化

第一节 运输概述

一、运输的定义

《物流术语》（GB/T 18354—2021）对运输（transportation）的定义为"利用载运工具、设施设备及人力等运力资源，使货物在较大空间上产生位置移动的活动"。

从运输的定义不难看出，运输是以改变货物的空间位置为目的的活动，能够实现货物的空间位移。此外，运输成本在物流总成本中所占比重最大，因此，科学合理的优化运输系统对于降低物流成本和提高物流系统的效率具有非常重要的意义。

二、运输的作用

（一）运输是社会物质生产活动的必要条件之一

运输是国民经济的基础性、先导性产业。自从有了人类活动，就出现了运输活动。和一般的生产活动不同，运输不创造新的产品，不增加社会产品数量，不赋予产品新的使用价值，而只是改变物品所在的空间位置。

运输是社会物质生产的必要条件，主要表现在两个方面：在生产过程中，运输是生产的直接组成部分，没有运输，生产内部的各环节就无法联结；在社会上，运输是生产过程的继续，这一活动联结生产与再生产、生产与消费的环节，联结国民经济各部门、各企业、城乡和不同的国家与地区。

（二）运输是物流的主要功能要素之一

物流实现了物的物理性运动，这种运动不但改变了物的时间状态，也改变了物的空间状态。运输是改变空间状态的主要手段，再配以装卸搬运、配送等活动，就能圆满完成改变空间状态的全部任务。在现代物流概念未诞生之前，很多人将运输等同于物流，主要原因是，运输是物流的主要环节，是物流的主要功能。

（三）运输可以创造物的"场所效用"

场所效用的含义是：同种"物"由于空间场所不同，其使用价值的实现程度不同，体现的效益也不同。由于改变场所而能使物的使用价值发挥出最大效用，最大限度地提高了投入产出比，这就是物的"场所效用"。

通过运输这个环节，将"物"运到场所效用最高的地方，发挥出"物"的最大潜力，实现资源的优化配置。从这个意义上来讲，也相当于通过运输提高了物的使用价值。如深山中的矿产资源、森林中的木材，如果不运出供人类利用，则体现不出它的价值。

（四）运输是"第三利润源"的主要源泉

运输是运动中的活动，它和静止状态的保管不同，需要依靠大量的动力消耗才能实现，同时运输又承担着空间大跨度转移的任务，所以运输活动持续的时间长、距离远，实现该活动消耗的资源也大，运输费用所占物流总费用的比例也最高。从历年统计数据来看，我国运输费用一般占社会物流总费用的50%以上，所以通过合理化运输节约物流成本的潜力是巨大的。

三、运输合理化

运输合理化是指从物流系统的总体目标出发，合理利用各种运输方式，选择合理的运输线路和运输工具，以最短的运输距离、最少的环节、最快的速度和最少的劳动消耗，完成货物的运输任务。

（一）影响运输合理化的因素

影响运输合理化的因素很多，起决定作用的主要有五个方面：运输距离、运输环节、运输时间、运输工具和运输费用。

1. 运输距离

运输过程中，运输时间、运输货损、运输费用、运输车辆周转等与运输有关的经济指标，都与运输距离有一定的比例关系，运输距离长短是运输是否合理的一个最基本因素。

2. 运输环节

增加运输环节不但会增加起运的运费和总运费，而且必然要增加运输的附属活动，如装卸、包装等，各项技术经济指标也会因此下降。所以，减少运输环节能促进运输合理化。

3. 运输时间

运输时间的缩短有利于运输车辆的快速周转，能够充分发挥运力的作用，同时有利于加速资金的周转和提高运输线路的通过能力。

4. 运输工具

各种运输工具都有其特点和优势，只有根据不同的货物特点合理搭配各种运输工具，选择最佳的运输工具和运输线路，才能发挥出各种运输工具的优势，降低运输成本。

5. 运输费用

运输费用在物流费用中占有很大比例，运费高低在很大程度上决定着整个物流系统的竞争能力。实际上，运费的相对高低，对货主和物流企业都是运输合理化的一个重要标志。运费的高低也是各种合理化措施是否行之有效的最终判断依据之一。

（二）不合理运输的表现

不合理运输是指违反客观经济效果，违反货物合理流向，不能合理利用各种运力的运输，主要表现为以下几种形式。

1. 与运量有关的不合理运输

（1）空驶。空驶现象是指返程或启程空驶，货车无货可装，可以说是不合理运输最严重的形式。在实际运输调度过程中，有时候必须调运空车，从管理上不能将其看成不合理运输。但是，因调运不当或货源计划不周而造成的空驶，是不合理运输的表现。

（2）重复运输。重复运输是指某种货物本来可以从起运地一次直运到达目的地，但由于批发机构或商业仓库设置不当，或计划不周，人为地运到中途地点（如中转仓库）卸下后又二次装运的不合理现象。重复运输增加了一道中间装卸环节，增加了装卸搬运费用，延长了货物在途时间。

（3）无效运输。无效运输是指运输的货物杂质较多（如煤炭中的矿石、原油中的水分等），使运输能力浪费于不必要的物资运输。

2. 与运输距离有关的不合理运输

（1）迂回运输。迂回运输是指货物运输绕道而行的现象。物流过程中的计划不周、组织不善或调运差错都容易出现迂回现象。

（2）过远运输。过远运输是指舍近求远的货物运输。除了资源分布和生产力分布决定的远距离运输外，凡是因管理组织工作不善、供销联系不妥而产生的长距离运输，均视为过远运输。

3. 与运输方向有关的不合理运输

（1）对流运输。对流运输也被称为"相向运输""交错运输"，是指在同一线路上或平行线路上做相对方向的货物运送，而与对方运程的全部或一部分发生重叠交错的运输。简单地说，就是指同一种货物，两地互相运输。

（2）倒流运输。倒流运输又称返流运输，是指物资从产地运往销地，然后又从销地运回产地的一种回流运输现象。

4. 与运力有关的不合理运输

（1）运力选择不当是指未正确选择合适的运输工具而造成的不合理现象，通常有以下几种形式：弃水走陆；铁路、大型船舶的过近运输；运输工具承载能力选择不当。

（2）托运方式选择不当是指本来可以选择整车运输却选择了零担、应该直达却选择了中转运输、应当中转却选择了直达运输等，造成运力浪费及费用支出加大的一种不合理运输。

上述各种不合理运输形式都是在特定的条件下表现出来的，在进行判断时必须注意不合理运输的前提条件，否则就容易出现判断失误。另外，对以上不合理运输的描述，主要是从微观方面进行观察得出的结论。在实践中，必须将其放到物流系统中做综合判断，否则很可能出现"效益悖反"现象。

四、运输系统优化解决的问题

运输系统优化的目的是减少不合理运输现象的出现，降低运输系统的运行成本，提高运输工具的装载率，不断改进运输系统的合理化程度。

运输系统优化主要解决的问题是：运输方式的选择、运输线路的规划和货物装载。确定了一项具体的运输任务后，首先要从可选的运输方式中选出最佳的运输方式，其次要为选择的运输工具设计合理的运行线路，最后将线路上客户需求的货物装载入相应的运输工具，由运输工具沿着设计好的线路，将客户需要的货物依次送达。

第二节 运输方式的选择

一、常见的运输方式

按照运输工具及运输设备的不同，运输方式包括公路运输、铁路运输、水路运输、航空运输和管道运输，每种运输方式各有其优缺点，应根据实际情况选择合适的运输方式。

（一）公路运输

公路运输（highway transportation）是指利用公路运送旅客和货物的运输方式。现代公路运输所用的运输工具主要是汽车。因此，公路运输一般是指汽车运输。特别是在地势崎岖、人烟稀少、铁路和水运不发达的边远和经济落后地区，公路作为主要的运输方式，起着运输干线的作用。

1. 公路运输的主要优点

（1）机动性强、方便灵活。由于公路基础设施的快速发展，公路四通八达，可以方便地实现"门到门"的直达运输，避免了反复装卸搬运所可能造成的物质破损；而且还可以作为其他运输方式的衔接手段，从而使公路运输成为综合运输体系中的重要组成部分。

（2）在中、短途运输中，运送速度较快。在中、短途运输中，中途无须倒运、转乘就可以直接将客、货运达目的地，与其他运输方式相比，公路运输的货物在途时间较短，运送速度较快。

（3）原始投资少，资金周转快。公路运输与其他运输方式相比，固定设施简单，车辆购置费用较低，投资小，回收周期短。

2. 公路运输的主要缺点

（1）公路运输载货量小，不适于长距离运输。

（2）长途运输费用较贵。公路运输费用较高，吨公里费用一般是铁路的3～4倍。

（3）能源消耗大，环境污染严重。目前，机动车排放的污染物占空气污染物总量的一半以上。在北京、上海等大城市，80%以上的一氧化碳和40%以上的氮氧化物来自汽车尾气的排放。

（二）铁路运输

铁路运输（railway transportation）是一种陆上运输方式，它以两条平行的铁轨引导火车。铁路运输是一种适合远距离、大批量的运输方式，在国际货运中的地位仅次于海洋运输。

1. 铁路运输的主要优点

（1）运载量大。采用铁路运输方式，可以实现大批量运输。

（2）运输成本和能耗低。铁路运输适合中长途运输，相对于公路运输，铁路运费仅为汽车运费的几分之一，运输耗油约是公路运输的 1/20。

（3）速度快。随着铁路技术的发展，铁路时速也越来越高，货运列车时速可达到 160 千米，还可以方便地实现驮背运输、集装箱运输及多式联运等。

（4）不受气候影响，稳定安全。铁路运输有固定的轨道，几乎不受气候影响，一年四季可以不分昼夜地、定期地、有规律地、准确地运转货物。

2. 铁路运输的主要缺点

（1）机动性差。铁路运输受线路和站点约束，灵活性差，不能实现"门到门"运输。

（2）货损率较高。由于装卸次数多，货物损毁或丢失事故通常比其他运输方式多。

（3）投资大，建设周期长。铁路运输需要铺设轨道、建造桥梁和隧道，需要消耗大量物资，其初期投资较大。

（三）水路运输

水路运输（water transportation）是指利用船舶，在江、河、湖泊、人工水道及海洋上运送客、货的一种运输方式。水路运输主要承担大数量、长距离的运输，是在干线运输中起主力作用的运输形式。在内河及沿海，水路运输也常担任补充及衔接大批量干线运输的任务。

1. 水路运输的主要优点

（1）运输成本低。我国沿海运输成本只有铁路的 40%，美国沿海运输成本只有铁路运输的 1/8。

（2）运输能力大。在几种运输方式中，水路运输能力最大。

（3）平均运距长。水陆运输平均运距分别是铁路运输的 2.3 倍、公路运输的 59 倍、管道运输的 2.7 倍、民航运输的 0.68 倍。

（4）劳动生产率高。沿海运输劳动生产率是铁路运输的 6.4 倍，长江干线运输劳动生产率是铁路运输的 1.26 倍。

（5）水运建设投资省。水路运输只需利用江河湖海等自然水利资源，除必须投资购造船舶、建设港口之外，沿海航道几乎无须投资，整治航道也仅仅只有铁路建设费用的 $1/3 \sim 1/5$。

2. 水路运输的主要缺点

（1）速度慢。杂货、散货和油轮的航速通常在 $13 \sim 19$ 节（约 $24 \sim 35$ 千米/小时）。即使是航速较快的集装箱船（特别是全集装箱船），航速也仅有 $20 \sim 25$ 节（约 $37 \sim 46$ 千米/小时）。

（2）受港口、水位、季节、气候影响较大，一年中中断运输的时间较长。由于受海洋与河流的地理分布及其地质、地貌、水文与气象等条件和因素的明显制约与影响，水运航线无法在广大陆地上任意延伸，不能实现"门到门"运输。

（四）航空运输

航空运输（airline transportation）是利用民用航空器从事定期或不定期飞行，运送旅客、邮件或货物的一种运输方式。航空运输具有快速、机动的特点，不受地形限制，是国际贸易中不可缺少的运输方式。

1. 航空运输的主要优点

（1）降低库存水平。航空运输的高速性使长距离的物品运送可以在短时间内完成，因而可降低库存，节约库存投资和保管费用，提高资金的周转速度。

（2）节省包装费用。航空运输与外界的隔绝性强，因此可以简化运输包装，节省包装材料、劳力和时间。

（3）对轻质物品而言，有时可节省运杂费。航空运费以千克为计算单位。轻泡货物每 $6 \sim 7$ 立方米折合 1 吨，而海运费用是 1 立方米折合 1 吨计算，加之其高速性可降低在途物资资金占用，在这种情况下采用空运反而有利。

（4）货损和货差少。航空运输过程中的振动、冲击很小，温度、湿度等条件适宜，加之运输中与外界隔绝，因此发生货损、货差的可能性大大减小。

2. 航空运输的主要缺点

（1）运输费用高。飞机购置、租借、维修费用高，燃油消耗量也大，所以航空运输费用比其他运输方式都高，不适合运输低价值货物。

（2）飞机载重量小。由于飞机的舱容有限，不适合运输大件货物或大批量货物。目前，世界上最大的运输机的载重量为 250 吨，一般运输机的载重量在 100 吨左右。

（3）易受天气的影响。虽然航空技术已经能适应绝大多数气象条件，但是风、雨、雪、雾等气象条件仍然会影响飞机的起降安全。

（五）管道运输

管道运输（pipe transportation）是利用管道输送气体、液体或粉状固体的一种运输方式。管道运输是靠物体在管道内顺着压力方向循序移动实现的，和其他运输方式的重要区别在于，管道设备是静止不动的。

1. 管道运输的主要优点

（1）运量大。管道可以不分昼夜地输送物质。根据其管径的大小不同，每年的运输量可达数百万吨到几千万吨，甚至超过亿吨。

（2）占地少。由于管道通常埋于地下，埋藏于地下的部分占管道总长度的 95% 以上，只有输油站等设施占用土地，所以其占用的土地很少，仅为公路的 3%、铁路的 10% 左右。

（3）管道运输损耗低、安全可靠、连续性强。管道运输采用密闭输送，挥发损耗少，而且避免了装卸环节的损耗，油气损耗远低于其他运输方式。可大大减少对空气、水和土壤的污染，而且无须包装。此外，由于管道基本埋藏于地下，在运输过程中，恶劣多变的气候条件对其影响很小，可以确保运输系统长期稳定地运行。

（4）管道运输成本低、耗能少、效益好。管道口径越大，运输距离越远，运输量越大，运输成本就越低。

（5）管道运输建设周期短、费用低。管道运输系统的建设周期与相同运量的铁路建设周期相比，一般来说要短 1/3 以上。

2. 管道运输的主要缺点

（1）灵活性差。管道运输的线路固定，不能实现"门到门"服务。对一般用户来说，管道运输常常要与铁路、公路、水路等运输方式配合才能完成全程输送。

（2）货品单一、运速较慢。运输对象比较单一，只适合运输石油、天然气、化学品、煤浆等货物，且速度较慢，每小时流速大约 30 多千米，和水路运输的速度差不多。

（六）多式联运

《物流术语》对多式联运（multimodal transportation）的定义是："货物由一种运载单元装载，通过两种或两种以上运输方式连续运输，并进行相关运输物流辅助作业的运输活动。"当货物从供应地到需求地采用一种运输方式无法完成时，通常会采用多式联运的方式。目前，国际上常见的多式联运方式有公铁联运、海陆联运、陆空（海空）联运、陆桥联运等。

多式联运的主要优点如下：

一是统一化、简单化。所谓统一化、简单化，主要表现在多式联运方式下，货物运程不管有多远，不论由几种运输方式共同完成货物的运输，而且不论对货物经过多少中转，所有运输事项均由多式联运经营人负责办理。而货主只需要办理一次托运、订立一份运输合同、一次支付费用、一次保险。如果在运输过程中发生货物灭失或损害，由多式联运经营人负责，而每一区段的承运人对自己运输区段的货物损害承担责任。这种做法丝毫不会影响多式联运经营人对每一运输区段实际承运人的任何追偿权利。

二是减少中间环节、缩短货物运输时间，降低货损货差事故、提高货运质量。多式联运是通过集装箱为运输单元进行直达运输。货物在发货人的工厂或者仓库装箱后，可直接运送到收货人的工厂或仓库。运输途中换装时无须换箱、装箱，从而减少了中间环节。尽管货物经过多次换装，但由于使用专业机构装卸，且不涉及箱内货物，使得货损货差事故、货物被窃的情况大大减少，从而在一定程度上提高了货运质量。此外，由于各个运输环节的各种运输工具之间配合密切、衔接紧凑，货物所到之处中转迅速及时，大大减少了货物停留的时间。

三是降低运输成本，节省运杂费用。由于多式联运可实现门到门的运输，因此，对货主来说，将货物交给第一承运人后即可取得货运单证，并据以结汇。结汇时间的提前，不仅有利于加快货物资金的周转，而且减少了利息的支出。多式联运方式通常是由多个承运人共同完成的，而托运人只需与其中一个打交道即可，与采用单一运输方式相比，节省了人力、物力，给托运人带来了极大的方便。

四是提高运输组织水平，实现合理化运输。多式联运可以提高运输组织水平，实现现代化运输，改善不同运输方式间的衔接工作。在多式联运开展之前，各种运输方式的经营人都各自为政、各成体系。因而，其经营的业务范围受到限制，相应的货运量也受到限制。但一旦由不同的运输业者共同参与多式联运，经营的业务范围可以大幅扩大，并且可以最大限度发挥其现有设备的功能，选择最佳的运输线路和运输工具，组织合理运输。

五是其他作用。从政府的角度，发展多式联运具有以下重要意义：有利于加强政府部门对整个货物运输链的监督与管理；保证本国在整个货物运输过程中获得较大的运费收入分配比例；有助于引进新的先进技术；减少外汇支出；改善本国基础设施的利用情况；通过国家的宏观调控与指导职能，保证使用对环境破坏最小的运输方式，达到保护本国生态环境的目的。

二、选择运输方式考虑的因素

每种运输方式都拥有一系列服务属性，客户可以根据需求选择不同的运输方式。在运输方式选择过程中，有一些重要因素需要考虑，如运输货物特性、运输成本、运输速度和运距、运输容量、运输质量及运输污染等。

（一）运输货物特性

不同产品对运输的要求不同。一般来说，粮食、煤炭等大宗散货适宜选择水路运输，日用品、小批量近程货物运输适宜选择公路运输，海产品、鲜花等鲜活货品及 IT 产品、宝石等贵重物品适宜选择航空运输，石油、天然气等适宜选用管道运输。

（二）运输成本

运输成本包括运输过程需要支出的财力、物力和人力费用。企业在制定运输决策时，要受到经济实力及运输费用的制约。如果企业经济实力弱，就不能使用运输费用高的运输方式，如航空运输。

（三）运输速度和运距

运输速度、运输路程决定了货物运输时间的长短，在途运输货物会形成资金占用。因此，运输时间的长短对能否及时满足销售需要、减少资金占用有重要影响。运输速度和路程是选择运输方式时应考虑的一个重要因素。一般来说，批量大、价值低、运距长的货物适合选择水路运输或铁路运输；批量小、价值高、运距长的货物适合选择航空运输；批量小、距离近的货物适合选择公路运输。

（四）运输容量

运输容量即运输能力，以能够应付某一时期的最大业务量为标准，运输能力的大小对企业分销影响很大，特别是一些季节性商品，旺季时会使运输达到高峰状态。若运输能力小，不能合理、高效率地安排运输，就会造成货物积压，货物不能及时运往销售地，使企业错失销售机会。

（五）运输质量

运输质量包括可达性、运输时间的可靠性、运输安全性、货差货损及客户服务水平等方面，用户可根据运输质量要求选择相应的运输方式。

（六）运输污染

运输业动力装置排出的废气是空气的主要污染源，特别是在人口稠密的城市，汽车废气已经严重影响了空气质量。比较各种运输方式对环境的影响，从单位运输产品的废气排放量看，航空最多，其次是公路，较低的是铁路，水运对空气的污染极小，而管道运输几乎不会对空气产生污染。公路和铁路的线路建设会占用大量土地，从而对生态平衡产生影响，使人类的生存环境恶化。水路运输基本上是在自然河道和广阔的海域中进行，不会占用土地。但是，任何事物都是相对的，若水路运输的油船或管道运输出现泄漏等问题，同样也会造成巨大的污染。因此，应综合考虑各种因素，灵活选择运输方式。

三、运输方式选择方法

（一）单一运输方式的选择

在选择单一运输方式时，应综合考虑运输货物特性、运输成本、运输速度和运距、运输容量、运输质量和运输污染等因素。常用的单一运输方式的选择方法有加权因素评价法、层次分析法等。

1. 加权因素评价法

加权因素评价法首先确定选择运输方式时应考虑的一些重要因素，根据各因素的重要程度，赋予其不同的权重值，并得到不同运输方式的综合评价结果，最终综合评价分值最高的运输方式即为应选择的运输方式。

当确定了 n 个影响因素时，加权因素评价法的计算公式如下：

$$v_j = \sum_{i=1}^{n} \omega_i \times s(i, j) \qquad (5-1)$$

其中，v_j 为运输方式 j 的综合得分，ω_i 为第 i 个因素的权重，$s(i, j)$ 为运输方式 j 在第 i 个因素上的得分。

2. 层次分析法

层次分析法（analytic hierarchy process，AHP）是一种定性与定量相结合的多目标决策分析方法，通过分析复杂系统包含的要素及其相互关系，将要素归并为不同的层次，从而构成一个多层次的分析结构模型，具体步骤在第 9 章介绍。

（二）多式联运运输方式的选择

在选择多式联运运输方式时，除了考虑货物的特性、运输费用、运输容量等因素外，还需要考虑中转时间、中转费用等因素，可以将总时间、总费用最小等作为目标函数进行建模。最早的多式联运运输方式选择模型是瑞迪（Reddy）在 1995 年建立的，其模型如下。

1. 问题描述

某企业有一运输任务，将货物从节点 1 运送至节点 m，中途依次经过节点 2，3，$\cdots$，$m-1$。虽然任何相邻的两个节点之间有 K 种运输方式可供选择，但只能选择一种运输方式；若需要更换运输方式，只能在某个节点处进行。问题是应如何选择运输方式使企业的运输总费用最低。

2. 符号说明

（1）参数。

$c_{i,i+1}^k$：节点 i 到节点 $i+1$ 之间选择第 k 种运输方式的运输费用；

r_i^{kl}：在节点 i 处从第 k 种运输方式转换为第 l 种运输方式产生的转换费用。

（2）决策变量。

$$x_{i,i+1}^k = \begin{cases} 1, & \text{在节点 } i \text{ 和节点 } i+1 \text{ 之间选择第 } k \text{ 种运输方式} \\ 0, & \text{否则} \end{cases}$$

$(i = 1, \cdots, m-1; \ k = 1, \cdots, K)$；

$$y_i^{kl} = \begin{cases} 1, & \text{在节点 } i \text{ 处从第 } k \text{ 种运输方式转换为第 } l \text{ 种运输方式} \\ 0, & \text{否则} \end{cases}$$

$(i = 2, \cdots, m-1; \ k = 1, \cdots, K; \ l = 1, \cdots, K)$。

3. 数学模型

目标函数：

$$\min \sum_{i=1}^{m-1} \sum_{k=1}^{K} c_{i,i+1}^k \times x_{i,i+1}^k + \sum_{i=2}^{m-1} \sum_{k=1}^{K} \sum_{l=1}^{K} r_i^{kl} \times y_i^{kl} \tag{5-2}$$

$$\text{s. t.} \quad \sum_{k=1}^{K} x_{i,i+1}^k = 1 \quad (i = 1, \cdots, m-1) \tag{5-3}$$

$$\sum_{k=1}^{K} \sum_{l=1}^{K} y_i^{kl} = 1 \quad (i = 2, \cdots, m-1) \tag{5-4}$$

$$x_{i-1,i}^k + x_{i,i+1}^l \geq 2y_i^{kl} \quad (i = 2, \cdots, m-1) \tag{5-5}$$

$$x_{i,i+1}^k, \ y_i^{kl} \in \{0, 1\} \quad (i = 1, \cdots, m-1; \ k = 1, \cdots, K; \ l = 1, \cdots, K) \tag{5-6}$$

式（5-2）为目标函数，以运输费用与转换费用之和最小化为目标；式（5-3）表示在相邻两个节点之间必须选择一种运输方式；式（5-4）表示在中间节点处要么从一种运输方式转换为另一种运输方式，要么保持之前的运输方式不变；式（5-5）确保运输过程的连续性；式（5-6）为决策变量取值范围约束。

上述模型为 0-1 规划模型，小规模问题可以用分支定界、动态规划等精确算法进行求解，在【例 5-1】中将给出动态规划方法的计算步骤。对于大规模问题，获得精确解将非常困难，可考虑使用启发式算法或智能算法进行求解。

【例 5 – 1】假设一个运输线路上有 4 个城市，每个城市对之间有 3 种运输方式可以选择，单位产品的运输费用如图 5 – 1 所示，货物批量中转的费用如表 5 – 1 所示。假设运输批量为 25 个单位，试用动态规划方法求解最佳运输方式组合。

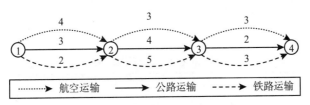

图 5 – 1　各城市对之间的运输费用

表 5 – 1　　　　　　　　　　　　批量中转费用

运输方式转换	从公路到			从铁路到			从航空到		
	公路	铁路	航空	公路	铁路	航空	公路	铁路	航空
中转费用	0	2	1	2	0	2	1	2	0

解：采用动态规划逆序法进行求解。

（1）对于城市 3，若以公路运输方式到达，则城市 3 与城市 4 之间选取各种运输方式的费用如下：

$$P_3（公，公）= r_3^{公,公} + 25 \times c_{3,4}^{公} = 0 + 25 \times 2 = 50$$

$$P_3（公，铁）= r_3^{公,铁} + 25 \times c_{3,4}^{铁} = 2 + 25 \times 3 = 77$$

$$P_3（公，航）= r_3^{公,航} + 25 \times c_{3,4}^{航} = 1 + 25 \times 3 = 76$$

因此，若以公路运输方式到达城市 3，那么城市 3 与城市 4 之间应选择公路运输。

同理可得，若以铁路或航空运输方式到达城市 3，那么城市 3 与城市 4 之间也应选择公路运输，相应的费用为：$P_3（铁，公）= 52$，$P_3（航，公）= 51$。

（2）对于城市 2，若以公路运输方式到达，则城市 2 与城市 3 之间选取各种运输方式的费用如下：

$$P_2（公，公）= r_2^{公,公} + 25 \times c_{2,3}^{公} + P_3（公，公）= 0 + 25 \times 4 + 50 = 150$$

$$P_2（公，铁）= r_2^{公,铁} + 25 \times c_{2,3}^{铁} + P_3（铁，公）= 2 + 25 \times 5 + 52 = 179$$

$$P_2（公，航）= r_2^{公,航} + 25 \times c_{2,3}^{航} + P_3（航，公）= 1 + 25 \times 3 + 51 = 127$$

因此，若以公路运输方式到达城市 2，那么城市 2 与城市 3 之间应选择航空运输。

同理可得，若以铁路或航空运输方式到达城市 2，那么城市 2 与城市 3 之间也应选择航空运输，相应的费用为：P_3（铁，航）$=128$，P_3（航，航）$=126$。

（3）对于城市 1，城市 1 与城市 2 之间选取各种运输方式的费用如下：

P_1（公）$=25 \times c_{1,2}^{公} + P_2$（公，航）$=25 \times 3 + 127 = 202$

P_1（铁）$=25 \times c_{1,2}^{铁} + P_2$（铁，航）$=25 \times 2 + 128 = 178$

P_1（航）$=25 \times c_{1,2}^{航} + P_2$（航，航）$=25 \times 4 + 126 = 226$

因此，从城市 1 出发应选择铁路运输方式，各城市之间的最佳运输方式如表 5-2 所示，相应的总费用为 178。

表 5-2　　　　各城市之间的最佳运输方式

城市对	1-2	2-3	3-4
运输方式	铁路运输	航空运输	公路运输

第三节　运输线路优化

运输线路优化主要是选择起讫点之间的最短路，最短路的度量单位可能是时间最短、距离最短或费用最小等。运输路线优化是选择运输方式之后的又一重要决策，可分为点点间运输问题、多点间运输问题及回路运输问题。

一、点点间运输线路优化

当运输任务的起讫点不是同一节点且均是单个节点时，解决运输线路优化问题的最简单和最直观的方法就是求解两点间的最短路。

最短路问题即求两个节点之间长度最短的路径。其中，路径长度不是指路径上的边数之和，而是指路径上各边对应的权之和。路径长度所代表的含义取决于边上权所代表的意义，如时间、距离、费用等都可以。

（一）问题描述

给定一个连通有向图 $G = (V, A)$，其中，$V = \{v_1, \cdots, v_n\}$ 为节点集合，$A = \{(v_i, v_j)\}$ 为弧集合。对任意一条弧 $a = (v_i, v_j)$，对应的权为 ω_{ij}。现有一运输任务，需要将货物从节点 v_1 运送到节点 v_n，求一条从节点 v_1 到节点 v_n 的最短路。

假设 $R = (v_1, (v_1, v_{i_2}), v_{i_2}, (v_{i_2}, v_{i_3}), \cdots, v_n)$ 是 G 中从 v_1 到 v_n 的一条路，定义路 R 的权是 R 中所有弧 $(v_{i_j}, v_{i_{j+1}})$ 的权之和，记为 $\omega(R)$。最短路就是在所有从 v_1 到 v_n 的所有路中权最小的路 R_0，使得 $\omega(R_0) = \min\limits_{R} \omega(R)$，相应地，记 $d(v_1, v_n) = \omega(R_0)$ 表示从 v_1 到 v_n 的距离。

（二）决策变量

$$x_{ij} = \begin{cases} 1 & \text{弧}（v_i, v_j）\text{为最短路上的一条弧} \\ 0 & \text{否则} \end{cases} \quad （\forall（v_i, v_j）\in A）。$$

（三）数学模型

$$\min \sum_{(v_i, v_j)\in A} \omega_{ij} x_{ij} \tag{5-7}$$

$$\text{s. t.} \quad \sum_{(v_1, v_j)\in A} x_{1j} = 1 \tag{5-8}$$

$$\sum_{(v_i, v_j)\in A} x_{ij} = \sum_{(v_j, v_i)\in A} x_{ji} \quad （\forall v_j \in V - \{v_1, v_n\}） \tag{5-9}$$

$$\sum_{(v_i, v_n)\in A} x_{in} = 1 \tag{5-10}$$

$$x_{ij} \in \{0, 1\} \quad （\forall(v_i, v_j)\in A） \tag{5-11}$$

式（5-7）为使线路总费用最小的目标函数；式（5-8）表示线路从 v_1 出发；式（5-9）表示每个中间节点进、出各一次；式（5-10）表示线路在 v_n 结束；式（5-11）为决策变量取值范围约束。

（四）算法求解

上面给出的模型是一个 0-1 规划模型，随着问题规模的增大会使得获得精确解的难度增加。因此，使用 0-1 规划模型的求解算法是不经济的。但是，在限定 $\omega_{ij} \geq 0$ 的前提下，可以采用当前公认最好的 Dijkstra 算法在有限时间内获得任意两点之间的最短路。

Dijkstra 算法的基本思想是从 v_1 出发，逐步向外探寻最短路。执行过程中，与每个节点对应，记录下一个数（称为该节点的标号），它或者表示从 v_1 到该节点的最短路的权（称为 P 标号），或者表示从 v_1 到该节点的最短路的权的上界（称为 T 标号）；算法的每一步会去修改节点的 T 标号，并且把某一个具有 T 标号的节点改变为具有 P 标号的节点，从而使图中具有 P 标号的节点数多一个，这样，至多经过 $n-1$ 步，就可以求出从 v_1 到各节点的最短路。

令 P、T 分别表示某个节点的 P 标号、T 标号，S_i 表示第 i 步时具有 P 标号节点的集合。为了在求出从 v_1 到各节点长度的同时，也求出从 v_1 到各节点的最短路，给每个节点 v 一个 λ 值，算法终止时，如果 $\lambda(v)=m$，表示在从 v_1 到 v 的最短路上，v 的前一个点是 v_m；如果 $\lambda(v)=M$，则表示 G 中不含从 v_1 到 v 的路；$\lambda(v)=0$ 表示 $v=v_1$。

Dijkstra 算法的具体步骤为：给定有向图 $G=(V, A)$：

（1）初始化。令 $S_0 = \{v_1\}$，$P(v_1)=0$，$\lambda(v_1)=0$，对每一个 $v \neq v_1$，令

$T(v) = +\infty$，$\lambda(v) = M$，令 $k = 1$。

（2）如果 $S_i = V$，算法终止，这时，对每个 $v \in S_i$，$d(v_1, v) = P(v)$，否则转入步骤（3）。

（3）考虑每个使 $(v_k, v_j) \in A$ 且 $v_j \notin S_i$ 的点 v_j。

如果 $T(v_j) > P(v_k) + \omega_{kj}$，则把 $T(v_j)$ 修改为 $P(v_k) + \omega_{kj}$，把 $\lambda(v_j)$ 修改为 k，否则转入步骤（4）。

（4）令 $T(v_{j_i}) = \min\limits_{v_j \notin S_i} \{T(v_j)\}$。

如果 $T(v_{j_i}) < +\infty$，则把 v_{j_i} 的 T 标号变为 P 标号，$P(v_{j_i}) = T(v_{j_i})$，令 $S_{i+1} = S_i \cup \{v_{j_i}\}$，$k = j_i$，把 i 换成 $i+1$，转入（2），否则终止，这时，对每一个 $v \in S_i$，$d(v_1, v) = P(v)$，而对每一个 $v \notin S_i$，$d(v_1, v) = T(v)$。

【例 5 - 2】某物流公司拟将货物从 v_1 运送到 v_8，节点间的距离如图 5 - 2 所示。试确定从 v_1 到 v_8 的最短路。

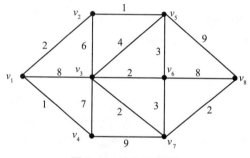

图 5 - 2　交通网络图

解：根据算法步骤，其求解过程如下：

（1）$i = 0$。

$S_0 = \{v_1\}$，$P(v_1) = 0$，$\lambda(v_1) = 0$，对每一个 $v \neq v_1$，令 $T(v_i) = +\infty$，$\lambda(v_i) = M$，令 $k = 1$。

转入（3），因 $(v_1, v_2) \in A$，$v_2 \notin S_0$，$T(v_2) > P(v_1) + \omega_{12}$，故把 $T(v_2)$ 修改为 $P(v_1) + \omega_{12} = 2$，$\lambda(v_2)$ 修改为 1。

同理，$T(v_3) = 8$，$\lambda(v_3) = 1$；$T(v_4) = 1$，$\lambda(v_4) = 1$。

转入（4），在所有的 T 标号中，$T(v_4) = 1$ 最小，于是令 $P(v_4) = 1$，$S_1 = S_0 \cup \{v_4\}$，$k = 4$。

（2）$i = 1$。

转入（3），把 $T(v_7)$ 修改为 $P(v_4) + \omega_{47} = 10$，$\lambda(v_7)$ 修改为 4。

转入（4），在所有的 T 标号中，$T(v_2) = 2$ 最小，于是令 $P(v_2) = 2$，$S_2 = \{v_1, v_2, v_4\}$，$k = 2$。

（3）$i=2$。

转入（3），把 $T(v_5)$ 修改为 $P(v_2)+\omega_{25}=3$，$\lambda(v_5)$ 修改为 2。

转入（4），在所有的 T 标号中，$T(v_5)=3$ 最小，于是令 $P(v_5)=3$，$S_3=\{v_1,v_2,v_4,v_5\}$，$k=5$。

（4）$i=3$。

转入（3），把 $T(v_6)$ 修改为 $P(v_5)+\omega_{56}=6$，$\lambda(v_6)$ 修改为 5。

把 $T(v_3)$ 修改为 $P(v_5)+\omega_{53}=7$，$\lambda(v_3)$ 修改为 5。

把 $T(v_8)$ 修改为 $P(v_5)+\omega_{58}=12$，$\lambda(v_8)$ 修改为 5。

转入（4），在所有的 T 标号中，$T(v_6)=6$ 最小，于是令 $P(v_6)=6$，$S_4=\{v_1,v_2,v_4,v_5,v_6\}$，$k=6$。

（5）$i=4$。

转入（3），把 $T(v_7)$ 修改为 $P(v_6)+\omega_{67}=9$，$\lambda(v_7)$ 修改为 6。

转入（4），在所有的 T 标号中，$T(v_3)=7$ 最小，于是令 $P(v_3)=7$，$S_5=\{v_1,v_2,v_3,v_4,v_5,v_6\}$，$k=6$。

（6）$i=5$。

转入（4），在所有的 T 标号中，$T(v_7)=9$ 最小，于是令 $P(v_7)=9$，$S_6=\{v_1,v_2,v_3,v_4,v_5,v_6,v_7\}$，$k=7$。

（7）$i=6$。

转入（3），把 $T(v_8)$ 修改为 $P(v_7)+\omega_{78}=11$，$\lambda(v_8)$ 修改为 7。

转入（4），仅有的 T 标号点为 v_8，于是令 $P(v_8)=11$，$S_7=\{v_1,v_2,v_3,v_4,v_5,v_6,v_7,v_8\}$，算法终止。

于是可得，从 v_1 到 v_8 的最短距离为 11，相应的最短路为：$v_1 \to v_2 \to v_5 \to v_6 \to v_7 \to v_8$。

二、多点间运输线路优化

多点间运输线路优化问题是指起始点或目的点不唯一的运输优化问题。相对来说，多点间运输线路优化问题更为复杂。

（一）产销平衡的运输问题

多点间运输线路优化问题中最为常见的是产销平衡的运输问题。该问题可描述为：现有 m 个供应地 A_1，A_2，…，A_m，供应量分别为 a_1，…，a_m；有 n 个需求地 B_1，B_2，…，B_n，需求量分别为 b_1，b_2，…，b_n，且满足 $\sum_{i=1}^{m}a_i=\sum_{j=1}^{n}b_j$，已知供应地和需求地之间的单位产品运输费用为 c_{ij}，试问应如何进行运输使运输总费用达到最小。

1. 决策变量

x_{ij}：从第 i 个供应地运往第 j 个需求地的货物量（$i=1$，2，$\cdots$，m；$j=1$，2，$\cdots$，n）。

2. 数学模型

$$\min \sum_{i=1}^{m} \sum_{j=1}^{n} c_{ij} x_{ij} \tag{5-12}$$

$$\text{s. t.} \quad \sum_{j=1}^{n} x_{ij} = a_i \quad (i=1, 2, \cdots, m) \tag{5-13}$$

$$\sum_{i=1}^{m} x_{ij} = b_j \quad (j=1, 2, \cdots, n) \tag{5-14}$$

$$x_{ij} \geq 0 \quad (i=1, 2, \cdots, m; j=1, 2, \cdots, n) \tag{5-15}$$

式（5-12）为使运输总费用最小的目标函数；式（5-13）表示从供应地运往需求地的货物总量等于其供应量；式（5-14）表示由供应地运往需求地的货物总量等于其需求量；式（5-15）为决策变量取值范围。

3. 算法求解

多点间运输线路优化问题的数学模型是一个特殊的线性规划模型，目前主要有两种求解方法。一种方法是单纯形算法，但是由于运输问题的数学模型具有特殊的结构，应用单纯形算法经常会有许多冗余的计算，从而影响了计算效率。

另一种方法是表上作业法，即将运输问题用表格的形式描述，并且通过在表格上面的操作来完成求解。表上作业法适合比较简单的问题求解，求解过程直观，计算量不大，可以手工完成。表上作业法是一种迭代算法，迭代步骤为：

第一步，利用西北角法、最小元素法或伏格尔（Vogel）法等方法求初始基可行解，即获得一个初始调运方案。

第二步，计算检验数并判断是否得到最优解。常见的求检验数的方法有闭回路法和位势法，求出检验数后可根据最优性条件来判定这个初始基可行解是不是最优的，若是则迭代停止，否则转下一步。

第三步，换基迭代，即调整运量。选一个变量出基，对原运输方案进行调整得到新的调运方案，改进当前方案，返回第二步，直至求出最优解为止。

（二）产销不平衡的运输问题

在很多实际问题中，供应地的总供应量和需求地的总需求量通常是不相等的，即 $\sum\limits_{i=1}^{m} a_i \neq \sum\limits_{j=1}^{n} b_j$。这就需要通过增加虚拟的供应地或虚拟的需求地，将产销不平衡的运输问题转换为产销平衡的运输问题进行求解。

（1）当 $\sum\limits_{i=1}^{m} a_i > \sum\limits_{j=1}^{n} b_j$ 时，运输问题的数学模型可写为：

$$\min \sum_{i=1}^{m} \sum_{j=1}^{n} c_{ij} x_{ij} \tag{5-16}$$

$$\text{s. t.} \quad \sum_{j=1}^{n} x_{ij} \leqslant a_i \quad (i=1, 2, \cdots, m) \tag{5-17}$$

$$\sum_{i=1}^{m} x_{ij} = b_j \quad (j=1, 2, \cdots, n) \tag{5-18}$$

$$x_{ij} \geqslant 0 \quad (i=1, 2, \cdots, m; j=1, 2, \cdots, n) \tag{5-19}$$

与产销平衡的运输问题不同的是，式（5-17）取的是不等号，表示供应地仅有部分供应运出。因为多余的货物无须运出，就要考虑在哪一个供应地就地存储的问题。假设增加一个虚拟的需求地 B_{n+1}，相应的需求量为 $\sum\limits_{i=1}^{m} a_i - \sum\limits_{j=1}^{n} b_j$，供应地 A_i 到 B_{n+1} 的单位产品运输费用为 0。引入变量 $x_{i,n+1}$，表示从供应地 A_i 运往 B_{n+1} 的货物量，那么式（5-17）就变成了 $\sum\limits_{j=1}^{n} x_{ij} + x_{i,n+1} = a_i$，变成了等式约束，这就将问题转换为产销平衡的运输问题。

（2）当 $\sum\limits_{i=1}^{m} a_i < \sum\limits_{j=1}^{n} b_j$ 时，运输问题的数学模型可写为：

$$\min \sum_{i=1}^{m} \sum_{j=1}^{n} c_{ij} x_{ij} \tag{5-20}$$

$$\text{s. t.} \quad \sum_{j=1}^{n} x_{ij} = a_i \quad (i=1, 2, \cdots, m) \tag{5-20}$$

$$\sum_{i=1}^{m} x_{ij} \leqslant b_j \quad (j=1, 2, \cdots, n) \tag{5-21}$$

$$x_{ij} \geqslant 0 \quad (i=1, 2, \cdots, m; j=1, 2, \cdots, n) \tag{5-22}$$

与产销平衡的运输问题不同的是，式（5-21）取的是不等号，表示需求地只有部分需求被满足。因为部分需求无法满足，就要考虑哪一个需求地的需求不被全部满足的问题。假设增加一个虚拟的供应地 A_{m+1}，相应的供应量为 $\sum\limits_{j=1}^{n} b_j - \sum\limits_{i=1}^{m} a_i$，供应地 A_{m+1} 到 B_j 的单位产品运输费用为 0。引入变量 $x_{m+1,j}$，表示从供应地 A_{m+1} 运往 B_j 的货物量，那么式（5-21）就变成了 $\sum\limits_{i=1}^{m} x_{ij} + x_{m+1,j} = b_j$，变成了等式约束，这就将问题转换为产销平衡的运输问题。

（三）可中转情形下的运输问题

前面讨论的运输问题假设供应地和需求地之间都有直达线路，可直接进行货物的运输，并且供应地只运出货物，需求地只接收货物，但实际情况可能更复杂一些，在下面的情况下会产生货物的转运：

第一，供应地与需求地之间没有直达线路，货物由供应地到需求地需要通过某中转站（如物流中心）转运。

第二，某些供应地既运出货物又接收一部分货物；某些需求地既接收货物，又运出一部分货物，即供应地或需求地可能起到中转站的作用；某地既是供应地又是需求地。

第三，供应地与需求地之间虽然有直达线路，但直达运输的费用比经过某些中转站还要高。

解决产销平衡的转运问题的思路是先将问题转化为无转运产销平衡的运输问题。对于产销不平衡的转运问题，首先需要增加虚拟的供应地或需求地，转化为产销平衡的转运问题。因此，需做如下假设：

第一，首先根据具体问题求出最大可能中转量 Q，$Q = \max \left\{ \sum_i a_i, \sum_j b_j \right\}$。

第二，纯中转站可看作运出量和接收量均为 Q 的一个供应地和需求地。

第三，兼中转站的供应地 A_i 可看作一个接收量为 Q 的需求地和一个供应量为 $Q + a_i$ 的供应地。

第四，兼中转站的需求地 B_j 可看作一个运出量为 Q 的供应地和一个需求量为 $Q + b_j$ 的需求地。

在此假设的基础上，列出各供应地的输出量、各需求地的输入量及各供应地与需求地之间的运价表，然后用表上作业法求解。

1. 问题描述

假设有 m 个供应地 A_1，A_2，$\cdots$，A_m，供应量分别为 a_1，a_2，$\cdots$，a_m；有 n 个需求地 B_1，B_2，$\cdots$，B_n，需求量分别为 b_1，b_2，$\cdots$，b_n，且满足 $\sum_{i=1}^{m} a_i = \sum_{j=1}^{n} b_j$；现有 p 个纯中转站 T_1，T_2，$\cdots$，T_p，可进行货物的中转。假设供应地集合为 $S = \{A_1, A_2, \cdots, A_m\}$，需求地集合为 $D = \{B_1, B_2, \cdots, B_n\}$，纯中转站集合为 $T = \{T_1, T_2, \cdots, T_p\}$，供应地、需求地及纯中转站之间的单位货物运输费用为 c_{hl}（$h = 1, 2, \cdots, m+n+p$；$l = 1, 2, \cdots, m+n+p$）。试问应如何进行运输能够使运输总费用达到最小。

2. 数学建模

在产销平衡的转运问题中，$Q = \sum_i a_i = \sum_j b_j$。兼中转站的供应地 A_i 可看

作供应量为 $Q + a_i$ 的供应地，兼中转站的需求地 B_j 可看作需求量为 $Q + b_j$ 的需求地，纯中转站 T_k 可看作供应量和需求量均为 Q 的一个供应地和一个需求地。于是，可建立如下数学模型：

$$\min \sum_{h \in S \cup D \cup T} \sum_{l \in S \cup D \cup T} c_{hl} x_{hl} \tag{5-23}$$

$$\text{s. t.} \quad \sum_{l \in S \cup D \cup T} x_{hl} = Q + a_h \quad (\forall h \in S) \tag{5-24}$$

$$\sum_{h \in S \cup D \cup T} x_{hl} = Q + b_l \quad (\forall l \in D) \tag{5-25}$$

$$\sum_{h \in S \cup D \cup T} x_{hl} = Q \quad (\forall l \in S \cup T) \tag{5-26}$$

$$\sum_{l \in S \cup D \cup T} x_{hl} = Q \quad (\forall h \in D \cup T) \tag{5-27}$$

$$x_{hl} \geqslant 0 \quad (h = 1, 2, \cdots, m+n+p; \ l = 1, 2, \cdots, m+n+p) \tag{5-28}$$

式（5-23）~式（5-25）、式（5~28）与产销平衡的运输问题数学模型对应的约束条件含义相同，式（5-26）与式（5-27）表示兼中转站的供应地及需求地、纯中转站进出货物量等于最大中转量。

【例 5-3】 有 3 个煤矿 A_1、A_2、A_3，供应 B_1、B_2、B_3、B_4 共 4 个电厂发电的需要，供应量、需求量和单位产品运费如表 5-3 所示。

表 5-3　　　　　　　　　　产销平衡—单位产品运费

	B_1	B_2	B_3	B_4	供应量
A_1	3	11	3	10	70
A_2	1	9	2	8	40
A_3	7	4	10	5	90
需求量	30	60	50	60	

　　假设煤炭在 3 个煤矿之间可以相互调运，在 4 个电厂之间可以相互调运，单位产品运费如表 5-4、表 5-5 所示，其中，M 为非常大的正数，表示可以不考虑两点间的运输。

　　此外，假设有 4 个纯中转站 T_1、T_2、T_3、T_4，它们与煤矿和电厂之间的单位产品运费如表 5-6 所示。问在允许煤矿与电厂之间直接运输和转运的情况下，如何将煤矿所产的煤炭运往电厂，才能够使总运费最少。

表 5-4　　　　　　　　　煤矿间单位产品运费

	A_1	A_2	A_3
A_1	0	1	3
A_2	1	0	M
A_3	3	M	0

表 5-5　　　　　　　　　电厂间单位产品运费

	B_1	B_2	B_3	B_4
B_1	0	1	4	2
B_2	1	0	2	1
B_3	4	2	0	3
B_4	2	1	3	0

表 5-6　　　　中转站到煤矿、电厂及中转站间的单位产品运费

	A_1	A_2	A_3	T_1	T_2	T_3	T_4	B_1	B_2	B_3	B_4
T_1	2	3	1	0	1	3	2	2	8	4	6
T_2	1	5	M	1	0	1	1	4	5	2	7
T_3	4	M	2	3	1	0	2	1	8	2	4
T_4	3	2	3	2	1	2	0	1	M	2	6

解：这是一个产销平衡且有纯中转站的运输问题，最大可能的中转量为 200。由于煤矿、电厂、中转站都既可看作供应地，又可看作需求地，因此可以把整个问题转化为一个具有 11 个供应地和 11 个需求地的运输问题。相应的产销平衡表和单位产品运费如表 5-7 所示。

表 5-7　　　　　　转化后的产销平衡—单位产品运费

供应地	需求地											供应量
	B_1	B_2	B_3	B_4	A_1	A_2	A_3	T_1	T_2	T_3	T_4	
A_1	3	11	3	10	0	1	3	2	1	4	3	270
A_2	1	9	2	8	1	0	M	3	5	M	2	240
A_3	7	4	10	5	3	M	0	1	M	2	3	290
T_1	2	8	4	6	2	3	1	0	1	3	2	200
T_2	4	5	2	7	1	5	M	1	0	1	1	200

供应地	需求地											供应量
	B_1	B_2	B_3	B_4	A_1	A_2	A_3	T_1	T_2	T_3	T_4	
T_3	1	8	2	4	4	M	2	3	1	0	2	200
T_4	1	M	2	6	3	2	3	2	1	2	0	200
B_1	0	1	4	2	3	1	7	2	4	1	1	200
B_2	1	0	2	1	11	9	4	8	5	8	M	200
B_3	4	2	0	3	3	2	10	4	2	2	2	200
B_4	2	1	3	0	10	8	5	6	7	4	6	200
需求量	230	260	250	260	200	200	200	200	200	200	230	

用表上作业法求得最优调运方案见表 5－8。

表 5－8　　最优调运方案

供应地	需求地										
	B_1	B_2	B_3	B_4	A_1	A_2	A_3	T_1	T_2	T_3	T_4
A_1					200	70					
A_2	110					130					
A_3							200	50		40	
T_1								150	50		
T_2			50						150		
T_3	40									160	
T_4											200
B_1	80	120									
B_2		140		60							
B_3			200								
B_4				200							

从表 5－8 可以看出，$A_2 \rightarrow B_1$ 的运量为 30；$A_3 \rightarrow T_1 \rightarrow T_2 \rightarrow B_3$ 的运量为 50；$A_1 \rightarrow A_2 \rightarrow B_1 \rightarrow B_2$ 的运量为 60；$A_1 \rightarrow A_2 \rightarrow B_1 \rightarrow B_2 \rightarrow B_4$ 的运量为 10；$A_2 \rightarrow B_1 \rightarrow B_2 \rightarrow B_4$ 的运量为 10；$A_3 \rightarrow T_3 \rightarrow B_1 \rightarrow B_2 \rightarrow B_4$ 的运量为 40。

第四节　车辆装载问题

在确定了运输方式和运输线路后，如何使用最少数量的运输工具完成运输任务就成了需要解决的运输决策问题，这一问题可以通过转化为经典的装箱问题加以解决。装箱问题是考虑如何最优地把一定数量的物品装进有容积和承重等限制的箱子里，使得所使用的箱子数量最少。运输工具的装载空间与箱子一样都具有三维属性，因此，把车辆装载问题转化为装箱问题是合理的。

一、装箱问题的分类

（一）根据待装载货物和货箱的空间维度进行分类

根据待装载货物和货箱的空间维度进行分类，装箱问题可以分为一维装箱（one-dimensional bin packing，1D – BP）问题、二维装箱（two-dimensional bin packing，2D – BP）问题、三维装箱（three-dimensional bin packing，3D – BP）问题及高维装箱问题。

一维装箱是指在装箱时只考虑一个因素，如只考虑货物的体积、重量或尺寸等。在实际应用中，电缆、钢筋、木头等的切割，计算机系统内存的分配，生产线上工人的安排、机器的时间分配以及电视上不同时长广告的组合安排等，都可以转化为一维装箱问题。

二维装箱问题是指在装箱时考虑两个因素，一般指长和宽。二维装箱问题研究的物品形状可以是圆形、正方形、长方形、三角形，甚至可以是多边形，但是当边数较多时，会导致组合爆炸，研究比较困难，因此最常见的还是矩形和圆形，其中矩形装箱最为广泛。在实际应用中，玻璃、大理石板、木板、服装布料等东西的切割是典型的二维装箱问题。电子产品的元器件在电路板上的位置安排、报纸和杂志的排版，这些问题都可以转化为二维装箱问题。

三维装箱问题就是在二维装箱的基础上再增加一个维度的考虑，通常是一个货物的长、宽、高三个属性。最为常见的三维装箱问题就是港口和码头内集装箱的装载，工人需要将集装箱按照一定的规则装入船舱或者运输卡车。

（二）根据物品的种类属性进行分类

根据货物是否具有相同的尺寸规格以及规格数量的多少进行分类，装箱问题可以分为以下三类：

第一，所有的货物相同，即种类相同，长、宽、高等属性一致，这种装箱问题被称为相同物品装箱问题（identical item packing problem，IIPP）。

第二，货物种类不同，但类型较少，每类货物的长、宽、高等属性一致，货物的差异性较小，这类装箱问题被称为弱异构货物装箱问题（weakly-heterogeneous items packing problem，WHIPP）。

第三，货物种类不同，且类型很多，长、宽、高等属性一致的货物数量较少，货物之间的差异性非常大，这类问题被称为强异构货物装箱问题（strongly-heterogeneous items packing problem，SHIPP），在强异构货物装箱问题中，一般将每个物品都当成一个种类，即使它们的长、宽、高等属性一致，也将它们当作不同的货物，因此每个货物的数量均为1。

（三）根据货物到达情况分类

按照算法事先是否已知所有货物的具体信息将装箱问题分为离线装箱问题和在线装箱问题。

离线装箱问题是指在装箱前知道待装载货物的所有具体信息，可以先对待装载货物进行排序，然后按照一定的规则，比如非递增、非递减或者根据深度学习等方式得到的货物装载顺序，将货物一次性装到不能再装为止。如今绝大部分配送都是按照订单或者地点送货，所以待装载货物的信息都是事先已知的，该问题广泛出现在各大电商平台和物流企业中，它们在装箱前已经掌握了所有待装载的货物信息。

在线装箱问题则是指装箱前不知道待装载货物的具体信息。比如在装入货物 A 时，只能利用货物 A 前面已装载货物的信息，而不了解后续货物的任何信息，只能按照货物到达的顺序先后装载，而且一旦装入箱子，货物的位置就不能再进行变动。在在线装箱问题中，如果每次装箱只能装入当前打开的箱子中，装不下则关闭当前箱子，再打开新的箱子进行装载，已关闭的箱子不会再次打开，则这种问题被称为受限空间装箱（bound space bin packing）。与之相对应的非受限空间装箱（unbound space bin packing）则是每次能同时打开多个箱子。

二、装箱问题的数学模型

由于装箱问题的模型众多，本节仅给出一维装箱问题的数学模型。

（一）问题描述

假设有 n 个物品，体积（或重量）分别为 a_1，a_2，$\cdots$，a_n，现有 m 个容积（或载重量）为 L 的箱子，其中 $L \geqslant a_i (i=1, 2, \cdots, n)$。问如何装箱使用的箱子数量最少。

（二）决策变量

$$x_{ij} = \begin{cases} 1 & \text{第 } i \text{ 个物品装入第 } j \text{ 个箱子中} \\ 0 & \text{否则} \end{cases} \quad (i=1,\ 2,\ \cdots,\ n;\ j=1,\ 2,\ \cdots,\ m);$$

$$y_j = \begin{cases} 1 & \text{第 } j \text{ 个箱子被使用} \\ 0 & \text{否则} \end{cases} \quad (j=1,\ 2,\ \cdots,\ m)_\circ$$

（三）数学模型

$$\min \sum_{j=1}^{m} y_j \tag{5-29}$$

$$\text{s. t.} \quad \sum_{j=1}^{m} x_{ij} = 1 \quad (i=1,\ 2,\ \cdots,\ n) \tag{5-30}$$

$$\sum_{j=1}^{m} a_i x_{ij} \leqslant L \times y_j \quad (j=1,\ 2,\ \cdots,\ m) \tag{5-31}$$

$$x_{ij},\ y_j \in \{0,\ 1\} \quad (i=1,\ 2,\ \cdots,\ n;\ j=1,\ 2,\ \cdots,\ m) \tag{5-32}$$

式（5-29）为目标函数，表示所使用的箱子数尽可能少；式（5-30）表示每个物品都被装入某个箱子；式（5-31）表示箱子的容积（或载重量）约束；式（5-32）为变量的取值范围。

（四）算法求解

一维装箱问题的数学模型是 0-1 规划问题，小规模问题可以使用精确算法计算最优解，大规模问题需要使用启发式算法进行求解。常见的启发式算法有以下几种。

1. 下次适应算法（next fit algorithm）

该算法是最早被研究、速度最快的算法之一。该算法的思想是：始终维持一个当前打开的箱子，对于每一个要装入的物品，检查该物品是否可以放入当前打开的箱子；如果无法装入，则打开一个空箱子，装入该物品，并以该箱子作为当前的箱子，以此类推。由于每个物品在装入时，只有当前打开的箱子和空箱可以选择，这就使得箱子的装载率较低。

2. 首次适应算法（first fit algorithm）

针对下次适应算法的缺陷，首次适应算法处理当前物品的时候，检查所有的非空箱子，找到第一个能够放下当前物品的箱子并将该物品放入，否则开启新的空箱。

3. 最佳适应算法（best fit algorithm）

这种算法与首次适应算法类似，唯一的区别是当物品装箱时，不是直接装在第一个可装入的箱子中，而是装入最适合该物品的箱子中，如果没有能装入的箱子，则开启新的空箱。

首次适应算法和最佳适应算法都有一个缺陷，那就是由于物品没有进行排序，可能会由于先装入小的物品，导致大的物品在后来放入时无法装入，只得开启新的空箱，造成了空间上的浪费，因此就有了这两种算法的改进启发式算法。

4. 降序首次适应算法（first fit decreasing algorithm）

这种算法先对物品按降序排序，再按照首次适应算法进行装箱。

5. 降序最佳适应算法（best fit decreasing algorithm）

这种算法先对物品按降序排序，再按照最佳适应算法进行装箱。

 习题

一、单选题

1. 不属于航空运输特点的是_____。
A. 速度快　　　B. 灵活性高　　　C. 运载量大　　　D. 易受天气影响
2. 运输速度快并适合大宗货物运输的运输方式是_____。
A. 水路运输　　　B. 公路运输　　　C. 铁路运输　　　D. 航空运输
3. 物流费用中占比最大的是_____。
A. 装卸搬运费　　B. 包装费　　　C. 运输费　　　D. 保管费
4. _____可实现直达运输，运送速度快，始建投资少。
A. 公路运输　　　B. 铁路运输　　　C. 航空运输　　　D. 水路运输

二、简答题

1. 选择运输方式考虑的因素有哪些？
2. 多式联运的优点有哪些？

三、计算题

某公司下设 3 个加工厂，每日的产量分别为：A1 厂 6 吨，A2 厂 7 吨，A3 厂 6 吨。公司把这些产品分销给 4 个销售地。各个销售地每日销量为：B1 处 4 吨，B2 处 5 吨，B3 处 6 吨，B4 处 4 吨。已知从加工厂到销售地的单位产品运价如表 5-9 所示，问在满足各销售地需求量的前提下，该公司应该如何调运产品，使总运费最少？

表 5 – 9   加工厂到销售地的单位产品运价

产地	销售地			
	B1	B2	B3	B4
A1	3	10	4	3
A2	2	9	1	6
A3	7	4	10	5

第六章

配送系统优化

第一节　配送概述

一、配送的定义

在《物流术语》（GB/T 18354—2021）中，配送（distribution）是指"根据客户要求，对物品进行分类、拣选、集货、包装、组配等作业，并按时送达指定地点的物流活动"。

配送是物流中一种特殊的、综合的活动形式，几乎包括了所有的物流功能要素，是在经济合理区域范围内物流的一个缩影。

二、配送的作用

配送的作用主要有以下几个方面。

（一）有利于物流实现合理化

配送不仅能促进物流的专业化、社会化发展，还能以其特有的运动形态和优势调整流通结构，促使物流实现"规模经济"。从组织形态上看，它是以集中的、完善的送货取代分散和单一的取货。在资源配置上，则是以专业组织的集中库存代替社会上的零散库存，衔接了供需关系，打破了流通分割和封锁的格局，很好地满足了社会化大生产的发展需要，有利于实现物流合理化。

（二）完善了运输及整个物流系统

在干线运输之后，往往都要辅以支线运输或短距离搬运，这种支线运输或短距离搬运成为物流的一个薄弱环节。这个环节和干线运输有许多不同点，如要求灵活性、适应性、服务性，往往导致运力利用不合理、成本过高等问题。采用配送的方式，从范围上将支线运输与短距离搬运统一起来，使运输过程得以优化和完善。

（三）提高了末端物流的效益

采用配送的方式，集中进货实现了规模经济，又通过将客户的需求汇总后集中发货，代替了分别向不同客户小批量发货，从而达到了降低成本的目的，使末端物流经济效益得到了提高。

（四）通过集中库存使企业实现低库存或零库存

发展配送，生产企业可以实施集中库存、统一配送的生产经营方式，这样生产企业可以完全依靠配送而无须持有库存，或者只需持有少量安全库存而不必持有经常库存，从而实现"零库存"。采用这种方式，将降低整个生产系统的库存，发挥规模经济的优势，降低库存成本。

（五）简化事务，方便客户

采用配送的方式，可以将客户订购的多种货物进行统一配送，从而减少送货次数，减轻客户的工作量和负担，节省事务开支。

（六）提高供应保证程度

受到资金的限制，生产企业自己持有库存维持生产，供应保证程度很难提高。采取配送的方式，配送中心可以比任何生产企业储存更多的原材料和物资，因而对每个企业而言，中断供应、影响生产的风险便相对缩小，使客户免去货物短缺之忧。

另外，配送为电子商务的发展提供了基础和支持。电子商务的发展，打破了消费的地域性限制，使得消费者足不出户就可以购买到任何想要的商品。电子商务之所以能够带给消费者这种快捷方便的服务，与配送服务的支持是分不开的。

三、配送与运输的区别

作为物流的两个重要功能，运输与配送均能实现货物的空间位移。功能上的差异使得它们并不能互相替代，而是形成了相互依存、互为补充的关系。它们的区别主要有以下几点。

（一）活动范围不同

运输主要实现货物大范围的空间位移，如国家之间、地区之间、城市之间等；配送一般仅局限在一个区域或城市范围之内。

（二）功能上存在差异

运输主要以大批量、远距离的货物空间位移为主，运输途中客观上起着一定的存储功能，配送以实现小批量、多品种货物的近距离空间位移为主，但同时要满足客户的多样性要求，如多品种、准时送达、多个送货地点、小分量包装、直接到生产线、包装物回收等。为了满足客户的上述要求，有时需要增加加工、分割、包装、存储等功能，因此，配送的功能更加复杂。

（三）运输方式和运输工具不同

运输可采用各种运输工具，只需要根据货物属性、时间要求、到货地点以及经济合理性进行选择即可。配送由于功能的多样性，运输批量小、频次高，主要采用装载量不大的短途运输工具，以汽车、电动三轮车为主。

第二节　配送系统概述

配送具有系统的所有基本特征，因此，配送本身可以看作是物流系统中的一个子系统。

一、配送系统的构成

从配送系统的构成来看，它包括以下相互联系、相互作用的要素。

（一）配送系统的主体

配送的主体是指实施配送的组织，如从事专业配送的企业或企业的配送部门。若要提高配送效率，达到既定的服务水平，实现配送系统的优化，就必须发挥配送主体的主观能动性，也就是发挥从事配送管理及执行工作的人的主观能动性。

（二）配送系统的客体

配送的客体是指配送的对象，即为客户配送的货物。配送的对象不是独立的货物而是有特定指向的货物，即为哪个客户配送哪种货物。客户的需求和货物的特性共同决定了配送模式的选择、配送计划的制定、运输工具的选择等配送作业问题。

（三）配送系统的环境

配送系统的环境是指实施配送所处的客观环境，如城市交通状况、客户分布、交通法规等。由于配送直接面向最终客户，直接与外界环境发生相互作用，因此环境对配送系统运行的影响不可忽视。

（四）配送系统的设施设备

配送系统的设施设备是指在配送中具体使用的配送中心、仓库、运输工具、装卸搬运设备、分拣设备等。设施设备的选择需要综合配送对象的特点、客户的需求、服务水平、经济效益等多个因素。

二、配送系统的特征

除了具有一般系统的基本特征外，配送系统还具有如下一些特征。

（一）配送系统是一个小型的综合物流系统

配送系统涉及货物的采购、仓储、分拣、配货、送货、配送中心的运营与管理、信息管理等多方面内容，几乎涉及物流系统的全部要素。可以说，配送系统是一个小型的综合物流系统。配送系统的运行、管理和优化都要从全局的角度出发，综合考虑全部因素的相互作用，而不能孤立地看待某一个问题。

（二）配送系统的服务以客户为中心

配送系统提供的是一种以客户为中心、依据客户需求而进行的服务。配送系统管理必须树立"以客户需求为核心"的观念，即客户需要什么就送什么，什么时候需要就什么时候送达。

（三）配送系统的时间管理要求高、难度大

配送作业的一个首要任务就是准时，要在客户指定的时间将特定的货物送到客户手中，准时性要求非常高，特别是在连锁经营企业的运营中。例如，超市每天都会有一个固定的时间段用来接货，配送的车辆必须在规定的时间段内把货物送达。而且在城市配送时，由于交通管制的原因，某些路段仅在某些时间段允许配送车辆通行。

其次，城市交通拥堵、道路施工与交通事故等突发状况，导致配送作业的时间管理难度非常大。

此外，配送与长途干线运输最大的不同之处就是车辆停靠的时间比行驶的时间还多。例如，出发前装货；配送途中遇到堵车不得不停车；每到达一个客

户，必须停车卸货；如果客户暂时没有存放货物的场所，还需要把货物送到别的地方；有时因客户的原因还要等待卸货……综上所述，配送过程中很多时间是不可能预定或预测的，有时只能依赖于配送管理人员的经验来完成配送作业活动。

（四）配送系统的需求（输出）特点是客户多、批量小

作为支线运输，配送中心通常要同时为多个客户提供多品种、小批量、多批次的配送服务。为了节省运力，缩短配送里程，通常会采取一辆车同时装载多个客户的货物，然后按一定路线依次送达客户。这样就产生了许多优化问题，如送货的顺序、路线的选择、时间的安排和装卸的便利与否等，从而增加了配送系统的复杂性。

（五）配送系统的服务对象不确定

配送作业中常见的情况就是每天的送货地点和货物量都不同。配送对象和配送要求都是不规律的，配送作业的计划、车辆安排、配载、行车路线等都需要及时调整，从而增加了配送管理的难度。

第三节　配送线路优化

在配送系统中，配送线路合理与否，对配送速度、成本、效益影响很大。设计合理、高效的配送线路不仅可以减少配送时间、降低作业成本，提高配送系统的效率，而且可以更好地为客户服务，提高客户的满意度，维护物流企业良好的形象。

一、单回路配送问题——TSP 模型

单回路配送问题是指在配送路线优化时，在一个节点集合中，选择一条合适的、遍历所有节点的闭回路。单回路配送模型在配送决策中，主要用于单一车辆的路径安排，目标是在该车辆遍历所有节点的同时，使行驶总距离最短。

（一）问题描述

旅行商问题（traveling salesman problem，TSP）是由英国数学家托马斯·柯克曼（Thomas P. Kirkman）和爱尔兰数学家威廉·汉密尔顿（William R. Hamilton）在 19 世纪提出的数学问题，是一个典型的组合优化问题，也是单回路配送问题中最为典型的一个问题。

TSP 的问题描述是：一个旅行商去 n 个城市售卖商品，现从其中的一个城

市出发，每个城市仅能通过一次且仅一次，然后返回出发城市，问应如何选择行走线路，能够使旅行商行走的总路程最短。

（二）符号说明

1. 参数

n：城市个数；

N：城市集合，其中，$N = \{1, 2, \cdots, n\}$；

c_{ij}：城市 i 与城市 j 之间的路程长度，$i, j \in N$。

2. 决策变量

$$x_{ij} = \begin{cases} 1 & \text{旅行商从第 } i \text{ 个城市行走到第 } j \text{ 个城市} \\ 0 & \text{否则} \end{cases} \quad (\forall i, j \in N)。$$

（三）数学模型

$$\min \sum_{i \in N} \sum_{\substack{j \in N \\ j \neq i}} c_{ij} x_{ij} \tag{6-1}$$

$$\text{s. t.} \quad \sum_{\substack{i \in N \\ i \neq j}} x_{ij} = 1 \quad (\forall j \in N) \tag{6-2}$$

$$\sum_{\substack{j \in N \\ j \neq i}} x_{ij} = 1 \quad (\forall i \in N) \tag{6-3}$$

$$\sum_{i, j \in S} x_{ij} \leq |S| - 1 \quad (\forall S \subset N, 2 \leq |S| \leq n-2) \tag{6-4}$$

$$x_{ij} \in \{0, 1\} \quad (\forall i, j \in N, i \neq j) \tag{6-5}$$

式（6-1）为目标函数，表示旅行商行走的总路程最短；式（6-2）和式（6-3）分别表示每个城市需要到达和离开一次；式（6-4）为去除子回路约束，用来保证配送线路的连通性；式（6-5）为决策变量取值范围约束。

TSP 的数学模型是 0-1 整数规划模型，随着问题规模的增加，约束条件的个数也随之增加。为了减少约束条件的个数，可以为每个城市引入一个位势 u_i（为实数），那么式（6-4）可替换为 $u_i - u_j + n x_{ij} \leq n - 1$（$\forall i, j \subseteq N, j \neq 1, i \neq j$），同样可以达到消除子回路的目的。这样，旅行商问题的数学模型便转化为 0-1 混合整数规划模型。

不论是 TSP 的 0-1 整数规划还是 0-1 混合整数规划模型，都属于 NP-hard 问题。对于小规模问题，可使用分支定界法、动态规划法等精确算法求取最优解；对于大规模问题，由于短时间内无法求得最优解，可使用最近邻点法、最近插入法等启发式算法求取满意解，也可使用遗传算法、蚁群算法、模拟退火算法、禁忌搜索算法等智能算法求取满意解。

（四）求解 TSP 的启发式算法

1. 最近邻点法

最近邻点法（nearest neighbor）是由罗森克兰茨（Rosenkrantz）和斯特恩斯（Stearns）等人在 1977 年提出的一种用于解决 TSP 问题的算法。该算法计算快捷，得到的解通常并不理想，但是可以作为初始解进一步优化。

最近邻点法的步骤为：

（1）从初始出发点开始，作为整个路径的起点。

（2）从未加入路径的节点中，寻找距离刚加入路径的节点最近的一个节点，并将其加入路径的末端。

（3）重复步骤（2），直到所有节点都加入路径中。

（4）将最后加入的节点和出发点连接起来形成一条回路，就得到了 TSP 的一个可行解。

2. 最近插入法

最近插入法（nearest insertion）是罗森克兰茨和斯特恩斯等人在 1977 年提出的另一种用于解决 TSP 问题的算法，它比最近邻点法的计算复杂，得到的解相对更令人满意。

最近插入法的步骤为：

（1）从初始出发点 v_1 出发，找到一个距离其最近的节点 v_k，并形成一个子回路 $v_1 \rightarrow v_k \rightarrow v_1$。

（2）在剩下的节点中，寻找一个距离子回路最近的节点 v_k，并计算将 v_k 插入子回路不同节点之间的费用增加值，如将 v_k 插入 v_i 与 v_j 之间，费用增加值为 $c_{ik} + c_{kj} - c_{ij}$。

（3）确定待插入节点 v_k 的最佳插入位置。如果将 v_k 插入 v_i 与 v_j 之间费用增加值最小，那么 v_i 与 v_j 之间即为最佳插入位置，此时，增加弧 (v_i, v_k)，(v_k, v_j)，删除弧 (v_i, v_j)，并形成一条新的子回路。

（4）重复步骤（2）与步骤（3），直到所有的节点都加入回路中。

相比最近邻点法，最近插入法的计算更加复杂，所求得的 TSP 路径整体来说更优。但不排除在某些情况下，最近插入法求得的 TSP 路径有可能比最近邻点法求得的 TSP 路径差。

【例 6-1】现有一配送中心 v_1，每天用一辆汽车同时给 5 家超市提供配送服务。每个超市只能去一次，送完货后返回配送中心。配送中心与超市及超市与超市之间的距离如表 6-1 所示，试设计一条车辆行驶距离最短的路径。

表6-1 距离矩阵

节点	v_1	v_2	v_3	v_4	v_5	v_6
v_1	0	10	15	6	9	12
v_2	10	0	14	15	14	10
v_3	15	14	0	11	8	7
v_4	6	15	11	0	4	10
v_5	9	14	8	4	0	6
v_6	12	10	7	10	6	0

解：（1）使用最近邻点法。

①从节点 v_1 出发，距离其最近的节点是 v_4，并形成路径 $v_1 \rightarrow v_4$。

②距离 v_4 最近的未插入路径的节点是 v_5，并形成路径 $v_1 \rightarrow v_4 \rightarrow v_5$。

③距离 v_5 最近的未插入路径的节点是 v_6，并形成路径 $v_1 \rightarrow v_4 \rightarrow v_5 \rightarrow v_6$。

④距离 v_6 最近的未插入路径的节点是 v_3，并形成路径 $v_1 \rightarrow v_4 \rightarrow v_5 \rightarrow v_6 \rightarrow v_3$。

⑤距离 v_3 最近的未插入路径的节点仅剩 v_2，将 v_2 加入路径中并与出发点 v_1 相连，形成最终的 TSP 路径 $v_1 \rightarrow v_4 \rightarrow v_5 \rightarrow v_6 \rightarrow v_3 \rightarrow v_2 \rightarrow v_1$。

此时，TSP 路径的长度为 $6+4+6+7+14+10=47$。

如果利用 Matlab 软件进行计算，程序如下：

```
% 参数初始化
% 取第一个点作为车场
Start = 1;
% 初始化距离矩阵
E = [ 0 10 15  6  9 12
     10  0 14 15 14 10
     15 14  0 11  8  7
      6 15 11  0  4 10
      9 14  8  4  0  6
     12 10  7 10  6  0];
% 节点集长度
PointNum = size(E,1);
% 节点集
V = linspace(1,PointNum,PointNum);
% Hamilton 回路解集
HamSolve = [];
% Hamilton 回路长度
```

```
Route_length = 0;
% 最近邻点法迭代过程
% 将车场加入回路解集
HamSolve = [HamSolve,Start];
% 将车场从顶点集中去掉
V = setdiff(V,HamSolve);
% 当前点
Current_point = Start;
while ~isempty(V)
        % 找到离起点最近的点
        Min_weight = min(E(Current_point,V));
        Next_point = find(E(Current_point,:) = = Min_
weight);
        % 将离起点最近的点加入解集
        HamSolve = [HamSolve,Next_point];
        % 将找到的点从顶点集中去掉
        V = setdiff(V,Next_point);
        % 计算 Hamilton 回路长度
        Route_length = Route_length + Min_weight;
        % 将当前点修改为下一个点
        Current_point = Next_point;
end
% 将起点加入
HamSolve = [HamSolve,Start]
% 计算最后的回路长度
Route_length = Route_length + E(Next_point,Start)
```

(2) 使用最近插入法。

① 从节点 v_1 出发, 距离其最近的节点是 v_4, 并形成子回路 $v_1 \rightarrow v_4 \rightarrow v_1$。

② 距离子回路最近的未插入路径的节点是 v_5, 形成子回路 $v_1 \rightarrow v_4 \rightarrow v_5 \rightarrow v_1$。

③ 距离新的子回路最近的未插入路径的节点是 v_6, 此时, 需计算费用增加值以确定 v_6 的最佳插入位置: 插入 (v_1, v_4) 之间, $\Delta = c_{16} + c_{64} - c_{14} = 16$; 插入 (v_4, v_5) 之间, $\Delta = c_{46} + c_{65} - c_{45} = 12$; 插入 (v_5, v_1) 之间, $\Delta = c_{56} + c_{61} - c_{51} = 9$。不难看出, 插入 (v_5, v_1) 之间费用增加值最小, 因此, 将 v_6 插入 (v_5, v_1) 之间, 形成子回路 $v_1 \rightarrow v_4 \rightarrow v_5 \rightarrow v_6 \rightarrow v_1$。

④ 距离新的子回路最近的未插入路径的节点是 v_3, 此时, 需计算费用增加值以确定 v_3 的最佳插入位置: 插入 (v_1, v_4) 之间, $\Delta = c_{13} + c_{34} - c_{14} = 20$; 插入

(v_4, v_5) 之间，$\Delta = c_{43} + c_{35} - c_{45} = 15$；插入 (v_5, v_6) 之间，$\Delta = c_{53} + c_{36} - c_{56} = 9$；插入 (v_6, v_1) 之间，$\Delta = c_{63} + c_{31} - c_{61} = 10$。不难看出，插入 (v_5, v_6) 之间费用增加值最小，因此，将 v_3 插入 (v_5, v_6) 之间，形成子回路 $v_1 \rightarrow v_4 \rightarrow v_5 \rightarrow v_3 \rightarrow v_6 \rightarrow v_1$。

⑤未插入子回路的节点仅剩 v_2，此时，需计算费用增加值以确定 v_2 的最佳插入位置：插入 (v_1, v_4) 之间，$\Delta = c_{12} + c_{24} - c_{14} = 19$；插入 (v_4, v_5) 之间，$\Delta = c_{42} + c_{25} - c_{45} = 29$；插入 (v_5, v_3) 之间，$\Delta = c_{52} + c_{23} - c_{53} = 20$；插入 (v_3, v_6) 之间，$\Delta = c_{32} + c_{26} - c_{36} = 17$；插入 (v_6, v_1) 之间，$\Delta = c_{62} + c_{21} - c_{61} = 7$。不难看出，插入 (v_6, v_1) 之间费用增加值最小，因此，将 v_2 插入 (v_6, v_1) 之间，形成最终的 TSP 路径 $v_1 \rightarrow v_4 \rightarrow v_5 \rightarrow v_3 \rightarrow v_6 \rightarrow v_2 \rightarrow v_1$。

此时，TSP 路径的长度为 $6 + 4 + 8 + 7 + 10 + 10 = 45$。

如果利用 Matlab 软件进行计算，程序如下：

```
clear all
% 参数初始化
% 取第一个点作为车场
Start = 1;
% 初始化距离矩阵
E = [  0  10  15   6   9  12
      10   0  14  15  14  10
      15  14   0  11   8   7
       6  15  11   0   4  10
       9  14   8   4   0   6
      12  10   7  10   6   0];
% 节点集长度
PointNum = size(E,1);
% 顶点集
V = linspace(1,PointNum,PointNum);
% Hamilton 回路
HamSolve = [];
% Hamilton 回路长度
Route_length = 0;
% 最近插入法迭代过程
% 将车场加入 TSP 路径
HamSolve = [HamSolve,Start,Start];
% 将车场从顶点集中去掉
V = setdiff(V,HamSolve);
```

```matlab
% 当前点
Current_point = Start;
% 找到离车场最近的点
Min_weight = min(E(Current_point,V));
Next = find(E(Current_point,:) == Min_weight);
% Hamilton 回路
HamSolve = [HamSolve(1),Next,HamSolve(end)];
% 将找到的点从顶点集中去掉
V = setdiff(V,Next);
% 计算 Hamilton 回路长度
Route_length = Route_length + Min_weight + E(Next,Start);
% 将当前点修改为下一个点
Current_point = Next;
while ~isempty(V)
        % Hamilton 回路解集
        HamPoint = unique(HamSolve);
        % 找到距离回路最近未插入的节点
        NearestPoint = 0;
        NearWeight = zeros(1,length(HamPoint));
        NearPoint = zeros(1,length(HamPoint));
        for i = 1:length(HamPoint)
                NearWeight(i) = min(E(HamPoint(i),V));
                NearPoint(i) = find(E(HamPoint(i),:) == Near-
Weight(i),1);
        end
        NearestPoint = NearPoint(find(NearWeight == min
(NearWeight)));
        % 计算插入回路的增量
        for i = 1:(length(HamSolve) - 1)
          HamIncrement(i) = E(HamSolve(i),NearestPoint(1)) + E
(NearestPoint(1),HamSolve(i + 1)) - E(HamSolve(i),HamSolve(i +
1));
        end
        % 确定最终插入的位置
        [MinHamIncrement, Insert_point] = min(HamIncre-
ment);
        % 将点插入 Hamilton 回路
```

```
        HamSolve = [HamSolve(1:Insert_point),Nearest-
Point(1),HamSolve(Insert_point +1:end)];
        % 计算路径长度
        Route_length =Route_length +MinHamIncrement;
        % 将已插入的点去除
        V =setdiff(V,NearestPoint(1));
    end
    HamSolve
    Route_length
```

从上边的计算可以看出，使用最近插入法求得的路径比最近邻点法求得的路径更优。

二、多回路配送问题——VRP 模型

与单回路配送问题不同，多回路配送问题主要解决的是当一辆车无法完成配送任务时，如何由多辆车共同以最低成本完成配送任务的问题。

（一）问题描述

车辆路径问题（vehicle routing problem，VRP）最早是由乔治·丹齐格（George Dantzig）和约翰·拉姆塞（John Ramser）于 1959 年提出的，该问题是指由一组车辆从一个或者多个车场出发对一系列在地理上分散的客户点进行服务（配送或收集），要求每个客户点的需求必须被满足且可以由一辆或多辆车提供服务。多回路配送问题可以转化为 VRP 的数学模型从而获得配送方案。从定义不难看出，TSP 是 VRP 的一个特例。

（二）VRP 的特征要素

一个典型 VRP 的特征要素主要包括道路网络、客户点、车场点、车辆、边约束和优化目标。

1. 道路网络

道路网络是货物运输的基础，它是构成 VRP 最核心的要素之一。道路网络通常用一个由节点和弧组成的赋权图来表示。其中，节点表示车场点或者客户点，弧代表道路网路中客户点和车场点之间或客户点的道路连接。根据运输网络中联接两点的道路特征的不同，相应地弧可以分为有向弧和无向弧。有向弧是指车辆仅可以向一个方向行驶的道路，比较典型的是城市交通网络中单向行驶的道路；无向弧是指车辆可以在两个方向上行驶的双向道路。

对每条弧，赋予一个非负的费用权重，根据实际研究的需要，可以赋予它不同的含义，例如，可以表示两点间的行驶时间、行驶距离、行驶费用等。在VRP中，通常假设节点间的费用满足三角不等式约束。根据节点间双向费用的权重是否相等，VRP分为对称VRP和非对称VRP。其中，非对称VRP的道路网络用有向图表示，对称VRP的道路网络通常用无向图来表示。

2. 客户点

客户点是一个统称的概念，可以表示现实中任意类型的配送服务对象，如超市、便利店、快递站点、个体消费者等。客户点的特征属性包括以下几个方面。

（1）客户点对应网络图中的一个节点。

（2）客户点对应一个需求量，可以是需要配送给客户的货物量，也可以是需要从客户处收集的货物量。

（3）客户点的服务时间，表示在客户点的卸货时间或者装车时间。

（4）客户点服务时间窗或时间期限。某些类型的客户点可能规定了服务时间窗口，需要车辆在时间窗内开始为其提供服务，包括允许的最早开始服务时间和最晚开始服务时间。对于某些特殊的VRP，客户点仅有一个允许的最晚开始服务时间。

（5）配送顺序。有的配送任务需要考虑配送顺序，必须先到特定的客户处、完成配送任务，才能完成后续的配送任务，这种约束在集送一体化的车辆路径问题中出现较多。

（6）客户点的其他约束。例如，由于受交通条件的制约，某些客户点只能由某些类型的车辆为其提供服务。

3. 车场点

在网络图中，除了客户点，另一类重要的节点就是车场点。车场点有一组专属车辆负责为客户提供配送或收集服务，车场点是车辆线路的起点或终点。

4. 车辆

车辆的特征主要包括以下几个方面。

（1）车辆类型。一般的VRP常假设配送车辆是同类型的。在实际的配送中，配送车辆通常是由具有不同装载能力、不同固定成本及可变成本的不同类型车辆组成的。

（2）车辆装载能力。车辆装载能力表示车辆最大的载重量或装载货物容量等。

（3）车辆成本。车辆成本主要是指使用车辆的固定成本及可变成本，可变成本可以是单位公里的行驶费用或单位时间的行驶费用等。

（4）车辆持续期。车辆有一个最大允许的行驶距离或时长约束，对应于实际配送问题可以表示司机连续工作的最长时间。

（5）车辆发车时间。在一个车场中，当接到一项运输任务，并不一定当时就有足够的车辆派出执行任务。例如，可能有的车辆还在执行上一项任务，还需一段时间才能回到车场；有的车辆在维修，还需一段时间才能修复；司机也并不是全都能在同一时间上班发车。在这种情况下，就要考虑发车时间的影响，即车辆发车时间约束。

5. 边约束

边约束是指车辆线路必须满足的约束条件。不同 VRP 的边约束不同，下面以经典的带装载能力限制的 VRP 为例，介绍常见的边约束。

（1）每条线路上服务的客户点的总需求量不能超过车辆的装载能力。

（2）每条线路车辆行驶的总距离或总的行驶时间不能超过其最大持续期。

（3）每条线路均始于和终于车场。

（4）每个客户点的需求只能由一辆车完成服务且只能被服务一次。

6. 优化目标

VRP 常见的优化目标有以下几个。

（1）最小化总运输成本，运输成本包括车辆折旧费用、油费、司机工资等。

（2）最小化配送车辆总配送里程，即所有配送车辆的总配送距离最小化。

（3）最小化配送车辆数，即对于同一配送任务，需要的配送车辆数最小化。

（4）最大化客户服务水平，通过对客户的服务水平进行量化，最大化服务水平。

（5）其他目标，如最小化配送车辆空载里程、最小化违约时间等。

（三）VRP 的分类

VRP 的分类方法很多，常见的有以下几种。

一是按前提条件和约束确定性分，可分为静态 VRP 和动态 VRP。静态 VRP 的前提条件和约束都是确定的，即在进行优化调度之前所有情况已经确定并且不会改变；动态 VRP 即前提条件和约束随时间的改变而发生变化的情况。

二是按涉及车场的数量分，VRP 可分为单车场和多车场两种类型。单车场 VRP 表示配送车辆发车或回车只有一个车场；多车场 VRP 的配送车辆则有多个车场可供选择。

三是按车辆完成配送任务后是否回到原发车车场分，VRP 可分为封闭式 VRP（如图 6-1 所示）、开放式 VRP（如图 6-2 所示）和半开放式 VRP（如图 6-3 所示）。封闭式 VRP 表示配送车辆的出发车场和回车车场一致；开放式 VRP 的配送车辆不一定回到原出发车场，回车车场可以是指定的多个车场之一，也可以以完成最后一个配送任务为配送结束标志，不用回到车场；半开放式 VRP 的配送车辆的发车车场与回车车场不同。

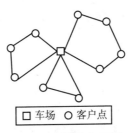

图 6-1　封闭式 VRP

图 6-2　开放式 VRP

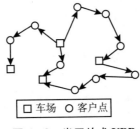

图 6-3　半开放式 VRP

　　四是按集送类型分，VRP 可分为单送货/单集货 VRP 和集送一体化 VRP。单送货/单集货 VRP 中配送车辆只送货或只集货；集送一体化 VRP 则既送货又集货。

　　五是按车辆载货状况分，VRP 可分为满载 VRP、非满载 VRP 及满载/非满载混合 VRP。满载 VRP 是指配送任务中所有客户的配送任务量均大于车辆的最大装载能力；非满载 VRP 是指所有客户的配送任务量均小于车辆的最大装载能力；在满载/非满载混合 VRP 中，既有配送任务量大于车辆最大装载能力的客户，也有配送任务量小于车辆最大装载能力的客户。

　　六是按客户对服务时间的要求，VRP 可分为无时间窗 VRP 和带时间窗 VRP。在无时间窗 VRP 中，客户对车辆提供服务的时间没有要求；在带时间窗 VRP 中，客户对车辆提供服务的时间有要求，其中，带时间窗 VRP 还分为硬时间窗问题（必须在规定时间窗内提供服务）和软时间窗问题（尽量在规定时间窗内提供服务）。

三、带装载能力车辆路径问题——CVRP

（一）问题描述

带装载能力车辆路径问题（capacitated vehicle routing problem，CVRP）是最经典的车辆路径问题，其他的车辆路径问题的变型问题都是基于 CVRP 展开的。CVRP 的描述是：一个车场有 m 辆同一车型的车辆，为 n 个需求已知的客户提供服务。每辆车均从车场出发，完成配送任务后需返回车场。问如何在不违反车载容量约束的条件下安排车辆能够使总费用最小。

（二）符号说明

1. 参数

n：客户点个数；
V_c：客户点集合，其中，$V_c = \{1, 2, \cdots, n\}$；
V：节点集合，其中，$V = \{0\} \cup V_c$，0 表示车场；
d_i：客户点 i 的需求量，$i \in V_c$；
A：弧集合或边集合，其中，$A = \{(i, j) \mid i, j \in V, i \neq j\}$；
$G = (V, A)$：配送网络；
c_{ij}：客户点与客户点及客户点与车场之间的行驶费用，$i, j \in V$；
Q：车辆的最大装载能力；

m：车辆数量，在 CVRP 中，所有的车辆都是同车型的，且满足 $m \geq \left\lceil \dfrac{\sum\limits_{i \in V_c} d_i}{Q} \right\rceil$；

K：车辆集合，其中，$K = \{1, 2, \cdots, m\}$；
F：车辆的启动费用。

2. 决策变量

$$x_{ijk} = \begin{cases} 1 & \text{若车辆 } k \text{ 从节点 } i \text{ 行驶到节点 } j \\ 0 & \text{否则} \end{cases} \quad (\forall i, j \in V, k \in K);$$

$$y_{ik} = \begin{cases} 1 & \text{客户点 } i \text{ 的需求由车辆 } k \text{ 来完成} \\ 0 & \text{否则} \end{cases} \quad (\forall i \in V_c, k \in K)。$$

（三）数学模型

$$\min \sum_{j \in V_c} \sum_{k \in K} F x_{0jk} + \sum_{i \in V} \sum_{\substack{j \in V \\ j \neq i}} \sum_{k \in K} c_{ij} x_{ijk} \qquad (6-6)$$

$$\text{s. t.} \quad \sum_{\substack{i \in V \\ i \neq j}} \sum_{k \in K} x_{ijk} = 1 \quad (\forall j \in V_c) \tag{6-7}$$

$$\sum_{\substack{j \in V \\ j \neq i}} x_{ijk} = \sum_{\substack{j \in V \\ j \neq i}} x_{jik} \quad (\forall i \in V, \ k \in K) \tag{6-8}$$

$$\sum_{\substack{i \in V \\ i \neq j}} x_{ijk} = y_{jk} \quad (\forall j \in V_c, \ k \in K) \tag{6-9}$$

$$\sum_{i \in V_c} d_i y_{ik} \leqslant Q \quad (\forall k \in K) \tag{6-10}$$

$$\sum_{\substack{i, j \in S \\ i \neq j}} x_{ijk} \leqslant |S| - 1 \quad (\forall S \subset V_c, \ 2 \leqslant |S| \leqslant n - 2, \ k \in K) \tag{6-11}$$

$$x_{ijk}, \ y_{ik} \in \{0, 1\} \quad (\forall i, j \in V, \ k \in K) \tag{6-12}$$

式（6-6）为使配送总费用最小的目标函数，其中，配送费用包括车辆的启动费用与行驶费用；式（6-7）表示每个客户点被车辆服务一次；式（6-8）为车流约束，表示一辆车到达一个节点（车场或者客户点）后必须离开这个节点；式（6-9）表示每个客户点由经过它的车辆服务；式（6-10）表示车辆行驶线路上的客户点的需求之和不能超过车辆的最大装载能力；式（6-11）为去除子回路约束；式（6-12）为决策变量取值范围约束。

CVRP 的数学模型是一个 0-1 规划模型，对于小规模问题可用分支定界法、动态规划、集分割和列生成等精确算法进行求解，也可借助 Lingo 等优化软件进行求解；对于大规模问题可以用扫描算法、节约里程算法等启发式算法进行求解，也可以使用遗传算法、模拟退火算法、禁忌搜索、蚁群算法等智能算法进行求解。

（四）求解 CVRP 的启发式算法

求解 CVRP 的启发式（heuristic）算法分为构造式启发式算法（constructive algorithm）和改进式启发式算法（improvement algorithm）两类。构造式启发式算法和改进式启发式算法统称为传统启发式算法。

构造式启发式算法是指从最初的空解开始，采用增量的方法迭代地在配送线路中添加客户点直到所有的客户点都被插入配送线路为止。这类算法通常借助一些简单的启发式策略，大多数情况下获得的配送线路质量较差，因此常用于构造其他优化算法的初始解。常见的构造式启发式算法有扫描算法、花瓣算法、节约里程法和两阶段算法。

改进式启发式算法是指不断地用当前解的邻域解中更优的解来取代当前解，从而改进解的质量。邻域变换的接受策略主要有两种：一是最先接受策略，即在邻域变换中接受第一个优于当前解的候选解作为新的当前解；二是最优接受策略，即在邻域变换中搜索所有候选解，选择最优的作为新的当前解。这类算法受初始解、邻域结构、搜索策略、每次只接受更好解的"短视"行为等诸多因素的影响，常导致搜索过程陷入局部最优。常见的改进式启发式算法有 k-opt 算法、λ-interchange 算法、or-opt 算法。

1. 扫描算法

扫描算法（sweep algorithm）最早是由吉列特（Gillett）和米勒（Miller）于 1974 年提出的，主要用于求解没有车辆数目限制的 CVRP。该算法的基本思想是将地理位置上接近的客户归并到一条子路径中。

扫描算法的步骤为：

（1）将车场和客户点的位置画在地图或坐标图上，以车场为极坐标系的原点，选择合适方向的射线作为极轴，建立极坐标系，并确定所有客户点的极坐标。

（2）分组。建立一个客户组，极轴沿顺时针或逆时针方向进行扫描，将客户依次加入组中，直到客户的需求总量超出了车辆装载能力；然后建立一个新的组，继续按照逆时针方向扫描，直到客户的需求总量超出车辆装载能力。如此重复，直到所有的客户都被分到某一组为止。

（3）路径优化。对各分组内的客户点求取 TSP 路径，从而确定最终的配送线路。

【例 6-2】现有一个配送中心 v_0 对 9 个超市提供配送服务，超市的需求量及极坐标如表 6-2 所示，位置如图 6-4 所示。设配送中心有足够多的车辆，且每辆车的装载能力为 12。试用扫描算法对该运输问题进行求解。

表 6-2　　　　　　　　　　　超市的需求量和极坐标

	超市								
	1	2	3	4	5	6	7	8	9
需求量	5	3	5	5	3	4	2	3	6
角坐标（度）	90	30	135	280	270	210	180	350	335

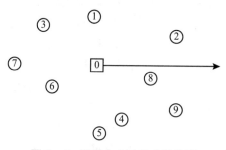

图 6-4　配送中心及客户的位置

解：（1）建立极坐标系，本题已给极坐标系，可忽略这一步。

（2）分组。当沿逆时针方向开始扫描时，客户 2 和客户 1 的需求总量没有超过车辆装载能力，但是加入客户 3 的需求就超过了车辆装载能力，因此，客户 1 和客户 2 为一组；从客户 3 开始继续扫描，客户 3、客户 7 和客户 6 的需求总量没有超过车辆装载能力，但是加入客户 5 就超过了车辆装载能力，因此，客户 3、客户 6 和客户 7 为一组；同理，可得客户 4 和客户 5 为一组，客户 8 和客户 9 为一组（分组结果如图 6 - 5 所示）。

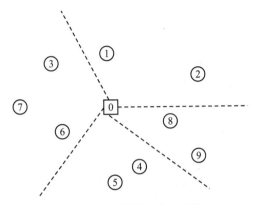

图 6 - 5　扫描算法分组结果

（3）路径优化。针对上面 4 个分组，将配送中心作为初始出发城市，分别求取 TSP 路径，便可获得 4 条配送线路。

扫描算法是一种典型的两阶段算法，采取了分而治之的策略，通过将客户分组，将大规模的 CVRP 转化为若干个小规模的 TSP，从而在一定程度上降低了问题的求解规模。但是，分组对最终结果的影响也是非常大的，在【例 6 - 2】中，如果从客户点 1 处开始扫描，那么分组就变为 {1, 3, 7}、{4, 5, 6} 和 {2, 8, 9}，这样，最终的配送线路条数就变为了 3 条。

2. 花瓣算法

扫描算法的一种自然扩展是生成几条线路，称为花瓣（petals），并通过求解下面的集划分问题得到配送线路：

（1）符号说明。

①参数。

R：可行的线路集合；

V_c：客户点集合；

a_{ik}：客户点 i 在线路 k 上，$a_{ik} = 1$，否则，$a_{ik} = 0$，其中，$i \in V_c$，$k \in R$；

c_k：线路 k 的费用，$k \in R$。

②决策变量。

$$x_k = \begin{cases} 1 & \text{线路 } k \text{ 被选中} \\ 0 & \text{否则} \end{cases} \quad (\forall k \in R)。$$

（2）数学模型。

$$\min \sum_{k \in R} c_k x_k \qquad\qquad (6-13)$$

$$\text{s. t.} \quad \sum_{k \in R} a_{ik} x_k = 1 \qquad (\forall i \in V_c) \qquad (6-14)$$

$$x_k \in \{0, 1\} \quad (\forall k \in R) \qquad (6-15)$$

式（6-13）为目标函数，表示最终被选中的线路总费用最小；式（6-14）表示所有客户点都在某条线路上；式（6-15）为决策变量取值范围约束。

花瓣算法是由巴林斯基（Balinski）和匡特（Quandt）于1964年提出的。但是，当$|R|$较大时，这种算法就不实用了。

3. 节约里程法

节约里程法（savings algorithm）是由克拉克（Clarke）和怀特（Wright）在1964年提出的，因此也被称为C-W节约算法，可以用来解决配送车辆数目不确定的CVRP。

节约里程法的基本思想是两个客户巡回送货的总里程要小于分别单独送货的总里程，这是基于三角形两边之和大于第三边的原理。采用这种方法确定配送线路时，需要计算任意两点之间的里程节约值，并按从大到小的顺序排列，在不违反车辆装载能力限制条件的前提下，判断是否将两条线路合并。

节约里程法的具体步骤为：

（1）初始解的生成。将n个客户点与车场0相连，形成n条仅包含一个客户点的送货线路，计算对客户点i和客户点j巡回送货的费用节约值$s(i, j) = c_{0i} + c_{j0} - c_{ij}$。

（2）将$s(i, j)$按从大到小的顺序排列，依照顺序，判断是否将不在同一条配送线路上的客户点i和客户点j合并到一条配送线路上：如果客户点i和客户点j均位于不同配送线路的两端，且将客户点i和客户点j所在的线路合并后不违反车辆的车辆装载能力限制，则去掉弧$0 \rightarrow i$，$j \rightarrow 0$ 或 $0 \rightarrow j$，$i \rightarrow 0$，将客户点i和客户点j所在的配送线路进行合并（如图6-6所示）。

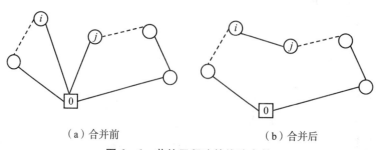

（a）合并前　　　　　　　　（b）合并后

图6-6　节约里程法的线路合并

（3）重复步骤（2），直到所有的 $s(i,j)$ 对应的客户点对均判断结束为止。

【例 6－3】现有某配送中心 v_0 为 7 家超市配送货物，7 家超市的需求量如表 6－3 所示，配送中心与 7 家超市的距离矩阵如表 6－4 所示。

（1）当车辆的装载能力为 4 吨时，试用节约里程法给出配送线路。

（2）当车辆有 4 吨和 6 吨两种类型时，试用节约里程法给出配送线路。

表 6－3　　　　　　　　　　　　超市需求量　　　　　　　　　　　　单位：吨

	超市						
	1	2	3	4	5	6	7
需求量	2.4	1.6	1.1	2.6	1.6	0.7	1.4

表 6－4　　　　　　　　　　　　距离矩阵　　　　　　　　　　　　单位：千米

序号	0	1	2	3	4	5	6	7
0	0	11.2	13.2	10.4	18.9	9.7	13.1	14.8
1	11.2	0	2.6	3.4	10.8	3	2.3	7
2	13.2	2.6	0	5.6	14.6	4.8	4.7	8.8
3	10.4	3.4	5.6	0	8.9	2.3	5.1	6
4	18.9	10.8	14.6	8.9	0	10.5	10.6	11.5
5	9.7	3	4.8	2.3	10.5	0	4.4	7.2
6	13.1	2.3	4.7	5.1	10.6	4.4	0	4.2
7	14.8	7	8.8	6	11.5	7.2	4.2	0

解：（1）当车辆的装载能力为 4 吨时：

①计算任意两个超市之间的节约里程，结果如表 6－5 所示。

表 6－5　　　　　　　　　　　　节约里程　　　　　　　　　　　　单位：千米

序号	1	2	3	4	5	6	7
1	0	21.8	18.2	19.3	17.9	22	19
2		0	18	17.5	18.1	21.6	19.2
3			0	20.4	17.8	18.4	19.2
4				0	18.1	21.4	22.2
5					0	18.4	17.3
6						0	23.6
7							0

②按从大到小的顺序排列节约里程值，得到节约里程排序，如表 6-6 所示。

表 6-6　　　　　　　　　　节约里程排序　　　　　　　　单位：千米

序号	节点对	节约里程值	序号	节点对	节约里程值	序号	节点对	节约里程值
1	6-7	23.6	8	1-4	19.3	15	4-5	18.1
2	4-7	22.2	9	2-7	19.2	16	2-5	18.1
3	1-6	22	10	3-7	19.2	17	2-3	18
4	1-2	21.8	11	1-7	19	18	1-5	17.9
5	2-6	21.6	12	5-6	18.4	19	3-5	17.8
6	4-6	21.4	13	3-6	18.4	20	2-4	17.5
7	3-4	20.4	14	1-3	18.2	21	5-7	17.3

③根据表 6-6，在考虑车辆装载能力约束的前提下，依次对线路进行合并：

合并 6，7 所在线路，合并后的总需求量为 2.1 吨 <4 吨，形成新线路 0-6-7-0；

合并 4，7 所在线路，合并后的总需求量为 4.7 吨 >4 吨，不能合并；

合并 1，6 所在线路，合并后的总需求量为 4.5 吨 >4 吨，不能合并；

合并 1，2 所在线路，合并后的总需求量为 4 吨 ≤4 吨，形成新线路 0-1-2-0；

合并 2，6 所在线路，合并后的总需求量为 6.1 吨 >4 吨，不能合并；

合并 4，6 所在线路，合并后的总需求量为 4.7 吨 >4 吨，不能合并；

合并 3，4 所在线路，合并后的总需求量为 3.7 吨 <4 吨，形成新线路 0-3-4-0；

合并 1，4 所在线路，合并后的总需求量为 7.7 吨 >4 吨，不能合并；

合并 2，7，合并 3，7，合并 1，7 所在的线路，合并后的总需求量均超过车辆装载能力，不能合并；

合并 5，6 所在线路，合并后的总需求量为 3.7 吨 <4 吨，形成新线路 0-5-6-7-0。

以此类推，直到所有的客户点对均判断结束为止。当车辆的装载能力为 4 吨时，最终得到 3 条配送线路，分别为 0-1-2-0、0-3-4-0、0-5-6-7-0，相应的配送里程分别为 27 千米、38.2 千米和 33.1 千米，相应的车辆载重量分别为 4 吨、3.7 吨和 3.7 吨。

（2）当车辆的装载能力为 4 吨和 6 吨两种类型时：

合并 6，7 所在线路，合并后的总需求量为 2.1 吨 <4 吨，形成新线路 0-

6 - 7 - 0；

合并 4，7 所在线路，合并后的总需求量为 4 吨 <4.7 吨 <6 吨，形成新线路 0 - 6 - 7 - 4 - 0；

合并 1，6 所在线路，合并后的总需求量为 7.1 吨 >6 吨，不能合并；

合并 1，2 所在线路，合并后的总需求量为 4 吨 ≤4 吨，形成新线路 0 - 1 - 2 - 0；

合并 2，6 所在线路，合并后的总需求量为 8.7 吨 >6 吨，不能合并；

合并 4，6 所在线路，由于已经在同一条线路，略过；

合并 3，4 所在线路，合并后的总需求量为 5.8 吨 <6 吨，形成新线路 0 - 6 - 7 - 4 - 3 - 0；

合并 1，4 所在线路，由于 4 位于配送线路的中间位置，略过；

合并 2，7，合并 3，7，合并 1，7 所在的线路，由于 7 位于配送线路的中间位置，略过；

合并 5，6 所在线路，合并后的总需求量为 7.4 吨 >6 吨，不能合并；

合并 3，6 所在线路，由于已经在同一条线路，略过；

合并 1，3 所在线路，合并后的总需求量为 9.8 吨 >6 吨，不能合并；

合并 4，5 所在线路，由于 4 位于配送线路的中间位置，略过；

合并 2，5 所在线路，合并后的总需求量为 5.6 吨 <6 吨，形成新线路 0 - 1 - 2 - 5 - 0。

以此类推，直到所有的客户点对均判断结束为止。当车辆的装载能力为 4 吨和 6 吨两种类型时，最终得到 2 条配送线路，分别为 0 - 1 - 2 - 5 - 0、0 - 6 - 7 - 4 - 3 - 0，相应的配送里程分别为 28.3 千米和 48 千米，相应的车辆载重量分别为 5.6 吨和 5.8 吨。

4. 两阶段算法

两阶段算法（two-phase algorithm）包括先排程后分组和先分组后排程两种。

（1）先排程后分组。这种方法首先构造一条经过所有客户点的 TSP 路径，然后根据一定的约束条件（如车载容量等）将这条路径划分成一些短而可行的 VRP 路径。

（2）先分组后排程。这种方法先根据一定的规则把客户点进行分组或群，然后对每一组客户求取一条经济的线路。扫描算法就是典型的先分组后排程的两阶段算法。扫描算法进行的是射线扫描，最终得到的是扇形分区。在实际应用中，分组的方法可以灵活调整。例如，可以以车场为圆心进行圆形扫描或矩形扫描，最终得到环形分区或条状分区，然后再对分区内的客户点分别求取配送线路。

5. k-opt 算法

k-opt 算法的思路是：从一条或多条配送线路中找出 k 条边，在保证配送线路连通的前提下，把它们换成另外 k 条边，从而使线路得到优化。如果无论选出哪 k 条边进行替换都不能进一步优化，那么当前配送线路就是 k-最优的。显然，k 越大，优化的效果越好，但是随着 k 的增大，计算量也快速增大。因此，一般常用的是 2-opt 算法和 3-opt 算法。

（1）单条线路的 k-opt 算法。

①在单条线路中，2-opt 算法只有一个邻域解。在图 6-7（a）中，在配送线路上，以新边 (i, j)、$(i+1, j+1)$ 代替原来的边 $(i, i+1)$、$(j, j+1)$，线路仍然是可行的；如果 $c_{i,j} + c_{i+1,j+1} < c_{i,i+1} + c_{j,j+1}$，那么经过 2-opt 交换，配送线路得到了改进。

②在单条线路中，3-opt 算法有四个邻域解，图 6-7（b）中给出了一个邻域解。在配送线路上，以新边 (i, j)、$(i+1, k+1)$、$(j+1, k)$ 代替原来的边 $(i, i+1)$、$(j, j+1)$、$(k, k+1)$，线路仍然是可行的；如果 $c_{i,j} + c_{i+1,k+1} + c_{j+1,k} < c_{i,i+1} + c_{j,j+1} + c_{k,k+1}$，那么经过 3-opt 交换，配送线路也得到了改进。

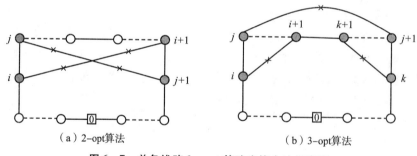

（a）2-opt算法　　　　　　　　（b）3-opt算法

图 6-7　单条线路 k-opt 算法交换方法示意图

（2）多条线路的 k-opt 算法。

①在多条线路中，2-opt 算法只有两个邻域解。在图 6-8（a）中，在配送线路上，以新边 $(i, j+1)$、$(j, i+1)$ 代替原来的边 $(i, i+1)$、$(j, j+1)$，线路仍然是可行的；如果 $c_{i,j+1} + c_{j,i+1} < c_{i,i+1} + c_{j,j+1}$，那么经过 2-opt 交换，配送线路得到了改进。

②在多条线路中，3-opt 算法有四个邻域解，图 6-8（b）中给出了一个邻域解。在配送线路上，以新边 $(i, k+1)$、$(j, i+1)$、$(k, j+1)$ 代替原来的边 $(i, i+1)$、$(j, j+1)$、$(k, k+1)$，线路仍然是可行的；如果 $c_{i,k+1} + c_{j,i+1} + c_{k,j+1} < c_{i,i+1} + c_{j,j+1} + c_{k,k+1}$，那么经过 3-opt 交换，配送线路也得到了改进。

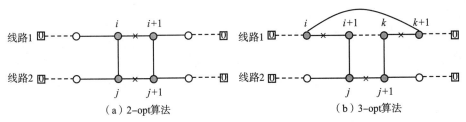

图 6-8　多条线路 *k*-opt 算法交换方法示意图

6. or-opt 算法

or-opt 算法于 1976 年被奥尔（Or）提出，是对 *k*-opt 等算法的改进。or-opt 算法的具体步骤为：

（1）截取配送线路中相邻的三个客户点，将其插入线路中其他两个客户点之间。如果线路得到改善，则计算停止；否则转步骤（2）。

（2）截取配送线路中相邻的两个客户点，将其插入线路中其他两个客户点之间。如果线路得到改善，则计算停止；否则转步骤（3）。

（3）截取配送线路中的任一客户点，将其插入线路中其他两个客户点之间。算法改进完成。

在图 6-9（a）中，截取了路径中的 *i-j-k* 三个客户点，并将其插入 *g* 和 *h* 两个客户点之间，经过路径修正后得到了新的配送线路［如图 6-9（b）所示］。从图 6-9 可以看出，or-opt 算法与 *k*-opt 算法的区别是：or-opt 算法是遍历点寻找可交换路径，而 *k*-opt 是遍历边寻找可交换路径。

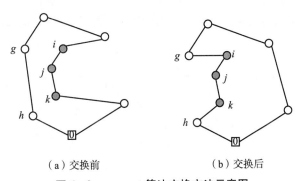

（a）交换前　　　　　　　　（b）交换后

图 6-9　or-opt 算法交换方法示意图

7. Relocation 算法

Relocation 算法的思路是：从配送线路中挑选 1 个客户点，为其更换位置，并判断线路是否得到优化。

在图 6-10 中，为客户点 *i* 重新安排了在配送线路中的位置，删除了边 $(i-1, i)$、$(i, i+1)$、$(j, j+1)$，增加了新边 (j, i)、$(i, j+1)$、$(i-1, i+1)$，

使得线路仍然是可行的；如果 $c_{j,i} + c_{i,j+1} + c_{i-1,i+1} < c_{i-1,i} + c_{i,i+1} + c_{j,j+1}$，那么重新安排客户点 i 的位置，配送线路得到了改进。

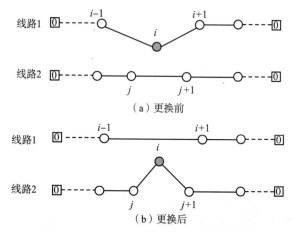

（a）更换前

（b）更换后

图 6-10   Relocation 算法交换方法示意图

8. λ - interchange 算法

λ - interchange 算法的思路是：从不同配送线路中找出 2 个客户点，交换其位置，并判断线路是否得到优化。

在图 6-11 中，交换了客户点 i 和客户点 j 的位置，以新边 $(i-1, j)$、$(j, i+1)$、$(j-1, i)$、$(i, j+1)$ 代替原来的边 $(i-1, i)$、$(i, i+1)$、$(j-1, j)$、$(j, j+1)$，线路仍然是可行的；如果 $c_{i-1,j} + c_{j,i+1} + c_{j-1,i} + c_{i,j+1} < c_{i-1,i} + c_{i,i+1} + c_{j-1,j} + c_{j,j+1}$，那么经过交换两个客户点的位置，配送线路得到了改进。

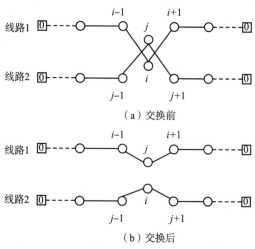

（a）交换前

（b）交换后

图 6-11 λ - interchange 算法交换方法示意图

第四节 拓展的车辆路径问题

根据车辆路径问题的分类，除了经典的 CVRP 外，还有许多不同类型的 VRP。本节将沿用前边所讲 CVRP 的符号，仅对 CVRP 不涉及的符号进行补充说明，给出几种常见的 VRP 数学模型。

一、带时间窗的车辆路径问题

（一）问题描述

带时间窗的车辆路径问题（vehicle routing problem with time windows，VRPTW）是一种常见的车辆路径问题。与 CVRP 的不同之处在于，每个客户点 i 均规定了服务时间窗口 $[e_i, l_i]$，车辆必须在该时间窗内为其提供服务。

（二）符号说明

1. 参数

m：车辆数量，在 VRPTW 中，所有的车辆都是同型号的，且车辆数量足够多；

t_{ij}：客户点与客户点及客户点与车场之间的车辆行驶时间，$i, j \in V$；

f_i：车辆服务客户点 i 的所需的时间，$f_0 = 0$，$i \in V$。

2. 决策变量

$$x_{ijk} = \begin{cases} 1 & \text{若车辆 } k \text{ 从节点 } i \text{ 行驶到节点 } j \\ 0 & \text{否则} \end{cases} \quad (\forall i, j \in V, \ k \in K);$$

$$y_{ik} = \begin{cases} 1 & \text{客户点 } i \text{ 的需求由车辆 } k \text{ 来完成} \\ 0 & \text{否则} \end{cases} \quad (\forall i \in V_c, \ k \in K);$$

s_{ik}：车辆 k 到达客户点 i 的时间，其中，$s_{0k} = 0$ （$\forall i \in V, \ k \in K$）；

w_{ik}：车辆 k 在客户点 i 处的等待时间，其中，$w_{0k} = 0$ （$\forall i \in V, \ k \in K$）。

（三）数学模型

$$\min \sum_{j \in V_c} \sum_{k \in K} F x_{0jk} + \sum_{i \in V} \sum_{\substack{j \in V \\ j \neq i}} \sum_{k \in K} c_{ij} x_{ijk} \tag{6-16}$$

$$\text{s. t.} \quad \sum_{\substack{i \in V \\ i \neq j}} \sum_{k \in K} x_{ijk} = 1 \quad (\forall j \in V_c) \tag{6-17}$$

$$\sum_{\substack{j\in V \\ j\neq i}} x_{ijk} = \sum_{\substack{j\in V \\ j\neq i}} x_{jik} \quad (\forall i\in V,\ k\in K) \tag{6-18}$$

$$\sum_{\substack{i\in V \\ i\neq j}} x_{ijk} = y_{jk} \quad (\forall j\in V_c,\ k\in K) \tag{6-19}$$

$$\sum_{i\in V_c} d_i y_{ik} \leqslant Q \quad (\forall k\in K) \tag{6-20}$$

$$\sum_{\substack{i,j\in S \\ i\neq j}} x_{ijk} \leqslant |S|-1 \quad (\forall S\subset V_c,\ 2\leqslant |S|\leqslant n-2,\ k\in K) \tag{6-21}$$

$$x_{ijk}(s_{ik}+w_{ik}+f_i+t_{ij}-s_{jk}) \leqslant 0 \quad (\forall i,j\in V,\ k\in K) \tag{6-22}$$

$$w_{ik}=\max\{0,\ e_i-s_{ik}\} \quad (\forall i\in V_c,\ k\in K) \tag{6-23}$$

$$e_i\times\sum_{\substack{j\in V \\ j\neq i}} x_{ijk} \leqslant s_{ik}+w_{ik}\leqslant l_i\times\sum_{\substack{j\in V \\ j\neq i}} x_{ijk} \quad (\forall i\in V_c,\ k\in K) \tag{6-24}$$

$$x_{ijk},\ y_{ik}\in\{0,\ 1\},\ s_{ik},\ w_{ik}\geqslant 0 \quad (\forall i,j\in V,\ k\in K) \tag{6-25}$$

式（6-16）~式（6-21）及式（6-25）与 CVRP 对应的约束条件含义相同；式（6-22）为客户点的服务顺序约束，为了将这个非线性的约束条件转化为线性约束，可以替换为 $s_{ik}+w_{ik}+f_i+t_{ij}+L\times(1-x_{ijk})\leqslant s_{jk}$，其中，$L$ 是一个很大的正数，这使得 $x_{ijk}=0$ 时，s_{jk} 不可能在客户规定的时间窗内；式（6-23）表示车辆早到需要等待的时间；式（6-24）表示车辆必须在客户规定的时间窗内为其提供服务。

上边给出的 VRPTW 的数学模型是一个 0-1 混合整数规划模型，而且是带硬时间窗的车辆路径问题（vehicle routing problem with hard time windows, VRPHTW），即车辆必须在客户规定的时间窗内为其提供服务。在某些情况下，如果客户对时间窗的要求允许有偏差，并以对目标函数有一定的"坏"影响为代价，那么这类问题就被称为带软时间窗的车辆路径问题（vehicle routing problem with soft time windows, VRPSTW），相应的数学模型为：

$$\min\sum_{j\in V_c}\sum_{k\in K}Fx_{0jk}+\sum_{i\in V}\sum_{\substack{j\in V \\ j\neq i}}\sum_{k\in K}c_{ij}x_{ijk} \tag{6-26}$$

$$\min P\times\sum_{i\in V_c}\sum_{k\in K}y_{ik}\times w_{ik}+P\times\sum_{i\in V_c}\sum_{k\in K}y_{ik}\times\max(s_{ik}-l_i,\ 0) \tag{6-27}$$

$$\text{s.t.} \quad \sum_{\substack{i\in V \\ i\neq j}}\sum_{k\in K}x_{ijk}=1 \quad (\forall j\in V_c) \tag{6-28}$$

$$\sum_{\substack{j\in V \\ j\neq i}}x_{ijk}=\sum_{\substack{j\in V \\ j\neq i}}x_{jik} \quad (\forall i\in V,\ k\in K) \tag{6-29}$$

$$\sum_{\substack{i\in V \\ i\neq j}}x_{ijk}=y_{jk} \quad (\forall j\in V_c,\ k\in K) \tag{6-30}$$

$$\sum_{i\in V_c}d_i y_{ik}\leqslant Q \quad (\forall k\in K) \tag{6-31}$$

$$\sum_{\substack{i,j\in S \\ i\neq j}}x_{ijk}\leqslant |S|-1 \quad (\forall S\subset \overline{V}_c,\ 2\leqslant |S|\leqslant n-2,\ k\in K) \tag{6-32}$$

$$s_{ik} + w_{ik} + f_i + t_{ij} + L \times (1 - x_{ijk}) \leqslant s_{jk} \quad (\forall i, j \in V, \ k \in K) \qquad (6-33)$$

$$w_{ik} = \max\{0, \ e_i - s_{ik}\} \quad (\forall i \in V_c, \ k \in K) \qquad (6-34)$$

$$x_{ijk}, \ y_{ik} \in \{0, 1\}, \ s_{ik}, \ w_{ik} \geqslant 0 \quad (\forall i, j \in V, \ k \in K) \qquad (6-35)$$

在 VRPSTW 的数学模型中，除了式（6-27）外，其他式子均与 VRPHTW 对应的式子含义相同。在式（6-27）中，P 是车辆早到或晚到的惩罚因子，是一个很大的正数，因此，式（6-27）表示车辆尽量在客户规定的时间窗内为其提供服务，早于客户规定的最早开始时间或者晚于客户规定的最晚开始时间会产生惩罚。

二、开放式车辆路径问题

开放式车辆路径问题（open vehicle routing problem，OVRP）是不同于 CVRP 的另一类车辆路径问题。1981 年，施拉格（Schrage）首次对 OVRP 进行了研究。与 CVRP 最大的不同之处是：车辆在服务完所有客户后无须返回出发的车场。

OVRP 的数学模型为：

$$\min \sum_{j \in V_c} \sum_{k \in K} F x_{0jk} + \sum_{i \in V} \sum_{\substack{j \in V \\ j \neq i}} \sum_{k \in K} c_{ij} x_{ijk} \qquad (6-36)$$

$$\text{s. t.} \quad \sum_{\substack{i \in V \\ i \neq j}} \sum_{k \in K} x_{ijk} = 1 \quad (\forall j \in V_c) \qquad (6-37)$$

$$\sum_{\substack{j \in V_c \\ j \neq i}} x_{ijk} \leqslant \sum_{\substack{j \in V \\ j \neq i}} x_{jik} \quad (\forall i \in V_c, \ k \in K) \qquad (6-38)$$

$$\sum_{\substack{i \in V \\ i \neq j}} x_{ijk} = y_{jk} \quad (\forall j \in V_c, \ k \in K) \qquad (6-39)$$

$$\sum_{i \in V_c} d_i y_{ik} \leqslant Q \quad (\forall k \in K) \qquad (6-40)$$

$$\sum_{\substack{i, j \in S \\ i \neq j}} x_{ijk} \leqslant |S| - 1 \quad (\forall S \subset V_c, \ 2 \leqslant |S| \leqslant n-2, \ k \in K) \qquad (6-41)$$

$$x_{ijk}, \ y_{ik} \in \{0, 1\} \quad (\forall i, j \in V, \ k \in K) \qquad (6-42)$$

式（6-36）、式（6-37）及式（6-39）~式（6-42）与 CVRP 对应的约束条件含义相同；式（6-38）表示车辆到达客户点后要么离开要么终止配送任务。

三、多车型车辆路径问题

（一）问题描述

多车型车辆路径问题（multi-types vehicle routing problem，MTVRP）是

CVRP 最简单的拓展。与 CVRP 的不同之处在于：在配送系统中，将不再仅有一种类型的车辆，而是有 m（≥ 2）种不同类型的车辆。

（二）符号说明

1. 参数

n：客户点个数；

m：车辆类型数量；

M：车辆类型集合，$M = \{1, 2, \cdots, m\}$；

k_l：第 l 种类型车辆的数量，$l \in M$；

K_l：第 l 种类型车辆集合，其中，$K_l = \{1, 2, \cdots, k_l\}$，$l \in M$；

Q_l：第 l 种类型车辆的最大装载能力，$l \in M$；

F_l：第 l 种类型车辆的启动费用，$l \in M$。

2. 决策变量

$$x_{ijkl} = \begin{cases} 1 & \text{第 } l \text{ 种类型的第 } k \text{ 辆车从节点 } i \text{ 行驶到节点 } j \\ 0 & \text{否则} \end{cases} \quad (\forall i, j \in V, k \in K_l, l \in M);$$

$$y_{ikl} = \begin{cases} 1 & \text{客户点 } i \text{ 的需求由第 } l \text{ 种类型的第 } k \text{ 辆车完成} \\ 0 & \text{否则} \end{cases} \quad (\forall i \in V_c, k \in K_l, l \in M)。$$

（三）数学模型

$$\min \sum_{j \in V_c} \sum_{k \in K_l} \sum_{l \in M} F_l x_{0jkl} + \sum_{i \in V} \sum_{\substack{j \in V \\ j \neq i}} \sum_{k \in K_l} \sum_{l \in M} c_{ij} x_{ijk} \tag{6-43}$$

$$\text{s.t.} \quad \sum_{\substack{i \in V \\ i \neq j}} \sum_{k \in K_l} \sum_{l \in M} x_{ijk} = 1 \quad (\forall j \in V_c) \tag{6-44}$$

$$\sum_{\substack{j \in V \\ j \neq i}} x_{ijkl} = \sum_{\substack{j \in V \\ j \neq i}} x_{jikl} \quad (\forall i \in V, k \in K_l, l \in M) \tag{6-45}$$

$$\sum_{\substack{i \in V \\ i \neq j}} x_{ijkl} = y_{jkl} \quad (\forall j \in V_c, k \in K_l, l \in M) \tag{6-46}$$

$$\sum_{i \in V_c} d_i y_{ikl} \leq Q_l \quad (\forall k \in K_l, l \in M) \tag{6-47}$$

$$\sum_{\substack{i,j \in S \\ i \neq j}} x_{ijkl} \leq |S| - 1 \quad (\forall S \subset V_c, 2 \leq |S| \leq n-2, k \in K_l, l \in M) \tag{6-48}$$

$$\sum_{j \in V_c} \sum_{k \in K_l} x_{0jkl} \leq k_l \quad (\forall l \in M) \tag{6-49}$$

$$x_{ijkl}, \ y_{ikl} \in \{0, \ 1\} \quad (\forall i, \ j \in V, \ k \in K_l, \ l \in M) \qquad (6-50)$$

式（6-43）~ 式（6-48）及式（6-50）与 CVRP 对应的约束条件含义相同；式（6-49）表示每种类型车辆的使用数量不能超过其最大数量。

四、集送货一体化车辆路径问题

（一）问题描述

与前边所有的车辆路径问题不同，集送货一体化车辆路径问题（vehicle routing problem with simultaneous pickup and delivery，VRPSPD）不仅是为客户送货或从客户处取货，客户可能既有送货又有取货的服务需求。VRPSPD 的问题描述为：给定一个车场，拥有若干同一车型的车辆，车辆从车场出发对客户进行服务，完成服务后返回车场。车辆在车场装好客户需要的货物，将客户需要的货物送达，同时从客户手中取回需要带回车场的货物，车辆全程货物量不能超过车辆容量，每个客户仅能由一辆车提供服务，问如何安排车辆能够完成所有送货和取货服务并使得车辆总费用最小。

（二）符号说明

1. 参数

n：客户点个数；

V_c：客户点集合，其中，$V_c = \{1, 2, \cdots, n\}$；

V：节点集合，其中，$V = \{0\} \cup V_c$，0 表示车场；

p_i：需从客户点 i 取回的货物量，$i \in V_c$；

d_i：需为客户点 i 配送的货物量，$i \in V_c$；

A：弧集合或边集合，其中，$A = \{(i, j) \mid i, j \in V, i \neq j\}$；

$G = (V, A)$：配送网络；

c_{ij}：客户点与客户点及客户点与车场之间的行驶费用，$i, j \in V$；

Q：车辆的最大装载能力；

m：同一类型车辆的数量；

K：车辆集合，其中，$K = \{1, 2, \cdots, m\}$；

F：车辆的启动费用。

2. 决策变量

$$x_{ijk} = \begin{cases} 1 & \text{若车辆 } k \text{ 从节点 } i \text{ 行驶到节点 } j \\ 0 & \text{否则} \end{cases} \quad (\forall i, \ j \in V, \ k \in K);$$

y_{ij}：途经弧 (i, j) 的 i 之前（含 i）的客户取货总量（$\forall i, \ j \in V, \ k \in K$）；

z_{ij}：途经弧 (i, j) 的 i 之后的客户送货总量（$\forall i, j \in V, k \in K$）。

（三）数学模型

$$\min \sum_{j \in V_c} \sum_{k \in K} F x_{0jk} + \sum_{i \in V} \sum_{\substack{j \in V \\ j \neq i}} \sum_{k \in K} c_{ij} x_{ijk} \tag{6-51}$$

$$\text{s. t.} \quad \sum_{\substack{i \in V \\ i \neq j}} \sum_{k \in K} x_{ijk} = 1 \quad (\forall j \in V_c) \tag{6-52}$$

$$\sum_{\substack{j \in V \\ j \neq i}} x_{ijk} = \sum_{\substack{j \in V \\ j \neq i}} x_{jik} \quad (\forall i \in V, k \in K) \tag{6-53}$$

$$\sum_{j \in V_c} \sum_{k \in K} x_{0jk} \leq m \tag{6-54}$$

$$\sum_{\substack{j \in V_c \\ j \neq i}} y_{ij} - \sum_{\substack{j \in V_c \\ j \neq i}} y_{ji} = p_i \quad (\forall i \in V_c) \tag{6-55}$$

$$\sum_{\substack{j \in V_c \\ j \neq i}} z_{ji} - \sum_{\substack{j \in V_c \\ j \neq i}} z_{ij} = d_i \quad (\forall i \in V_c) \tag{6-56}$$

$$y_{ij} + z_{ij} \leq Q \sum_{k \in K} x_{ijk} \quad (\forall i, j \in V) \tag{6-57}$$

$$\sum_{\substack{i, j \in S \\ i \neq j}} x_{ijk} \leq |S| - 1 \quad (\forall S \subset V_c, 2 \leq |S| \leq n-2, k \in K) \tag{6-58}$$

$$x_{ijk} \in \{0, 1\}, y_{ij}, z_{ij} \geq 0 \quad (\forall i, j \in V, k \in K) \tag{6-59}$$

式（6-51）~式（6-53）及式（6-58）、式（6-59）与 CVRP 对应的约束条件含义相同；式（6-54）表示最多使用 m 辆车；式（6-55）表示每个客户的取货量等于离开该点时的取货总量与到达该点时的取货总量之差；式（6-56）表示每个客户的送货量等于到达该点时的送货总量与离开该点时的送货总量之差；式（6-57）表示车辆在行驶路径上的载货量均不超过车辆的装载能力。

五、多车场车辆路径问题

（一）问题描述

多车场车辆路径问题（multi-depot vehicle routing problem，MDVRP）是指多个车场共同服务客户的闭环车辆路径问题，与 CVRP 的不同之处是：物流系统中存在多个车场。

MDVRP 可以描述为：m 个车场使用同一车型的车辆为 n 个需求已知的客户提供服务，车辆服务完所有客户后返回出发车场。车场与客户的位置已知，每个车场都有充足的货物。问如何在不违反车载容量约束的条件下安排车辆能够使总费用最小。

（二）符号说明

1. 参数

n：客户点个数；

V_c：客户点集合，其中，$V_c = \{1, 2, \cdots, n\}$；

m：车场个数；

V_d：车场集合，其中，$V_d = \{1, 2, \cdots, m\}$；

V：节点集合，其中，$V = V_c \cup V_d$；

d_i：客户点 i 的需求量，$i \in V_c$；

A：弧集合或边集合，其中，$A = \{(i, j) \mid i, j \in V, i \neq j\}$；

$G = (V, A)$：配送网络；

c_{ij}：客户点与客户点、客户点与车场及车场与车场之间的行驶费用，$i, j \in V$；

Q：车辆的最大装载能力；

k_l：第 l 个车场的车辆数量；

K_l：第 l 个车场的车辆集合，其中，$K_l = \{1, 2, \cdots, k_l\}$，$l \in V_d$；

F：车辆的启动费用。

2. 变量

$x_{ijlk} = \begin{cases} 1 & \text{若车场 } l \text{ 的车辆 } k \text{ 从节点 } i \text{ 行驶到节点 } j \\ 0 & \text{否则} \end{cases}$ （$\forall i, j \in V, l \in V_d, k \in K_l$）；

$y_{ilk} = \begin{cases} 1 & \text{客户点 } i \text{ 的需求由车场 } l \text{ 的车辆 } k \text{ 来完成} \\ 0 & \text{否则} \end{cases}$ （$\forall i \in V_c, l \in V_d, k \in K_l$）。

（三）数学模型

$$\min \sum_{i \in V_d} \sum_{j \in V_c} \sum_{k \in K_i} F x_{ijik} + \sum_{i \in V} \sum_{\substack{j \in V \\ j \neq i}} \sum_{l \in V_d} \sum_{k \in K_l} c_{ij} x_{ijlk} \tag{6-60}$$

$$\text{s. t.} \quad \sum_{i \in V} \sum_{l \in V_d} \sum_{k \in K_i} x_{ijlk} = 1 \quad (\forall j \in V_c) \tag{6-61}$$

$$\sum_{\substack{i \in V \\ i \neq j}} \sum_{l \in V_d} \sum_{k \in K_i} x_{ijlk} = \sum_{\substack{i \in V \\ i \neq j}} \sum_{l \in V_d} \sum_{k \in K_i} x_{jilk} \quad (\forall j \in V) \tag{6-62}$$

$$\sum_{\substack{i \in V \\ i \neq j}} \sum_{l \in V_d} \sum_{k \in K_i} x_{ijlk} = y_{jlk} \quad (\forall j \in V_c) \tag{6-63}$$

$$\sum_{j \in V_c} \sum_{l \in V_d} d_j y_{jlk} \leq Q \quad (\forall k \in K) \tag{6-64}$$

$$\sum_{j \in V_c} \sum_{k \in K_i} x_{ijik} \le k_i \quad (\forall i \in V_d) \quad\quad\quad (6-65)$$

$$\sum_{\substack{i, j \in S \\ i \ne j}} x_{ijlk} \le |S| - 1 \quad (\forall S \subset V_c, \ 2 \le |S| \le n-2, \ l \in V_d, \ k \in K)$$

$$\quad\quad\quad\quad\quad\quad\quad\quad\quad\quad\quad\quad\quad\quad (6-66)$$

$$x_{ijlk} = 0 \quad (\forall i, j, l \in V_d, \ k \in K_l) \quad\quad\quad (6-67)$$

$$x_{ijlk}, \ y_{ilk} \in \{0, 1\} \quad (\forall i, j \in V, \ l \in V_d, \ k \in K_l) \quad (6-68)$$

式（6-60）为使得配送总费用最小的目标函数，其中，配送费用包括车辆的启动费用与行驶费用；式（6-61）表示每个客户点被车辆服务一次；式（6-62）为车流约束，表示一辆车到达一个节点（车场或者客户点）后必须离开这个节点；式（6-63）表示每个客户点由经过它的车辆服务；式（6-64）表示车辆行驶线路上的客户点的需求之和不能超过车辆的装载能力；式（6-65）表示从每个车场出发的车辆不能超过其拥有的车辆数量；式（6-66）为去除子回路约束；式（6-67）表示车辆不会在车场之间行驶；式（6-68）为变量取值范围约束。

第五节　求解车辆路径问题的元启发式算法

一、元启发式算法的定义

元启发式算法（metaheuristic）又被称为现代优化算法、亚启发式算法或智能优化算法，它是一种通用的启发式策略，用来指导潜在与问题有关的传统启发式算法朝着可能含有高质量解的搜索空间进行搜索，具有鲁棒性强、通用性强等特点。Metaheuristic 一词由格洛弗（Glover）首次使用，其来自两个希腊词语：heuristic 来源于动词 "heuriskein"，其意思为 "去发现"，而前缀 meta 的意思是 "beyond, in an upper level"，即 "在更高的层次上超越"。在 metaheuristic 被广泛使用之前，人们经常用 "modern heuristic" 一词。元启发式算法能够弥补传统启发式算法只生成数量非常有限的解（如构造式启发式算法）或者算法易陷入质量不高的局部最优（如改进式启发式算法）的缺陷。前边所讲的车辆路径问题都属于组合优化问题，这类问题都属于 NP-hard 问题，随着问题规模的增大，短时间内是不可能获得最优解的。因此，使用元启发式算法解决车辆路径问题是目前学术界的一个研究热点。

目前，元启发式算法没有一个公认的定义，比较有代表性的定义有以下几种：

多利格（Dorigo）认为，元启发式算法是一组概念的集合，用来定义可广泛应用于不同问题求解的启发式方法。换言之，元启发式算法可以看作是一个一般的算法框架，通过较少的修改就可以使它们适用于求解不同的优化问题。

奥斯曼（Osman）和拉波特（Laporte）给出的定义为：元启发式算法是一个迭代过程，它通过将"探索"和"利用"搜索空间的这些不同概念智能地结合起来，从而指导附属的启发式（subordinate heuristic）搜索，并利用学习策略来组织信息，以便能够有效地找到高质量的近似最优解。每次迭代过程中，它可能操纵一个完整的（或部分的）单一解或一组解。附属启发式方法可以是高（或低）层次过程，也可以是一个简单的局部搜索，或者只是一种构造方法。

施图兹勒（Stützle）指出：元启发式算法是一些典型的高层次策略，能够指导基本的、更具体的启发式方法，以提高该方法的性能。元启发式算法的主要目标是避免迭代改进的缺陷，尤其是通过允许多重下降使得局部搜索逃离局部最优。这是通过允许较差移动或以一种比随机产生初始解更智能的方式产生新的初始解来实现的。许多算法可以看作是引入一种"偏见"（bias）使算法能够迅速产生高质量的解。"偏见"可以有各种形式，如基于目标函数的下降偏见、基于历史决策信息的记忆偏见或基于历史搜索信息的经验偏见。很多元启发式算法依赖于搜索过程中的概率决策，但是，与纯随机搜索（pure random search）的区别在于，元启发式算法的随机性不是盲目的，而是一种智能性和偏向性的。

综上可以看出，元启发式算法就是通过在低层次使用不同的方法来探索解空间的高层次策略。它的一个重要思想就是多样化搜索（diversification）和集中搜索（intensification）之间的动态平衡机制。多样化搜索是指探索搜索空间，而集中搜索则是指利用搜索过程累积的经验知识在特定的区域进行深度发掘。这种搜索策略一方面快速地探索搜索空间中包含高质量解的区域，另一方面又不浪费太多的时间在一些以前探索过的或者不能发现高质量解的区域探索。所有的元启发式算法的共同点在于通过引入一些机制来避免生成很差的解，不同之处在于算法采用的避免搜索过程陷入局部最优的策略不同，以及部分解或者完全解的生成方法不同。

二、元启发式算法的类型

按在每一次迭代过程中处理一个解还是群体解进行分类，元启发式算法可分为"群体法"（population-based methods）和"轨迹法"（trajectory methods）两大类。

（一）群体法

"群体法"的特点是在每一次迭代过程中都处理整个群体的解，代表性算法包括演化计算（evolutionary computation，EC）、分散搜索、粒子群算法（partical swarm optimization，PSO）、免疫算法（immune algorithm，IA）和蚁群优化算法（ant colony optimization，ACO）。其中，演化计算是进化策略（evolutionary strategy，ES）、进化规划（evolutionary programming，EP）和遗传算法（genetic algorithm，GA）三种算法的统称，它们的设计原理都是受物种自然进化模型的启发得到的。

（二）轨迹法

"轨迹法"的特点是每次迭代过程中只处理一个解，基于局部搜索的元启发式算法可被归于此类。代表性算法包括禁忌搜索算法（tabu search，TS）、模拟退火算法（simulated annealing，SA）、贪婪随机自适应搜索过程（greedy randomized adaptive search procedure，GRASP）、导向性局部搜索（guided local search，GLS）、迭代局部搜索（iterated local search，ILS）和变邻域搜索算法（variable neighborhood search，VNS）等。

在选择元启发式算法求解车辆路径问题时，应根据问题本身选择适合的算法，没有任何一种算法能适用于所有类型的车辆路径问题。这个观点的依据是斯坦福大学的沃尔珀特（Wolpert）和麦克雷迪（Macready）提出的"没有免费的午餐定理"（no free lunch theorem，NFL）。NFL 的结论是：假定任意两种（确定或随机）算法分别为 A1、A2，对于所有问题集，它们的平均性能是相同的（性能可采用多种方法度量，如最优解、收敛速度等）。例如，如果遗传算法求解问题集 A 时的性能比模拟退火的性能好，那么必然存在问题集 B，采用模拟退火求解问题集 B 时的性能比遗传算法的性能好。平均所有的情况，两种算法的性能是相同的。

三、遗传算法在 CVRP 中的应用

遗传算法是模拟生物在自然环境中优胜劣汰、适者生存的遗传和进化过程而形成的一种具有自适应能力的、全局性的概率搜索算法，它是由美国密歇根大学的霍兰德（Holland）教授于 1975 年首先提出来的。

遗传算法按照一定的编码规则随机生成一组初始解，并从随机产生的初始解开始搜索，通过一定的选择、交叉、变异操作逐步迭代以产生新的解。群体中的每个个体代表问题的一个解，称为染色体，染色体的好坏用适应度值衡量，根据适应度的好坏从上一代中选择一定数量的优秀个体，通过交叉和变异形成下一代群体。经过若干代的进化之后，算法收敛于最好的染色体，它即是问题的最优解或次优解。

遗传算法的步骤如图 6 – 12 所示。

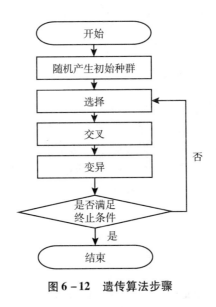

图 6 – 12　遗传算法步骤

下面以【例 6 – 3】为例说明遗传算法在配送线路优化问题中的应用。

（一）编码与解码

编码是按一定的规则对基因进行排序组成染色体，染色体的编码是遗传算法的基础，后续所有的操作都基于染色体。在 CVRP 中，可以采用比较直观的基于客户序号的编码方法，客户序号 1，2，…，7 对应基因 1，2，…，7，车场序号为 0 对应基因 0，然后随机产生若干数字串，如（1 2 3 4 5 6 7）、（3 4 6 1 2 7 5）、（6 4 2 1 7 5 3）、（1 4 3 5 2 7 6）、（2 7 1 5 3 6 4）等，这些染色体表示不同的配送线路。

解码是按照 CVRP 的约束条件把每条染色体翻译成可行的配送线路，在计算染色体的适应度值及输出最终解时均需要进行解码。在 CVRP 中，根据车载容量约束，可以在染色体适当的位置插入 0，把一条染色体分割成多条 TSP 路径，并且任何相邻的两个 0 之间构成一条可行的线路。例如，当仅使用 4 吨的车辆时，（1 2 3 4 5 6 7）可以分割为（0 1 2 0 3 4 0 5 6 7 0），对应的配送线路为 0 – 1 – 2 – 0、0 – 3 – 4 – 0、0 – 5 – 6 – 7 – 0。

（二）适应度值的计算

自然进化理论的选择是根据对自然界适应度的高低决定的，反映到遗传算法中同样需要一个评价标准来评价染色体的优劣。这个评价标准就是适应度函数，适应度函数往往与数学模型的目标相对应。

在 CVRP 中，配送总费用最小为目标函数，那么适应度函数可以定义为：$fitness = \dfrac{1}{Z}$，其中，$Z = \sum\sum Fx_{0jk} + \sum\sum\sum c_{ij}x_{ijk}$。配送总费用越小，染色体的适应度值越高，对应的配送线路也越好。

（三）随机产生初始种群

遗传算法需要在种群上进行不断迭代，初始种群由一定规模的按照给定编码方式随机生成的初始染色体组成，种群规模一般根据问题规模或者问题要求的精度决定。初始种群产生的数量应适当：初始种群数越少，个体的多样性越低，在后续的计算中可选择的余地就越小，得到最优解的机会也就越小；初始种群数太多，则在后续计算中搜索速度太慢，计算量会大大增加。

（四）遗传算子

1. 选 择

选择（selection operator）又称为复制（reproduction），是建立在个体适应度值评价基础上的，是按照一定的原则或方法在种群中选择生命力强的个体产生新种群的过程。选择的目的是从当前种群中选出优良的个体，使它们有机会作为父代为下一代繁衍子孙。选择的原则是适应度大的个体为下一代繁衍做贡献的概率就大，这充分体现了达尔文的物竞天择、适者生存的原则。

遗传算法有很多选择策略可供选择，比较常见的有精英选择策略（elitist model）、轮盘赌选择策略（roulette wheel selection）、排序选择法（rank-based model）、联赛选择方法（tournament selection model）等。

（1）精英选择策略。当采用精英选择策略时，将每代种群的染色体按适应度值的大小排序，适应度值最大的染色体直接进入下一代。

（2）轮盘赌选择策略。当采用轮盘赌选择策略时，每个个体进入下一代的概率等于它的适应度值与整个种群中个体适应度值和的比例，适应度值越高，被选中的可能性就越大，进入下一代的概率就越大。这样，首先可以保证最优个体生存到下一代，既给了适应度较大的个体较大的机会进入下一代，又避免了个体间因适应度值不同而被选入下一代的机会悬殊。

（3）排序选择法。排序选择法的基本过程是首先对种群中所有个体按适应度值大小降序排列，然后根据求解的问题，设计一个概率分配表，将各个概率值按排列顺序分配给各个个体，最后以各个个体所分配到的概率值作为其能够被选到下一代的概率。

（4）联赛选择方法。联赛选择方法是从种群中随机选择一定数目（称为联赛规模）的个体，其中适应度值最大的个体保存到下一代，重复这一过程直到生成群体规模的种群。

2. 交叉

在生物的自然进化过程中，两个同源染色体通过交配重组，形成新的染色体，从而产生新的个体或物种。交配重组是生物遗传和进化过程中的一个重要环节，遗传算法使用交叉算子（crossover operator）来模仿这个环节以产生新的个体。交叉又称为重组（recombination），是根据选择算子得到的两个染色体，按照某个交叉概率 P_c 交换染色体的部分基因，得到不同染色体的过程。经过交叉操作产生的子代继承了父代的基本遗传信息。交叉算子是遗传算法区别于其他进化算法的重要特征，它在遗传算法中起着关键作用，是产生新个体的主要方法，它决定了遗传算法的全局搜索能力。

常用于 CVRP 的交叉算子有顺序交叉（ordered crossover，OX）算子和部分匹配交叉（partial matched crossover，PMX）算子。

（1）顺序交叉算子。下面以一个例子来演示顺序交叉算子。假设选中两条父代染色体 P1 和 P2 进行交叉操作，其中，交叉点用"｜"标记。

$$P1：3 \quad 4 \quad | \quad \mathbf{6 \quad 1 \quad 2} \quad | \quad 7 \quad 5$$
$$P2：2 \quad 1 \quad | \quad \mathbf{7 \quad 5 \quad 3} \quad | \quad 6 \quad 4$$

首先将交叉点之间的基因复制到子代染色体中，得到 O1 和 O2 两条染色体：

$$O1：X \quad X \quad | \quad \mathbf{6 \quad 1 \quad 2} \quad | \quad X \quad X$$
$$O2：X \quad X \quad | \quad \mathbf{7 \quad 5 \quad 3} \quad | \quad X \quad X$$

然后从 P2 中删除已经出现在 O1 中的基因，将剩余的基因 7、5、3、4，依次填入 O1 中得到新的子代染色体：

$$C1：7 \quad 5 \quad | \quad \mathbf{6 \quad 1 \quad 2} \quad | \quad 3 \quad 4$$

从 P1 中删除已经出现在 O2 中的基因，将剩余的基因 4、6、1、2，依次填入 O2 中得到新的子代染色体：

$$C2：4 \quad 6 \quad | \quad \mathbf{7 \quad 5 \quad 3} \quad | \quad 1 \quad 2$$

（2）部分匹配交叉算子。下面以一个例子来演示部分匹配交叉算子。仍以上面的两条父代染色体 P1 和 P2 为例，确定它们的匹配区域如下：

$$P1：3 \quad 4 \quad | \quad \mathbf{6 \quad 1 \quad 2} \quad | \quad 7 \quad 5$$
$$P2：2 \quad 1 \quad | \quad \mathbf{7 \quad 5 \quad 3} \quad | \quad 6 \quad 4$$

首先交换 P1 和 P2 的匹配区域，得到 O1 和 O2 两条染色体：

$$O1：3 \quad 4 \quad | \quad \mathbf{7 \quad 5 \quad 3} \quad | \quad 7 \quad 5$$
$$O2：2 \quad 1 \quad | \quad \mathbf{6 \quad 1 \quad 2} \quad | \quad 6 \quad 4$$

确定中间匹配区域的位置映射关系：6 - 7、1 - 5、2 - 3。

对于 O1 和 O2 两条染色体交叉区域以外出现的重复节点，依据匹配区域内的位置映射关系，逐一进行交换。

对 P1 匹配区域以外的 3、7、5 分别以 2、6、1 替换，得到新的子代染色体：

$$C1: 2 \ 4 \ | \ \mathbf{7 \ 5 \ 3} \ | \ 6 \ 1$$

对 P2 匹配区域以外的 1、2、6 分别以 5、3、7 替换，得到新的子代染色体：

$$C2: 3 \ 5 \ | \ \mathbf{6 \ 1 \ 2} \ | \ 7 \ 4$$

3. 变异

在生物的遗传和自然进化过程中，细胞分裂复制环节有可能因为某些偶然因素的影响而产生一些复制的差错，导致生物的某些基因发生变异，从而产生出新的染色体，表现出新的生物性状。遗传算法模仿生物遗传和进化过程中的变异环节，将个体染色体编码串中的某些基因座上的基因值用该基因座的其他等位基因来替换，从而形成新的个体。

变异算子（mutation operator）决定了遗传算法的局部搜索能力，使用变异操作的目的主要是为了改善遗传算法的局部搜索能力和维持种群的多样性，防止出现早熟现象。常见变异算子有逆转变异算子、插入变异算子、易位变异算子等。

（1）逆转变异。在染色体上随机选择两点，将两点之间的基因串进行逆向排序。

（2）插入变异。从染色体中随机选择一个基因，并将它加入一个随机位置。

（3）易位变异。随机选择一个基因段，并将其插入一个随机的位置中。

（五）终止条件

遗传算法通过反复选择、交叉、变异，得到新一代的种群，何时终止计算，可以采用下列准则之一作为终止条件：种群中个体的最大适应度值超过预先设定值；种群中个体的平均适应度值超过预先设定值；遗传算法的迭代次数超过预先设定值。

四、禁忌搜索算法在 CVRP 中的应用

（一）禁忌搜索的基本思想

禁忌搜索算法（tabu search 或 taboo search，TS）是由格洛弗（Glover）在 1986 年提出的，其中，"tabu" 或 "taboo" 一词最早来源于汤加语，本意是指不能触摸的东西。

禁忌搜索算法是模拟人的思维的一种智能搜索算法，即人们对已经搜索的

地方不会立即去搜索，而是优先搜索其他地方，若没有找到，可再搜索已经去过的地方。禁忌搜索算法从一个初始可行解出发，选择一系列的特定搜索方向（或称为"移动"）作为试探，选择使目标函数值减少最多的移动。为了避免陷入局部最优解，禁忌搜索中采用了一种灵活的"记忆"技术，即对正在进行的优化过程进行记录和选择，指导下一步的搜索方向，这就是禁忌表的建立。禁忌表中保存了最近若干次迭代过程中所实现的移动，凡是处于禁忌表中的移动，在当前迭代过程中是不允许实现的，这样可以避免算法重新访问在最近若干次迭代过程中已经访问过的解，从而防止了循环，帮助算法摆脱局部最优解。另外，为了尽可能不错过产生最优解的"移动"，禁忌搜索还采用"特赦准则"的策略。

禁忌搜索算法的步骤如图 6 – 13 所示。

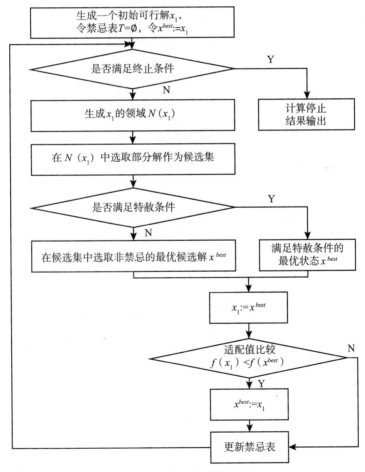

图 6 – 13　禁忌搜索算法步骤

（二）禁忌搜索算法的关键参数及其操作

当采用禁忌搜索算法求解 CVRP 时，可以使用与遗传算法完全相同的编码与解码方式。在此基础上，需要确定算法的以下环节：初始解和适配值函数、邻域结构和禁忌对象、候选解选择、禁忌表及其长度、特赦准则、集中性与多样性搜索策略、终止准则。

1. 初始解和适配值函数

禁忌搜索对初始解有较强的依赖性，好的初始解可使禁忌搜索算法在解空间中搜索到好的解，而较差的初始解则会降低禁忌搜索算法的收敛速度。在求解 CVRP 时，可以先用两阶段法、节约里程法、遗传算法等生成高质量的初始解，再用禁忌搜索算法求解，以提高搜索的质量和效率。

类似于遗传算法，禁忌搜索的适配值函数也是用于对搜索的评价，进而结合禁忌准则和特赦准则来选取新的当前状态。在求解 CVRP 时，目标函数值可直接作为适配值函数。

2. 邻域结构和禁忌对象

在求解 CVRP 时，当前解的邻域通常是通过互换、插入和逆序等操作得到的，这与遗传算法的变异算子相同，而相应的操作就成为算法中的禁忌对象。当然，不同的操作将导致邻域解个数及其变化情况的不同，对搜索质量和效率有较大的影响。

禁忌对象是被置入禁忌表中的那些变化元素，而禁忌的目的则是为了尽量避免迂回搜索而多搜索一些解空间中的其他地方。

3. 候选解选择

候选解通常在当前状态的邻域中择优选取，但选取过多将造成较大的计算量，而选取较少则容易早熟收敛。在求解 CVRP 时，要做到整个邻域的择优往往需要大量的计算，例如，采用互换操作将产生 C_n^2 个邻域解，可以确定性地或随机性地在部分邻域中选取候选解。

4. 禁忌表及其长度

禁忌表是具有一定长度的先进先出的队列。禁忌算法使用禁忌表禁止搜索曾经访问过的解，从而禁止搜索中的局部循环。

禁忌表有两种记忆方式可供选择：明晰记忆和属性记忆。明晰记忆是指禁忌表中的元素是一个完整的解。明晰记忆消耗更多的内存和时间。属性记忆是指禁忌表中的元素记录当前解移动的信息，如当前解移动的方向等。属性记忆也能起到防止当前解循环的作用，但有时会禁止对未搜索区域的探索。

禁忌表长度是指禁忌对象在不考虑特赦准则的情况下不允许被选取的迭代次数。通俗地讲，可视为禁忌对象在禁忌表中的任期。禁忌对象只有当其任期为0时才能被解禁。在设计禁忌搜索算法时，禁忌表长度可以是固定不变的，也可以是动态变化的。当设计的禁忌表长度是固定不变的，禁忌搜索算法的实现会很方便和简单。除了保持禁忌表长度固定不变，也可根据搜索性能和问题特征设定禁忌表长度的变化区间，让禁忌表长度按某种规则或公式在该区间内动态变化。当然，这个变化区间的大小也可随搜索性能的变化而变化。一般而言，当算法的性能动态下降较大时，说明算法当前的搜索能力比较强，也可能当前解附近极小解形成的"波谷"较深，从而可设置较大的禁忌长度来延续当前的搜索进程，并避免陷入局部极小。

5. 特赦准则

在禁忌搜索算法中，可能会出现候选解全部被禁忌，或者存在一个优于"best so far"（当前最优）状态的禁忌候选解，此时特赦准则将某些状态解禁，以实现更高效的优化性能。常用的特赦准则有以下几种：

（1）基于适配值的准则。①全局形式：某个禁忌候选解的适配值优于"best so far"状态，则解禁此候选解为当前状态和新的"best so far"状态；②区域形式：将搜索空间分成若干个子区域，若某个禁忌候选解的适配值优于它所在区域的"best so far"状态，则解禁此候选解为当前状态和相应区域的新"best so far"状态。该准则可直观理解为算法搜索到了一个更好的解。

（2）基于搜索方向的准则。若禁忌对象上次被禁忌时使适配值有所改善，并且目前该禁忌对象对应的候选解的适配值优于当前解，则对该禁忌对象解禁。该准则可直观理解为算法正按有效的搜索途径进行。

（3）基于最小错误的准则。若候选解均被禁忌，且不存在优于"best so far"状态的候选解，则对候选解集中最佳的候选解进行解禁，以继续搜索。该准则可直观理解为对算法死锁的简单处理。

（4）基于影响力的准则。在搜索过程中不同对象的变化对适配值的影响有所不同，有的很大，有的很小，而这种影响力可作为一种属性与禁忌长度和适配值来共同构造特赦准则。直观的理解是，解禁一个影响力大的禁忌对象，有助于在以后的搜索中得到更好的解。

6. 集中性与多样性搜索策略

集中性搜索策略用于加强对优良解的邻域的进一步搜索，简单的处理手段可以是在一定步数的迭代后基于最佳状态重新进行初始化，并对其邻域进行再次搜索。因为在大多数情况下，重新初始化后的邻域空间与上一次的邻域空间是不一样的，当然也有一部分邻域空间可能是重叠的。多样性搜索策略则用于拓宽搜索区域尤其是未知区域，简单的处理手段可以是对算法的重新随机初始化，或者根据频率信息对一些已知对象进行惩罚。

7. 终止准则

与遗传算法一样，禁忌搜索也需要一个终止准则来结束算法的计算进程。常用的方法有：第一，给定最大迭代步数。第二，设定某个对象的最大禁忌频率，即若某个状态、适配值或对换等对象的禁忌频率超过某一阈值时，则终止算法，其中也包括最佳适配值连续若干步保持不变的情况。第三，设定适配值的偏离幅度，即首先由估界算法估计问题的下界，一旦算法中最佳适配值与下界的偏离值小于某规定幅度，则终止搜索。

习题

一、简答题

1. 配送与运输的区别是什么？
2. 一个典型的 VRP 包括哪些特征要素？

二、计算题

现有一个配送中心 v_0，需要对 8 家超市提供服务，相应的距离矩阵如表 6-7 所示，各超市的角坐标与需求量如表 6-8 所示。已知车辆的运输能力为 15 个单位的货物，试用扫描算法结合最近邻点法、扫描算法结合最近插入法、节约里程算法三种方法分别求解配送线路，并比较用哪个方法得到的配送线路更优。

表 6-7　　　　　　　　　　距离矩阵

c_{ij}	v_0	v_1	v_2	v_3	v_4	v_5	v_6	v_7	v_8
v_0	—	11	10	10	7	12	13	11	13
v_1		—	15	8	16	14	15	16	15
v_2			—	6	15	16	18	8	12
v_3				—	12	13	13	12	11
v_4					—	7	5	4	8

c_{ij}	v_0	v_1	v_2	v_3	v_4	v_5	v_6	v_7	v_8
v_5						—	2	10	9
v_6							—	11	10
v_7								—	4
v_8									—

表 6 – 8　　　　　　　　　　　需求量与角坐标

	客户							
	1	2	3	4	5	6	7	8
需求量（单位）	6	4	2	3	3	2	3	5
角坐标（度）	130	50	90	280	190	250	330	300

第七章

配送中心规划

第一节　配送中心概述

一、配送中心的定义

配送中心（distribution center，DC）是指具有完善的配送基础设施和信息网络，可便捷地连接对外交通运输网络，并向末端客户提供短距离、小批量、多批次配送服务的专业化配送场所。

配送中心不只是作为一个设施来承担储存和送货的任务，作为货流的汇集点，配送中心还承担着更复杂的功能，是经济、信息、价值的结合点。与传统的仓库相比，配送中心存在质的不同。传统的仓库更多地强调货物静态的仓储管理，而配送中心则更关注货物的动态配送管理。

二、配送中心的分类

作为物流系统中的重要节点，配送中心是针对市场"短距离、小批量、多批次"的需求特点及企业降低物流运作成本的要求而出现的，根据不同的标准，配送中心有不同的分类。

（一）按配送中心运营主体分类

根据配送中心的运营主体，可分为制造商型配送中心、批发商型配送中心、零售商型配送中心和专业物流配送中心。

1. 制造商型配送中心

制造商型配送中心是以制造商为主体的配送中心。这种配送中心的货物全部是由制造商自己生产的，用以降低流通费用、提高售后服务质量和及时地将预先配齐的成组元器件运送到规定的加工和组装工位。

2. 批发商型配送中心

批发商型配送中心是由批发商或代理商建立的，以批发商为主体的配送中心。批发是货物从制造商到消费者手中的传统流通环节之一，一般按部门或物品类别不同，把每个制造商的货物集中起来，然后以单一品种或多品种搭配向零售商进行配送。这种配送中心的货物来自各个制造商，它所进行的一项重要活动是对货物进行集中和再销售，而它的全部进货和出货都是社会配送的，社会化程度高。

3. 零售商型配送中心

零售商型配送中心是由零售商向上游整合所建立的、以零售商为主体的配送中心。零售商发展到一定规模后，就可以考虑建立自己的配送中心，为专业零售店、超市、百货商店、建材商场、粮油食品商店、宾馆饭店等服务，其社会化程度介于前两者之间。

4. 专业物流配送中心

专业物流配送中心是以第三方物流企业（包括传统的仓储企业和运输企业）为主体的配送中心。这种配送中心有很强的配送能力，并且地理位置优越，可迅速将货物配送给客户。它为制造商或供应商提供物流服务，但配送中心的货物仍属于制造商或供应商，配送中心只提供仓储管理和配送服务，这种配送中心的现代化程度往往较高。

（二）按配送中心的服务范围分类

根据配送中心服务范围，可分为城市配送中心和区域配送中心。

1. 城市配送中心

城市配送中心是以一个城市为配送范围的配送中心，由于城市范围一般处于公路运输的经济里程，这种配送中心可直接采用公路运输的交通工具为客户提供"门到门"的服务。由于运距短、反应速度快，因此，城市配送中心能够进行"多品种、小批量、多客户"的配送。

2. 区域配送中心

区域配送中心是以较强的辐射能力和库存储备，向全省、全国乃至国际范围的用户进行配送。这种配送中心配送规模较大，客户较多，配送批量也较大。通常情况下，区域配送中心的产品先运到城市配送中心，然后经由城市配送中心送达最终客户。

（三）按配送中心的功能分类

根据配送中心的功能，可分为仓储型配送中心、加工型配送中心和流通型配送中心。

1. 仓储型配送中心

这类配送中心的主要功能是仓储，与传统的仓库比较接近。

2. 加工型配送中心

这类配送中心的主要业务是流通加工，如食品加工配送中心。

3. 流通型配送中心

作为货物集中和组合的场所，配送中心将同方向的小批量货物或原材料集中起来，然后用整车进行配送。有时候，也将不同方向运来的货物进行装卸、重新组合后，拼成整车进行配送。

（四）按配送货物的属性分类

根据配送货物的属性，配送可分为食品配送中心、日用品配送中心、医药配送中心、化妆品配送中心、家电产品配送中心、电子产品配送中心、书籍产品配送中心、服饰产品配送中心、汽车零件配送中心、钢材配送中心及生鲜配送中心等。

三、配送中心的功能

作为物流系统的一类重要节点，配送中心的功能主要有以下一些。

1. 集散功能

配送中心将来自不同供应商的货物集中到一起，经过分拣、配载后发送给客户。与此同时，配送中心也可以把多个客户所需的多种货物进行有效的组合、配载，形成经济合理的货运批量。

2. 仓储保管功能

为了快速响应市场需求及应对不确定性状况的发生，配送中心或多或少持有一定量的安全库存。因此，配送中心均具有仓储保管功能。

3. 分拣配送功能

配送中心面临的多是来自众多客户的"多品种、小批量、多频次"的需求，因此，配送中心必须采取适当的方式、技术和设备对配送中心的货物进行分拣作业，并以最快的速度送达客户手中。

4. 流通加工功能

为了扩大经营范围和提高配送水平，许多配送中心都配备了各种加工设备，由此形成了一定的加工能力。按照客户的要求和合理配送的原则，配送中心对货物按一定规格、尺寸和形状进行加工，这样既满足了客户的需求，同时也有利于提高资源利用率和配送效率。

5. 物流信息处理功能

作为集多种功能于一身的综合性物流场所，配送中心是信息的集散地，货物到达、配送、装卸、搬运、储存、保管、客户、交易、价格、运输工具及配送时间等各种信息在这里交汇、收集、整理和发布。

6. 商品展示与交易功能

商品展示与交易是现代配送中心的一个重要功能。在互联网时代，许多供应商通过网络平台销售商品，并通过配送中心完成交易，从而降低经营成本。同时，配送中心也具有商品展示的功能，可以进行经常性展览或不定期的展览。

除了以上基本功能外，配送中心有时还兼具结算功能、物流系统设计咨询功能、教育与培训功能等。

第二节　配送中心规划的步骤

配送中心规划是关于配送中心建设的长远的、总体的发展计划，分为新建配送中心规划和原有物流设施向配送中心转型的改造规划两大类。新建规划与改造规划的区别主要在于：新建配送中心必须先进行选址规划，而改造配送中心则是在已有的物流设施基础上进行改造提升，关键是对现有流程与数据进行分析，再进行各项改造规划。

配送中心规划的具体步骤如下。

一、前期准备

前期准备工作为配送中心规划提供必要的基础资料，主要包括：第一，收集配送中心建设的内、外部条件及潜在客户的信息；第二，分析配送中心配送货物的品种、货源、流量及流向；第三，调查配送服务的供需状况、物流行业的发展状况等。

二、确定规划的目标及原则

(一) 配送中心规划的目标

确定配送中心规划的目标是配送中心规划的第一步，主要是依据前期的准备工作资料，确定配送中心的近期、中期和远期目标。配送中心规划的主要目标包括降低物流成本、缩短物流作业周期、降低物流作业差错率、降低库存水平、提高客户服务水平、提升物流服务竞争力。

(二) 配送中心规划的原则

配送中心规划的原则一般是根据项目的实际情况确定，规划的原则主要有以下几种。

1. 需求导向原则

在充分考虑物流业务需求的基础上，确定配送中心的规模、功能和结构。只有以市场需求和业务需求为导向，才能规划出既能有效支持供应链运作，又能保持设施和设备具有很高利用率的配送中心。

2. 系统工程原则

为了使配送中心的规划更加合理，必须统筹兼顾、全面安排，做到从微观与宏观角度，全面分析、定性分析与定量计算相结合，最终达到配送中心整体最优的目标。

3. 软件先进、硬件适度的原则

一般来说，软、硬件设备系统的水平常常被看作是配送中心先进性的标志。但是，为了追求先进性就要配备机械化、自动化、智能化水平很高的设备，这就需要更多的资金投入。因此，在规划时，要对拟建配送中心的经济、技术、适用范围、成本等方面进行综合论证，根据实际情况，合理地配置配送中心的软件和硬件。

4. 可持续发展的原则

市场需求是不断变化的，配送中心的规模和功能也会随之发生变化。在规划配送中心时，尽量做到高瞻远瞩，兼顾短期利益与长远发展，预留出足够的发展空间，以适应未来配送需求可能出现的变化。

5. 环境保护原则

在低碳经济背景下，环境保护也是配送中心规划时必须遵循的重要原则。配送中心应按照绿色物流的要求，把握经济性与环境保护的平衡，做到低污染、低排放和绿色环保。

三、选址规划

配送中心拥有众多的建筑物、构筑物及固定机械设备，一旦建成，很难变动。如果选址不当，将付出巨大的代价。因此，需要对配送中心选址规划给予高度重视。在选址过程中，如果已经有预定地点或区位方案，应于规划前先行提出，并作为规划过程的约束条件；如果没有预定地点，可以在进行可行性研究时提出几个备选方案，并对比各备选方案的优劣，以供决策者选择。选址的方法已在第四章进行了详细的讨论，在此不再赘述。

四、作业功能规划

作业功能规划是在对配送中心进行业务分析与需求预测基础上完成的，即依据确定的目标，规划配送中心为完成业务而应该具备的物流功能及相应的能力。作业功能规划主要包括三个方面的工作：一是总的作业流程规划；二是作业区域的功能规划；三是作业区域的能力设计。通常的步骤为：首先针对不同类别配送中心的功能需求和典型的作业流程，设计适合配送中心的作业流程；其次根据确定的作业流程规划物流作业区和外围辅助活动区的功能；最后确定各作业区的具体作业内容和作业能力。

五、布局规划

布局规划是配送中心规划的核心内容，直接影响到设施配备和作业流程等，对后续建设具有重要的影响。不同类型的配送中心，其内部布局也有很大的差异。在实际规划过程中，应根据配送中心的功能，结合货物特性与客户需求进行合理的规划。

六、设施设备规划

配送中心的设施设备是保证配送中心正常运转的必要条件。设施设备规划涉及建筑模式、设备选择与安装等多方面问题，需要运用系统分析的方法进行整体优化，最大限度地减少物料搬运，简化作业流程，创造良好、舒适的工作环境。在对原有物流设施设备改造时，设施设备规划要注意原有设施设备的充分利用和改造等工作，这样才能尽可能减少投资。

七、信息系统规划

信息系统规划是配送中心规划的重要组成部分。信息系统规划既要满足配送中心内部作业的要求，有助于提高配送作业效率，也要考虑同配送中心外部的信息系统相连，方便配送中心及时获取和处理各种经营数据。一般来讲，信息系统规划包括配送中心内部的管理信息系统分析与设计，以及配送中心的网络平台架构。

第三节　配送中心资料收集与分析方法

一、资料收集

根据拟建配送中心的类型，首先要开展规划时使用资料的收集和调研工作。资料的收集分为两个方面：一是现行资料的收集；二是未来规划资料的收集。

（一）现行资料的收集

在规划配送中心时，需要收集的现行资料主要有以下一些：

一是基本业务资料：业务类型、经营范围、营业额、员工人数、运输车辆数、供应商和客户数量等。

二是货物资料：货物类型、品种规格、品项数、保管形式等。

三是订单资料：货物种类、名称、数量、单位、订货日期、交货日期、交易方式等。

四是货物特性：货物形态、温湿度要求、重量、体积、尺寸、包装规格、包装形式、储存特性和有效期限等。

五是销售资料：按货物、种类、用途、地区、客户及时间等因素分别统计的销售资料。

六是作业流程：进货、搬运、仓储、拣选、补货、流通加工、备货发货、配送、退货、盘点等。

七是事务流程与单据传递：接单分类处理、采购任务指派、发货计划传送、相关库存管理和相关账务系统管理等。

八是装卸搬运资料：收发货频率及数量、在库装卸搬运设备及能力、时段分析与作业形式等。

九是供应商资料：供应商类型、数量，供应货物种类、数量、规格、地理位置，供应商规模、信誉、交货能力，送货时段等。

十是客户资料：客户分布与规模、配送线路、交通状况、收货时段、特殊配送需求等。

（二）未来规划资料的收集

除了收集现行资料外，配送中心规划还要考虑到配送中心未来的发展，收集与未来发展趋势和需求变化相关的资料。具体包括以下一些：

一是配送中心运营外部环境，包括国家宏观经济发展趋势和产业政策走向、外部环境变化、企业未来发展定位、国际物流技术发展方向、国外相关行业的发展趋势。

二是商品的销售增长率、未来商品需求预测、未来消费增长趋势。

三是货物在品种和类型方面的可能变化趋势。

四是配送中心未来可能的发展规模和水平，未来可供扩展的位置和面积。

二、资料分析方法

确定配送中心的业务需求和规模，必须考虑多方面的因素，如目前的物流量需求与未来的物流量需求等，这就需要对相关资料进行分析。资料分析方法有很多种，常用的有 ABC 分析法、销售额变动趋势分析法、EIQ 分析、EIQ - PCB 分析和物品特性分析。

（一）ABC 分析法

配送中心货物种类繁多，少则数百种，多则上万种，甚至几十万种。每种货物的价值不同，库存数量也不等，有的货物品项数不多但价值很大，而有的货物品项数很多但价值不高。对所有库存物品均给予相同的重视程度，采用相同的管理方法，是不符合实际需求的。面对众多的库存物资，如果不分主次，那么效率和效益就会较低。因此，可以将库存物资按照设定的分类标准和要求分为特别重要的库存（A 类）、一般重要的库存（B 类）和不重要的库存（C 类）三个等级，然后针对不同等级分别进行管理与控制。

ABC 分类法的步骤如下：

第一步，收集数据。确定一个合适的统计期，按分析对象和分析内容，收集有关数据，主要包括库存物资的种类、每种物资的平均库存量和购买单价等。

第二步，绘制 ABC 分类汇总表。绘制 ABC 分类汇总表有以下步骤。

一是计算每种物资的平均资金占用额，即购买单价×平均库存量，并按计算结果降序排序。

二是将库存物资按其平均资金占用额的大小顺序排列。

三是计算平均库存累计和平均库存累计百分比。

四是计算平均资金占用额累计和其累计百分比。

五是将以上计算结果汇总，填入表 7 – 1。

表 7 – 1　　　　　　　　　　　　ABC 分类汇总

库存物资	购买单价	平均库存	平均库存累计	平均库存累计百分比	平均资金占用额	平均资金占用额累计	平均资金占用额累计百分比	分类结果

第三步，确定物资 ABC 分类。按照分类标准，依据汇总表中平均库存累计百分比和平均资金占用额累计百分比，对库存物资进行 A、B、C 分类。

平均库存累计百分比约为 10%，而平均资金占用额累计百分比约为 70% 的前几种物品，确定为 A 类；平均库存累计百分比约为 20%，而平均资金占用额累计百分比也约为 20% 的物品，确定为 B 类；其余均为 C 类，其平均库存累计百分比约为 70%，平均资金占用额累计百分比仅约为 10%。上面的分类标准仅为参考比例，现实中可根据实际问题进行适当调整。

（二）销售额变动趋势分析法

销售额的大小是决定新建配送中心规模的基本条件。在规划配送中心的过程中，首先要收集和总结历史销售与发货资料数据，并对其进行分析，从而了解销售趋势的变化情况。就货物销售额而言，常见的趋势有：长时间内是增长趋势或减少趋势；以一年为周期的因季节变化、文化传统、商业习惯等因素影响的变化趋势；以固定周期为单位（如周、月、年）的变化趋势的循环变动；不规则变化趋势的偶然变动。

（三）EIQ 分析法

配送中心在进、出货物时具有时间不确定、货物量变化大等特点。面对繁多、数量庞大的订单，一般分析者都用平均值来估计相关需求条件，其结果往往与实际需求有很大的差异。如果能掌握数据分析的原则，通过有效的资料统计和进一步的相关分析，就会使配送中心的规划更加科学和实用，也能最大化投资回报率。EIQ 分析法就是这样一个有效的分析工具。

1. EIQ 分析法概述

EIQ 分析法是由日本学者铃木震提出的一种分析方法，其中，EIQ 分别指订单件数（entry）、品项（item）和数量（quantity）。EIQ 的目的是帮助规划者了解物流作业特性，探讨其运作方式，从而规划作业系统、拣货方式和储位划分等事项。

在使用 EIQ 分析法时，需要注意以下几点：

（1）分析订单件数时，需要注意：

①每一笔接收的订单具有同时拣货且同时配送至同一地点的特性。

②在订单截止时间内，数笔追加的订单均可合并成单一订单，在物流作业过程中可视为同一订单。

③对同一批量的订单，要求在不同时间或不同地点配送货物，对配送中心而言即视为多个订单，需要进行订单分割。

（2）在分析品项时，只要是不同质、量、包装单位、包装形式等的货物，都视为不同的类别，原则上以各供应商的商品号为区别依据。

（3）数量是指每一笔订单中每一类货物订购数量的资料，是结合订单与类别的桥梁。配送中心的作业特性有赖于订单与类别间数量的分布状态。

2. EIQ 分析法的步骤

EIQ 分析法的具体步骤如图 7-1 所示。

图 7-1　EIQ 分析法的步骤

（1）出货资料的取样。要全面了解配送中心实际运作，只分析单日的资料是不够的。但若分析一年以上的资料，往往因数据量太大，导致分析过程费时费力。若能找出可能的作业周期，则分析较易进行，例如，可将分析资料缩至某一月、一年中每月月初第一周或一年中每周的周末等范围。

配送中心每天都有很多订单，订货品项可能有上万种，要处理这么多的数据并不容易，这就需要对出货资料进行取样分类。通常可根据配送中心的作业周期性，先取一个周期内的资料加以分析（如果配送中心作业量有周期性的波动），或取一个星期的资料分析。如果有必要，需进行更详细的资料分析。

同时，也可根据商品特性或客户特性将订单资料分成若干个群组，针对不同的群组分别进行 EIQ 分析；或是以群组为代表，进行分析后再将结果乘上倍数，作为全体资料的分析结果。或是采用抽样方式，分析后再将结果乘上倍数，作为全体资料的分析结果。不论采用哪种分类或抽样方式进行资料取样，都必须注意所取样本能否反映配送中心的整体状态。

（2）出货资料的分析。在获取原始资料后，应对资料做进一步的分解整理。表 7 - 2 给出了某一工作日主要订单出货资料的分解格式。在分解时还要注意保持数量单位的一致性，应把所有订单、品项、发货量转换成相同的计量单位，如重量、体积、箱或金额等单位。金额与价值功能分析有关，多用在货物和存储区分类等方面；重量、体积等单位与物流作业有直接密切的关系，直接影响整个配送中心的规划。

表 7 - 2 单日 EIQ 资料分解格式

发货订单	发货品项						订单发货数量	订单发货品项数
	I_1	I_2	I_3	I_4	I_5	⋯		
E_1	Q_{11}	Q_{12}	Q_{13}	Q_{14}	Q_{15}	⋯	Q_1	N_1
E_2	Q_{21}	Q_{22}	Q_{23}	Q_{24}	Q_{25}	⋯	Q_2	N_2
E_3	Q_{31}	Q_{32}	Q_{33}	Q_{34}	Q_{35}	⋯	Q_3	N_3
⋯	⋯	⋯	⋯	⋯	⋯	⋯	⋯	⋯
单品发货量	$Q_{.1}$	$Q_{.2}$	$Q_{.3}$	$Q_{.4}$	$Q_{.5}$	⋯	—	$N.$
单品发货次数	K_1	K_2	K_3	K_4	K_5			$K.$

其中，Q_i（订单 E_i 的发货量）= $Q_{i1} + Q_{i2} + Q_{i3} + Q_{i4} + \cdots$；$Q_{.j}$（品项 I_j 的发货量）= $Q_{1j} + Q_{2j} + Q_{3j} + Q_{4j} + \cdots$；$N_i$（订单 E_i 的发货项数）= 计数（Q_{i1}，Q_{i2}，Q_{i3}，Q_{i4}，⋯）>0 者；K_j（品项 I_j 的发货次数）= 计数（Q_{1j}，Q_{2j}，Q_{3j}，Q_{4j}，⋯）>0 者；$N.$（所有订单的发货总项数）= 计数（K_1，K_2，K_3，K_4，⋯）> 0 者；$K.$（所有订单的发货次数）= $K_1 + K_2 + K_3 + K_4 + \cdots$。

此外，一般收集到的订单出货资料，其数据量庞大且数据格式不能直接使用，最好能从配送中心的数据库中直接取得电子化数据以便于数据的格式转换，并便于使用计算机进行批量处理。

（3）进行统计分析并制作分析图表。在完成资料分解整理后，可采用柏拉图分析、次数分布、ABC 分析及交叉分析等多种统计方法，从 EQ、EN、IQ、IK 四个方面对分解的出货资料按类别进行统计整合。其中，EQ、EN、IQ、IK 的分析含义如表 7 - 3 所示。

表 7 - 3 分析类别的应用范围

分析类别	分析对象	应用范围
订单量（EQ）分析	单张订单出货数量的分析	决定订单处理的原则、拣货系统的规划、出货方式及出货区的规划
订货品项数（EN）分析	单张订单出货种类数的分析	决定使用的拣货方式，判断货物拣货时间与拣货人力需求，影响拣货系统及出货区的规划

续表

分析类别	分析对象	应用范围
品项数量（IQ）分析	单一货物出货总数量的分析	了解各类产品出货量的分布状况，分析产品的重要程度与运量规模；IQ 分析也影响货物储区的规划弹性，甚至影响拣货系统的设计
品项受订次数（IK）分析	统计各种货物被不同客户重复订货的次数	配合 IQ 分析可决定仓储与拣货系统的选择；当仓储、拣货方式确定后，有关储区的划分及储位配置可利用 IK 分析结果作为规划参考的依据

以 EQ 分析为例，先对各订单的出货量按从大到小的顺序排列，做出订单出货量分布图，并将其出货累积量（出货单位或是百分比）以曲线形式表现出来，得到柏拉图；接着将出货量进行适当分组，算出各订单出货量出现在各分组内的次数，做出次数分布图；若各订单的出货量存在明显的差异，还可在柏拉图统计的基础上，进一步将特定百分比内的主要订单找出，进行 ABC 分析。在进行 ABC 分析后，还可根据需要进行 EQ、EN、IQ、IK 四个方面的交叉分析，进一步挖掘规划需要的信息。

在完成 EQ、EN、IQ、IK 四个类别的分析及交叉分析后，应当将所得出的分析数据加以图表化，这些数据、图表即为 EIQ 的资料分析结果。

（4）EIQ 分析法的图表解读。图表解读是资料分析过程中最重要的步骤，通常需对各个图表进行认真分析，并配合交叉分析及其他相关资料进行综合判断。

（四）EIQ - PCB 分析法

货物在配送中心各作业区域是以不同的包装单位为基础的，不同的作业单元可能对人力和设备具有不同的需求。因此，在进行配送中心规划时，需考虑货物的相关特性、包装规格、储运单位等因素。EIQ - PCB 分析法就是按照各品种的计量换算单位，将订单内容转换成整托盘（P，pallet）、整箱（C，case）或单品（B，bulk）形态的 EIQ 分析方法。

EIQ - PCB 分析法除了可得到配送中心处理的各种货物与各储运单元之间转换对应的数量关系外，还可以得到配送中心内各作业流程储运单元的转换关系图，如图 7 - 2 所示。

EIQ - PCB 分析法的作用包括：第一，可了解出货状态及区域销售的数量和包装特性；第二，可作为计算拣货/出货的人力需求和搬运/运输设备的选择依据；第三，作为拣货系统及仓储方式和设备的设计参考；第四，可比较不同拣货单元的效率；第五，可计算托盘、整箱和单品拣选时所需的设备数目和人力需求。

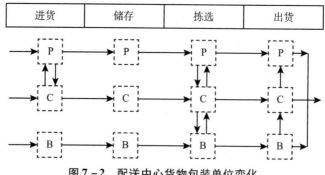

图 7 - 2　配送中心货物包装单位变化

（五）物品特性分析

物品特性分析是仓储分区和货物分类保管的重要依据，例如，按货物的仓储保管特性分为干货区、冷冻区及冷藏区，或按物品重量分为重物区与轻货区，也可按产品价值分为贵重物品区与一般物品区等。

常用的物品特性与包装单位分析表如表 7 - 4 所示。

表 7 - 4　　　　　　　　　　　物品特性与包装单位分析

特性	资料项目	资料内容
货物性质	1. 物态	□气体　□液体　□半液体　□固体
	2. 气味	□中性　□散发气味　□吸收气味　□其他
	3. 储存条件	□常温　□冷冻　□冷藏
	4. 温湿度需求	_____℃，_____%
	5. 内容物	□坚硬　□易碎　□松软　□其他
	6. 装填	□规则　□不规则
	7. 可压缩	□可　□否
	8. 磁性	□有　□无
	9. 单品外观	□方形　□长条形　□圆柱　□不规则形　□其他
单品规格	1. 重量	_____（单位：　）
	2. 体积	_____（单位：　）
	3. 尺寸	长×宽×高（单位：　）
	4. 基本单位	□个　□包　□条　□瓶　□其他
基本包装单位规格	1. 重量	_____（单位：　）
	2. 体积	_____（单位：　）
	3. 外部尺寸	长_____×宽_____×高_____（单位：　）

特性	资料项目	资料内容
基本包装 单位规格	4. 基本包装单位	□箱　□包　□盒　□瓶　□捆　□其他
	5. 包装单位个数	＿＿＿＿＿＿（个/包装单位）
	6. 包装材料	□纸箱　□捆包　□金属容器　□塑料容器　□袋　□其他
外包装 单位规格	1. 重量	＿＿＿＿＿＿（单位：　）
	2. 体积	＿＿＿＿＿＿（单位：　）
	3. 外部尺寸	长＿＿＿＿＿×宽＿＿＿＿＿×高＿＿＿＿＿（单位：　）
	4. 基本包装单位	□托盘　□箱　□包　□其他
	5. 包装单位个数	＿＿＿＿＿＿（个/包装单位）
	6. 包装材料	□包膜　□纸箱　□金属容器　□塑料容器　□袋　□其他

第四节　配送中心作业功能规划

一、作业流程规划

作业流程规划是针对一般常态性和非常态性的作业加以分类，并给出配送中心的基本作业流程。根据配送中心的规模、设施条件、客户群体、服务功能等因素，配送中心会有不同的作业流程。配送中心的基本作业流程如图 7 - 3 所示。

在进行作业流程规划时，需要分析的内容有以下一些。

（一）一般常态性物流作业

一般常态性物流作业主要包括以下几种：一是进货作业，包括车辆进货、装卸搬运、点收和理货等内容；二是仓储保管，包括入库和调拨、补货等内容；三是，拣货，包括订单拣选、分货和集货等内容；四是发货，包括流通加工、品检、点收和装载等内容；五是配送，包括车辆调度、线路安排和交货等内容；六是仓储管理，包括盘点、抽盘、移仓和储位调整和到期品处理等内容。

（二）非常态性物流作业

非常态性物流作业主要包括以下几种：一是退货，包括退货卸载、点收、责任确认、退货良品、瑕疵品和废品处理等内容；二是换补货，包括误差责任确认、零星补货拣取、包装和运送等内容；三是配送，包括车辆出入管制、停泊、容器回收、空容器暂存、废料回收处理等内容。

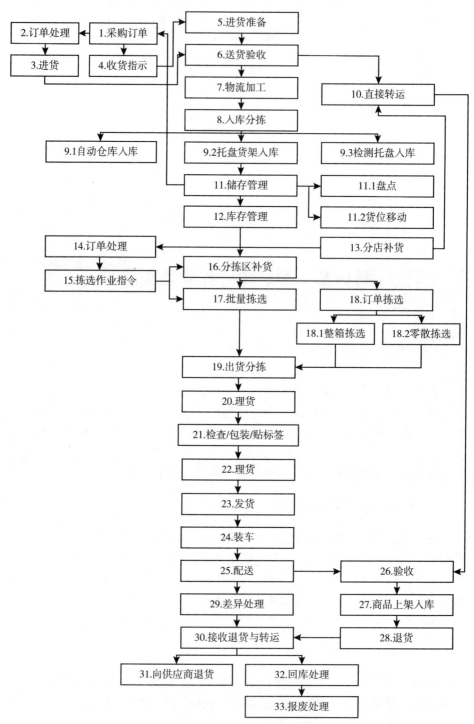

图 7-3　配送中心基本作业流程

二、作业区域规划

在完成作业流程的规划后，可进行作业区域规划。作业区域规划包括作业区域划分和区域功能规划。

（一）作业区域划分

根据作业区域的性质，配送中心的作业区域可分为作业区域、辅助作业区域和建筑外围区域。辅助作业区域和建筑外围区域统称为周边辅助活动区域。

由于配送中心的类型不同，作业区域的构成及其面积大小也不尽相同，作业区域一般包括以下几个部分。

1. 进货暂存区

在进货暂存区内，工作人员要完成接收货物的任务和货物入库、拣选之前的准备工作（如卸货、检验、分拣等工作）。因货物在进货暂存区停留的时间不太长，并且处于流动状态，故进货暂存区的面积相对来说都不算太大。它的主要设施有铁路（或公路）专用线、卸货站台和验货场区。

2. 仓储区

经过检验后的货物会存放在仓储区。由于货物需要在这个区域内停留一段时间，并且占据一定的空间，因此，仓储区相对来说占用的面积比较大。作为储存货物的场所，仓储区一般都配备各种专业的仓储设施设备，主要包括货架、叉车和起重机械等。

3. 理货区

理货区是工作人员进行拣货和配货作业的场所，不同类型的配送中心面积大小会有差别。一般说来，拣选货和配货工作量比较大的配送中心理货区面积也比较大；反之，拣选及配货任务不太多的配送中心，其理货区所占的面积也不大。与其他作业区一样，理货区内也配备许多专用设施设备，主要包括手推载货车、重力式货架和回转式货架、升降机、传送装置、自动分拣设备等。

4. 配装区

分拣出来并配备好的货物一般不会立即装车发送，而是需要集中在某一场所等待统一发运，这种放置和处理待发送货物的场所就是配装区。在配装区内，工作人员会进行配装作业，即根据每个客户的货物数量进行分发、配车和选择装载方式（单独装运还是混载同运）。因在配装区内货物转瞬即出，停留的时间不长，所以货位所占的面积也就不大。相对而言，配装区的面积要比仓储区小很多。需要指出的是，有一些配送中心，其配装区是和理货区或发货区合在一起的。因此，配装作业也会与其他相关的作业合在一起。

5. 发货区

发货区是工作人员将组配好的货物装车外运的作业区域。从布局和结构上看，发货区和进货区类似，也是由运输货物的线路和接靠载货车辆的站台、场地等组成的。不同的是，发货区位于整个作业区的末端，而进货区则位于首端。

6. 加工区

有很多从事流通加工作业的配送中心，除了设置一般的作业区以外，还设有加工区。在这个区域内，配备着剪床、锯床、打包机、配煤生产线等加工设备。因加工工艺有别，所以各个（加工型）配送中心的加工区所配置的设备也不完全相同。和仓储区一样，加工区所占的面积也比较大。

7. 拣选区

拣选区是根据接到的订单进行货物的拣选、分类和配货的区域。

8. 退货处理区

退货处理区是存放进货残损或不合格以及需要重新确认、等待处理的货物的区域。

9. 废弃物处理区

废弃物处理区是对废弃物（损坏的货物、废弃包装物、变质货物等）进行清理或回收利用的区域。

10. 设备存放及简易维护区

设备存放及简易维护区是存放堆垛机、托盘等设备及维修工具（充电、充气、紧固等）的区域。

（二）区域功能规划

在作业区域划分的基础上，针对不同作业区域的特点，可详细设定各作业区域的功能及作业能力需求。规划区域功能可借助表 7-5 所示的区域功能规划表。

作业区域	规划要点	作业区域功能	作业能力需求
进货暂存区	□每日进货数量 □托盘使用规格 □容器流通程度 □进货点的作业性质 □进货等待入库时间	……	……
理货区	□理货作业时间 □进货品检作业 □品检作业时间 □容器流通程度 □有无拆盘配合设施	……	……
仓储区	□最大库存量需求 □物品特性 □物品品项 □储区规划原则 □储位指派原则 □存货管制原则 □自动化程度需求 □物品使用期限 □仓储环境需求 □盘点作业方式 □物品周转效率 □未来需求变动趋势	……	……
拣选区	……	……	……
……	……	……	……

表 7-5 区域功能规划

三、配送中心作业区域能力规划

在规划配送中心各作业区域的能力时，应先以物流作业区域为主，然后延伸到相关外围区域。在对作业区域的能力进行规划时，可根据流程进出顺序逐一规划。当缺乏相关资料进行逐一规划时，可重点对仓储区和拣选区的能力进行规划，再根据仓储区和拣选区的能力，进行前后相关作业区域的能力规划。

(一) 仓储区的能力规划

配送中心仓储区能力规划的方法主要有周转率估计法和送货频率估计法。

1. 周转率估计法

周转率估计法的步骤为：

（1）年出货量计算。把配送中心的各项进出货物单位换算成相同的储运单位，如托盘或标准箱等，求出全年各种货物的出货总量就是配送中心的年出货量。

（2）估计年周转次数（库存周转率）。在建设配送中心时，可针对经营品项的特性如货物价值、附加利润和缺货成本等因素，决定仓储区中各货物的年周转次数。一般来说，食品零售业的年周转次数为 20~25 次，制造业的年周转次数为 12~15 次。

（3）计算仓容量。仓容量 = 年出货量 ÷ 年周转次数。

（4）估计安全系数。为了满足高峰期的运转量需求，增加仓储区运转弹性,安全系数一般取为 1.1 ~ 1.25。如果安全系数取得过高,仓储空间会过剩,投资费用会增加。

(5)计算规划仓容量。规划仓容量 = 仓容量 × 安全系数。

2. 送货频率估计法

如果有货物的年运转量和工作天数,可根据供应商送货频率计算规划仓容量,具体的步骤为:

(1)估计每年的发货天数。根据资料和经验,列出货物在一年内的发货天数。若货物品项太多,可将发货天数相近的货物归类,得到按发货天数分类的物品统计表。

(2)年运转量计算。把各项进出货物单位换算成相同的储运单位,如托盘或标准箱等,再分别计算各类货物的年运转量。

(3)计算日均运转量。日均运转量 = 年运转量 ÷ 年发货天数。

(4)估计供应商送货周期。根据供应商送货频率,估计供应商的送货周期。

(5)计算仓容量。仓容量 = 日均运转量 × 供应商送货周期。

(6)估计安全系数。同周转率估计法。

(7)计算规划仓容量。规划仓容量 = 仓容量 × 安全系数。

(二)拣选区的能力规划

拣选区的能力规划不需要包括当日所有的出货量,在拣选区货物不足时可以由仓储区进行补货。拣选区能力规划的计算步骤如下:

(1)年拣选量计算。把各项货物换算成系统的拣选单位,并估计各货物的年拣选量。

(2)估计各货物的年发货天数。

(3)计算各货物日均拣选量。日均拣选量 = 年拣选量 ÷ 年发货天数。

(4)确定仓储区与拣选区的配合形式,并计算仓容量。

①当仓储区为拣选区补货,且货物只由拣选区出货时:

$$拣选区的仓容量 = 日均拣选量 ÷ 每天的补货次数$$

②当只由仓储区(兼具拣选区的功能)进行拣选出货时:

$$拣选区的仓容量 = 日均拣选量$$

③当既从仓储区出货又从拣选区出货,且由仓储区为拣选区补货时:

$$拣选区的仓容量 = (日均拣选量 - 仓储区出货量) ÷ 每天的补货次数$$

(5)估计安全系数。同周转率估计法。

(6)计算拣选区的规划仓容量。拣选区的规划仓容量 = 拣选区的仓容量 × 安全系数。

第五节　配送中心区域布局规划

一、配送中心区域布局规划的目标

作为配送中心规划的核心内容，区域布局规划需要给出各个功能区的合理位置。配送中心区域布局规划要达到的目标有：（1）有效地利用空间、设备、人力和能源；（2）最大限度地减少货物搬运；（3）简化作业流程；（4）提高分拣效率；（5）减少投资额；（6）为员工提供方便、舒适、安全和卫生的工作环境。

二、配送中心区域布局规划的主要方法

配送中心区域布局规划的方法主要有摆样法、系统布局规划法和数学模型法、计算机辅助区域布局规划法。

（一）摆样法

摆样法是最早的规划与设计方法之一，利用二维平面比例制成的样片在同一比例的平面图上表示设施系统的组成、设施、设备或活动，通过相互关系分析，调整样片位置可得到较好的布局方案。这种方法适用于简单的区域布局规划；对复杂系统的区域布局规划，摆样法不仅会花费大量的时间，而且得到的方案也可能是不准确的。

（二）系统布局规划法

系统布局规划法（systematic layout planning，SLP）是由美国专家理查德·缪瑟（Richard Muther）提出的一种布局规划方法。这种方法以大量的图表分析和图形模型为手段，通过建立各作业单元之间的物流与非物流相关关系图，从而构成区域布局规划模型，是当前区域布局规划的主流方法。

（三）数学模型法

数学模型法运用运筹学、数理统计、系统工程中的模型优化技术解决配送中心的区域布局规划问题。通过运用各种数学模型，可以提高系统布置的科学性和精确性。但是，应用数学模型解决配送中心的区域布局规划问题面临两个问题：一是数学模型对于复杂环境要求得到的结果难以达到实际需求的准确性；二是数学模型不能直接得到规划所需要的布局图。因此，需要通过 CAD

技术与数学模型相结合的方法解决这些问题。

（四）计算机辅助区域布局规划法

计算机辅助布局规划的方法有很多，根据算法的不同可以分为两大类。

1. 构造式算法

这类算法的特点是从无到有，逐步生成可行的区域布局规划方案。例如，ALDEP 法和 CORELAP 法主要使用了这类算法。

（1）ALDEP（automated layout design program）是基于凑合法原理的分布设计方法，其作业原理是根据系统各作业单元间的相互联系程度高低进行平面布置。ALDEP 的操作过程相当于从一页空白图纸开始，挑选某个作业单元并将其放到空白的图纸中，然后按照作业单元的相互关联程度，优先选择关联度大的作业单元，再选择相互关联程度较低的作业单元进行摆放，如此往复，直到摆放完所有的作业单元，结束作业。

（2）CORELAP（computerized relationship layout planning）法与 ALDEP 法相似，也是通过各作业单元之间的相互关联程度高低来选择和分配放置作业单元。根据对各作业单元间相互关联程度的权重进行赋值，以此来计算各作业单元总相互关联程度的等级 TCR（一个作业单元可接受另一个作业单元的程度）。不同于 ALDEP 法的是，CORELAP 根据摆放等级和边界长度参数选择使用长方形形状的作业单元进行布局构造，而 ALDEP 是根据准备选择放置的新作业单元与已经在图纸上的具有共同边界、共享的、与之相邻的作业单元的相互关联等级之和进行确定。

2. 改进式算法

这类算法通过对各作业单元进行有规律的交换，从而达到对初始布局方案进一步优化的目的。例如，CRAFT 和 MultiPLE 主要使用了这类算法。

（1）定量布局程序（CRAFT）法。CRAFT（computerized relationship facilities technique）通过接受一项原始布局设计，运用顺序排列的方式将各个作业单元的放置位置相互交换，以对其进行改进。在对设计方案进行互相比较时，CRAFT 法以货物移动的成本为评价标准，并将成本通过搬移距离的线性函数表示出来。

（2）多层设施定量布置程序（MultiPLE）法是基于 CRAFT 法改进的算法，主要应用于多层建筑设施的布局设计，在单层建筑设施布局规划时并不常用。与 CRAFT 一样，这种方法也使用目标函数、物流量信息以及搜索程序，并通过优化程序方式进行布置方案的设计。MultiPLE 的特点是使用空间填充曲线，允许将任意作业单元的位置进行互换，以达到构造合理布置和表示作业单元布局空间的目的。

三、配送中心区域布局规划的 SLP 法

（一）SLP 法的特点

SLP 法将区域布局规划向科学化、精确化和数量化方向推进了一步。SLP 法具有以下特点：一是定性分析与定量分析有机结合；二是以大量的图表分析和图形模型分析为手段，直观清晰；三是采用严密的手段和规范的设计步骤，逻辑性和条理性较强；四是着眼于整个物流系统，反复修正与调整，设计方案具有很强的合理性和实用性；五是操作性和实践性强，适用范围广，可以应用于各种类型的企业。

（二）SLP 法的步骤

SLP 法的步骤如图 7－4 所示。

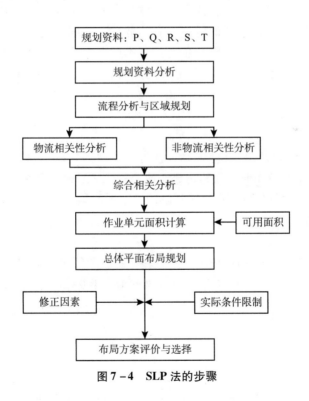

图 7－4　SLP 法的步骤

（三）规划资料分析

在 SLP 法中，缪瑟最初是以工厂布置问题为依据和出发点的，故提出对产品（P）、数量（Q）、工艺过程（R）、辅助部门（S）和时间安排（T）作为

五个基本要素进行分析。在配送中心区域布局规划中，可以把这些要素的概念适当修正为：物流对象（P）、物流量（Q）、作业线路（R）、辅助部门（S）和作业时间安排（T）。

1. 物流对象

物流对象（products）是指进出配送中心的货物。不同的物流对象对作业路线的设计、物流装备的选型、仓储和分拣条件都有不同的要求，在一定程度上决定了配送中心的区域布局规划。因此，需要对货物进行分类，货物特性分析是货物分类的重要参考因素。在进行配送中心区域布局规划时，首先需要对货物进行特征分析，以划分不同的作业区域和作业线路。

2. 物流量

物流量（quantity）是指各类货物在配送中心的物流作业量。物流量不仅直接决定装卸、搬运等物流成本，在一定程度上也影响着物流设施的规模、物流设备的数量、建筑物面积、运输量等。为了准确测定物流量，需要搜集各类货物进出配送中心的数量及各作业单元之间的流量变化。在搜集过程中必须考虑配送中心各个作业单元的基本储运单位，并掌握不同储运单位之间的转换关系。在考虑实际物流量的同时，还需要合理地预测未来的货物量。

3. 作业线路

作业线路（route）是指物流对象在各作业单元之间的移动线路。作业线路既反映配送中心各作业单元的物流作业流程，又反映各个作业区域之间的联系，是物流相关性分析的依据。SLP 设计的原则就是使作业线路简捷顺直，减少不必要的搬运，并使移动距离、返回次数、交叉运输和费用等指标降到最低。

选择作业线路时主要考虑收发货平台、场地和建筑物的限制、物流强度、通道和运输方式等因素。配送中心各作业单元的作业线路类型及适用范围如表7-6所示。

表 7-6　　　　　　　　　　　作业路线类型及适用范围

作业线路类型	图示	适用范围
直线形		适用于出入口在配送中心两侧、作业流程简单、规模较小的物流企业，无论订单大小与配货品项多少，均需通过配送中心全程

续表

作业线路类型	图示	适用范围
双直线形		适用于出入口在配送中心两侧，作业流程相似但有两种不同进出货形态或作业需求的物流作业（如整箱区与零星区、A类客户与B类客户等）
锯齿形或S形		适用于较长的流程，需要多排并列的作业区域
U形		适用于出入口在配送中心同侧，可以依据进出货频率大小安排接近进出口端的仓储区，以缩短拣货搬运路线
分流式		适用于批量分拣后进行分流配送的作业
集中式		适用于因储区特性将订单分割在不同区域拣取后再进行集货的作业

4. 辅助部门

辅助部门（subsidiary）是指保证配送中心正常运行的辅助服务性活动、设施及服务人员，包括道路、生活设施、消防设施、照明、采暖通风、办公室、质量控制等。有时，辅助部门的占地总面积接近甚至大于配送中心主要作业区域的占地总面积，所以辅助部门在进行区域布局规划时应得到足够的重视。

5. 作业时间安排

作业时间安排（time）是指在什么时间、用多长时间完成某项物流作业。根据时间因素，可确定配送中心所需各类物流设备的数量、占地面积大小和作业人员数量，有效平衡各工序的作业时间。

（四）物流分析

物流分析主要是确定货物在配送中心中各作业单元之间移动的最有效顺序

及移动的强度和数量。物流分析方法是由物流对象 P 和物流量 Q 的性质决定的，因此物流分析也被称为"P－Q 分析"，主要有以下几种方法。

1. 物流过程图

对于物流量 Q 很大而物流对象 P 的种类较少的物流系统，可采用标准符号绘制物流过程图。在作业过程中注明各作业单元之间的物流量，可以直观地反映配送中心的作业情况。当物流对象比较单一，无论配送中心规模及物流量大小，都可以用物流过程图进行物流分析。图 7－5 是某农产品配送中心的物流过程图。

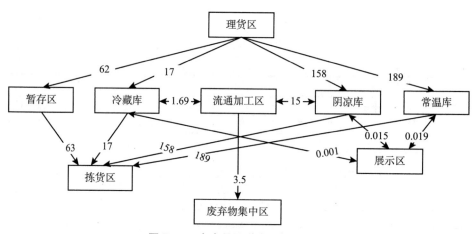

图 7－5　农产品配送中心物流过程

2. 多物流对象物流过程表

当物流对象的种类较多、物流量规模较大时，可以将各类物流对象的物流作业流程汇总在一张表上，形成多物流对象物流过程表。在这张表上，各类物流对象的作业流程并列列出，可以反映出各个物流对象的物流路径。

3. 从至表

当物流对象 P 种类很多、物流量 Q 也较大时，可采用从至表（from-to charts）来表示各物流作业单元之间的物流方向和物流量。其中，从至表的行表示作业单元间物流的源头，称为从；列表示作业单元间物流的目的地，称为至；行列交叉点标明由源头到目的地的物流量。表 7－7 给出了农产品配送中心的从至表。

4. 成组分析法

当物流对象数量比较多、物流量属于中小规模时，可以采用成组方法将物流对象按照性质相似或作业流程相似进行归类分组,然后对于每一类对象采用物流过程图进行物流分析,或者采用多物流对象物流过程表表示各组对象的物流作业过程,再做进一步的物流分析。

表7-7 农产品配送中心从至表 单位:万吨/天

从＼至	理货区	暂存区	常温库	阴凉库	冷藏库	展示区	流通加工区	拣货区	废弃物集中区
理货区		62	189	158	17				
暂存区								63	
常温库						0.019		189	
阴凉库						0.015	15	158	
冷藏库						0.001	1.69	17	
展示区			0.019	0.015	0.001				
流通加工区				15	1.69				3.5
拣货区									
废弃物集中区									

(五) 相关性分析

1. 物流相关性分析

物流相关性分析是对配送中心的物流线路和物流量进行分析,用物流强度或物流量来表示各作业单元之间的物流关系强弱,从而确定各作业单元之间的物流相关程度。物流相关性分析是配送中心规划的核心工作。

通过物流分析,既可以确定各作业单元之间的相互关系,即前后顺序,也可以通过各线路上一定周期内的物流量即物流强度来确定两作业单元之间的物流相关性。由于直接分析大量的物流数据比较困难且不必要,因此可以将物流强度按等级划分。在SLP中,物流强度的划分可采用 A (absolutely important,绝对重要)、E (extremely important,特别重要)、I (important,重要)、O (ordinary important,一般重要) 和 U (unimportant,不重要) 这5个等级。划分依据如表7-8所示。

在划分物流强度等级时,应注意采用相同的计量单位来统计各作业单元对之间的物流总量(包括正反两个方向的物流量),将各作业单元对按物流强度大小排序,根据数据划分出不同的物流强度等级。对于不存在固定物流量的作业单元对,物流强度定为U级。

表 7-8 物流强度等级划分依据

符号	物流等级强度	物流线路比例（%）	承担物流量比例（%）
A	超高物流强度	约10	约40
E	特高物流强度	约20	约30
I	较大物流强度	约30	约20
O	一般物流强度	约40	约10
U	可忽略物流强度	—	—

为了简单明了地反映所有作业单元之间的物流相互关系，可以通过作业单元物流相关表来反映所有的物流关系，即在一个方阵表的行、列中列出所有的物流作业单元，但并不考虑物流作业的起始与终止，在行与列相交的方格中填入行物流作业单元与列物流作业单元的物流强度等级，得到原始物流相关表，如表 7-9 所示。

表 7-9 原始物流相关表

作业单元序号	作业单元序号	1	2	…	n
作业单元序号	作业单元名称	作业单元1	作业单元2	…	作业单元 n
1	作业单元1				
2	作业单元2				
…	…				
n	作业单元 n				

由于原始物流相关表行作业单元与列作业单元的排列顺序相同，且作业单元对之间的物流强度不考虑方向，因此，得到的表格是对称的方阵表格，在实际作业中只画一半即可，可以用物流相关图来表示各作业单元之间的物流相互关系（见图 7-6）。

2. 非物流相关性分析

配送中心各作业单元之间除了存在物流关系之外，有时还存在一些非物流关系。这些关系虽然从物流量上反映不出来，但是有时却直接影响着物流作业的运作效率和运作成本。因此，在配送中心区域布局规划时，非物流因素也是需要考虑的。

在 SLP 中，各作业单元之间的非物流关系是通过作业单元相互关系分析来反映和实现的，其中，作业单元相互关系分析是以物流对象（P）、物流量（Q）和辅助服务部门（S）为分析基础的。

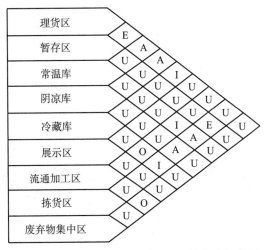

图 7 - 6　农产品配送中心作业单元的物流相关图

作业单元之间的相互关系影响因素有很多，主要因素如表 7 - 10 所示。

表 7 - 10　　　　　　　　　　　非物流关系的影响因素

编号	考虑的理由	编号	考虑的理由
1	作业流程的持续性	6	物料搬运
2	作业性质相似	7	使用相同的设施和设备
3	管理和监督方便	8	使用相同的文件档案
4	工作联系频繁程度	9	使用同一组人员
5	安全卫生	10	服务的频繁和紧急程度

根据理查德·缪瑟（Richard Muther）在 SLP 中的建议，在进行区域布局规划时，考虑的因素一般不应超过 10 个。

根据确定的作业单元相互关系密切程度的影响因素，可以对各作业单元间关系密切程度划分等级。一般将作业单元间相互关系密切程度划分为 A、E、I、O、U 和 X 6 个等级，相应的划分依据如表 7 - 11 所示。

为了简明地表示作业单元之间的非物流关系，与物流关系分析类似，可以使用作业单元之间的非物流关系相关图，如图 7 - 7 所示。可根据等级理由表，将关系等级与确定该等级的理由一同填入行与列交叉的菱形框中。

表 7 – 11   作业单元间相互关系等级

符号	物流等级强度	物流线路比例
A	绝对重要	2% ~ 5%
E	特别重要	3% ~ 10%
I	重要	5% ~ 15%
O	一般	10% ~ 25%
U	不重要	45% ~ 80%
X	禁止靠近	根据需要确定

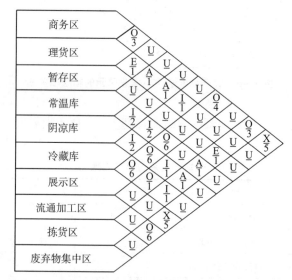

图 7 – 7   农产品配送中心作业单元的非物流关系相关图

（六）作业单元综合相互关系分析

作业单元之间物流相互关系与非物流相互关系往往并不一致，为了确定各作业单元之间综合相互关系的密切程度，须将物流相互关系与非物流相互关系进行合并，求出作业单元之间的综合相互关系，然后从各作业单元之间的综合相互关系出发，实现各作业单元的合理布置。综合相互关系的步骤如下：

第一步，确定物流关系与非物流关系的相对重要性。相对重要性的比值用 $m:n$ 来表示，在实际规划过程中，一般介于 1:3 与 3:1 之间，即通常比值取 1:3、1:2、1:1、2:1、3:1。当比值大于 3:1 时，作业单元之间的物流关系占主导地位，只需考虑物流相互关系即可；当比值小于 1:3 时，作业单元之间的非物流关系占主导地位，只需考虑非物流相互关系即可。

第二步，量化相关程度等级。A = 4，E = 3，I = 2，O = 1，U = 0，X = −1。

第三步，确定任意两个作业单元之间综合相互关系等级的量化值。设有两个作业单元，分别为 i 和 j，其物流相互关系等级的量化值为 MR_{ij}，非物流相互关系等级的量化值为 NR_{ij}，那么，相应的综合相互关系等级的量化值为：$TR_{ij} = m \times MR_{ij} + n \times NR_{ij}$。

第四步，划分综合相互关系的等级。利用 TR_{ij} 进行综合相关关系等级划分，建立作业单元之间的综合相互关系表。综合相互关系的等级划分为 A、E、I、O、U 和 X 共 6 个等级，划分等级的比例如表 7 – 12 所示。

表 7 – 12　　　　　　　　　作业单元综合相互关系表

	A	E	I	O	U	X
意义	绝对重要	特别重要	重要	一般	不重要	禁止靠近
作业单位对比例	1% ~ 3%	2% ~ 5%	3% ~ 8%	5% ~ 15%	20% ~ 85%	0% ~ 10%

在确定综合相互关系时，任何等级的物流相互关系与 X 级非物流相互关系合并时均不应超过 O 级。对于绝对不能靠近的作业单元之间的相互关系应定为 XX 级。

以农产品配送中心为例，当物流关系与非物流关系的比值取为 3∶1 时，可得到如图 7 – 8 所示的作业单元综合相互关系图。

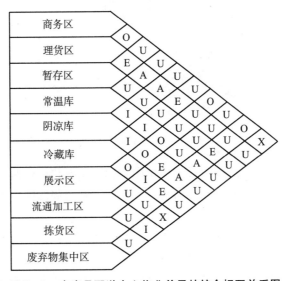

图 7 – 8　农产品配送中心作业单元的综合相互关系图

（七）作业单元面积计算

各作业单元的占地面积由设备占地面积、物流模式、人员活动场地等因素决定，应分别进行计算。

（八）总体平面区域布局规划

在确定作业单元的具体位置时，首先根据综合相互关系图中级别高低按顺序先后确定不同级别作业单元的位置，关系级别高的作业单元之间距离近，关系级别低的作业单元之间距离远，而同一级别的作业单元按综合接近程度的分值高低顺序进行布置。作业单元综合接近程度分值高的应处于中间位置，分值低的处于边缘位置。

根据 SLP 思想，按照综合相互关系级别高低确定不同级别作业单元的位置，并用线型图"试错法"生成空间关系图。在绘制线型关系图时，首先将 A、E 等级关系对应的作业单元放进线型关系图中，同级别的关系用相同长度的线段表示，E 级关系的线段长度约为 A 级关系的 2 倍。然后，按同样的规则布置 I 级关系。若作业单元比较多，线段比较混乱，则可不必画出 O 级关系，但 X 级关系必须表示出来。调整各作业单元的位置，使得满足综合相关关系的等级，最终得到初步线型关系图（如图 7-9 所示）。

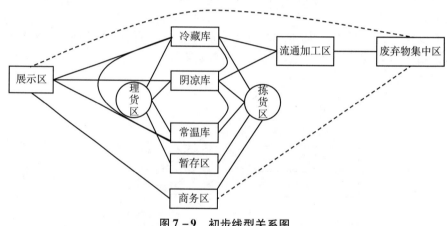

图 7-9　初步线型关系图

作业单元空间形状的确定是由配送中心的平面形状和建筑空间的几何形状共同确定的，结合各作业单元的面积，一起添加到布局图中，生成空间关系图（如图 7-10 所示）。

SLP 中直接生成的空间关系图只能代表理想情况下的布局方案，在实际规划中，还需要考虑场址条件和周围情况、建筑特征、容积率、绿地与环境保护空间的比例及限制、人员需要、搬运方法、资金等实际限制条件，以及各种修改意见，通过调整修正得到多个可行的布局方案。

（九）布局方案评价与选择

对调整修正得到的多个可行布局方案进行综合评价，在综合评价的基础上，最后选择一个最优的布局方案。

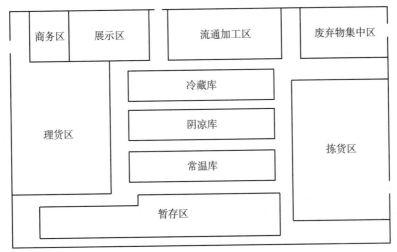

图 7 – 10　农产品配送中心的空间关系

第六节　配送中心设施设备规划

一、配送中心建筑设施规划

配送中心的建筑设施包括很多种，但主要的建筑还是仓库和加工中心。针对仓库和加工中心，需要对建筑物形式、层数、楼层净高、形状、土地、建筑物及设备、地面负荷能力、柱间距等方面进行规划。

（一）建筑物形式

配送中心的建筑物形式主要有钢筋混凝土结构和轻钢结构两种，相应的优缺点如表 7 – 13 所示。

表 7 – 13　　　　　　　　　　　建筑物形式及其优缺点

建筑形式	优点	缺点
钢筋混凝土结构	隔音、隔热、防火效果较好	施工工期较长； 柱网较多，空间使用率低； 不利于自然采光和设施安装； 当仓库需要调整时，扩展性较差
轻钢结构	施工周期短； 立柱少，跨度大，空间利用率高； 作业动线流畅； 容易做夹层结构	耐久性相对较差； 通常适用于 18 米以下的单层仓库

一般情况下，轻钢结构的造价比混凝土结构的造价低，但在某些地区，混凝土结构的造价可能会更低。

（二）层数

配送中心一般有单层和多层两种选择。单层建筑占地面积大、造价昂贵，每立方米仓储费用较高，但空间较大，照明成本低，水平运作，装卸搬运费用相对较低。多层建筑占地面积小，造价便宜，但空间小，照明成本高，立体运作，装卸搬运费用高。在进行规划时，需要根据实际情况进行全面评估。

（三）楼层净高

楼层净高是指仓储区域从地面向上至障碍物的距离。障碍物主要有建筑照明灯具、喷淋系统、空调与排风管等设施。楼层净高会限制货架的高度及堆高机的举升高度。仓库楼层净高如表 7 – 14 所示。

表 7 – 14 仓库楼层净高

仓库类型	楼层净高	
单层	8 ~ 10 米	
多层	一层	5.5 ~ 6 米
	二层	5 ~ 6 米
	三层	5 ~ 5.5 米
	四层	4.5 ~ 5 米

（四）形状

配送中心的形状通常为长方形。长方形建筑方便布局，采光较好，通风设备可以更有效地发挥作用，立柱少，可利用的仓储面积大，同时有利于扩充。

（五）土地、建筑物及设备

土地、建筑物及设备有购买和租赁两种形式。购买所需的投资较大，并且需定期或不定期地进行维护维修；租赁所需投资较小，不必担心维护的问题，税费也可在所得税前进行抵扣。从目前来看，租赁已成为一种国际流行的趋势。

（六）地面负荷能力

地面负荷能力是指仓库地面的平整度和承载能力的指标。对地面负荷能力的要求，目的是保证设备安全使用和作业的正常运行。地面负荷能力由保管货物的种类、比重、货物堆垛高度和使用的装卸搬运机械决定。

地面的平整度通常由堆高机作业对货物的稳定性要求和速度限制，以及货架高度等因素决定。通常仓库地面的平整度为1%。

仓库地面承载能力的一般要求如表7-15所示。

表7-15　　　　　　　　　地面承载能力要求　　　　　　　　单位：吨/平方米

楼层	地面承载能力
一层	2.5~3
二层	2~2.5
三层	1.5~2

（七）柱间距

柱间距主要是根据建筑物层数、层高、地面负荷能力等来计算。对于建筑成本有利的柱间距，对配送中心的仓储设备不一定是最佳跨度。在最经济的条件下，合理确定柱间距，可以显著提高配送中心的保管和作业效率。

影响配送中心柱间距的因素主要有运输车辆的种类、规格型号和车辆数，托盘尺寸和通道宽度，货架与柱之间的关系等。

1. 按运输车辆规格确定柱间距

运输车辆一般停靠在配送中心的出入口。在特殊情况下，运输车辆需要进入配送中心内部进行装卸，这就要根据车辆的规格尺寸来计算柱间距。图7-11为根据运输车辆规格确定柱间距的示意图。

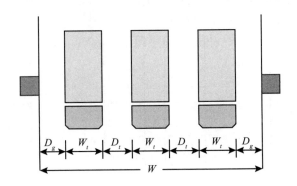

图7-11　根据运输车辆规格确定柱间距

假设柱间距为W，运输车辆宽度为W_t，运输车辆的数量为N，相邻两个车辆之间的间距为D_t，侧面余量尺寸为D_g，那么柱间距的计算公式为：

$$W = W_t \times N + (N-1) \times D_t + 2 \times D_g \qquad (7-1)$$

2. 按托盘长度尺寸确定柱间距

当采取托盘就地堆码的储存方式时，为了提高仓库的利用率，可以按托盘尺寸来确定柱间距。图 7 – 12 为按托盘宽度确定柱间距的示意图。

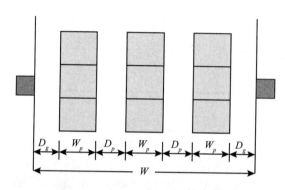

图 7 – 12　按托盘宽度确定柱间距

假设柱间距为 W，托盘宽度为 W_p，相邻两个柱子之间的托盘列数为 N，相邻两列托盘之间的间距为 D_p，侧面余量尺寸为 D_g，那么柱间距的计算公式为：

$$W = D_p \times (N-1) + W_p \times N + 2 \times D_g \qquad (7-2)$$

3. 按托盘货架的宽度计算柱间距

当采用托盘货架保管货物时，可按托盘货架的尺寸来确定柱间距。图 7 – 13 为按托盘货架的宽度确定柱间距的示意图。

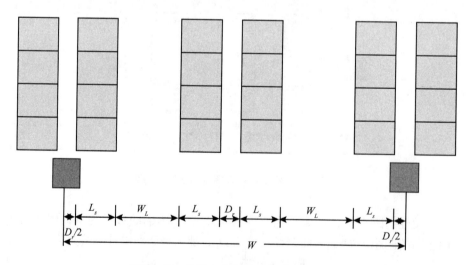

图 7 – 13　按托盘货架的宽度确定柱间距

假设柱间距为 W，托盘货架的宽度为 L_s，托盘货架的巷道数量为 N，两列背靠背托盘货架的间隙为 D_r，通道宽度为 W_L，那么柱间距的计算公式为：

$$W = (W_L + 2 \times L_s + D_r) \times N \qquad (7-3)$$

二、配送中心作业区域设计

（一）作业通道设计

虽然作业通道不直接属于任何作业区域，但是通道的正确安排与宽度的合理设计将影响物流效率。

1. 考虑因素

在设计作业通道时，一般首先设计通道位置和宽度。影响通道位置和宽度的因素有：（1）通道形式；（2）搬运设备，如尺寸、形式、产能、回转半径等；（3）储存货物的批量、尺寸；（4）仓储区到进出口及装卸区的距离；（5）防火墙的位置；（6）建筑物的柱网结构和行列空间；（7）服务区及设备的位置；（8）地面负载能力；（9）电梯及坡道位置。

2. 通道分类

配送中心的通道分为区间通道和库内通道两种。区间通道主要通行运输车辆和人员，要注意车辆回转和上下货位置，而库内通道包括以下几种：

（1）工作通道。这是物流仓储作业和出入库作业的通道，其中有主要通道与辅助通道两种。主要通道是连接库房进出口和各作业区的通道，道路最宽；辅助通道是连接主要通道和各作业单元的通道，一般平行或垂直于主要通道。

（2）员工通道。员工进出特殊区域的通道。

（3）电梯通道。出入电梯的通道，一般距主要通道约 3～4.5 米。

（4）其他通道。主要是公共设施、防火设备或紧急逃生所需要的进出道路。

3. 通道的设计

通道设计的顺序是：首先，设计配合出入配送中心门口位置的主要通道；其次，设计出入部门及作业区域间的辅助通道；最后，设计服务设施、参观走廊等其他通道。就一般的配送中心而言，可采用中枢通道的布置形式（如图 7-14 所示），即主要通道穿过配送中心的中央，这样可以有效地利用空间。

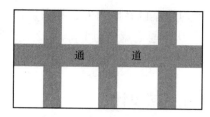

图 7 – 14　中枢通道的布置形式

通道宽度应根据不同的作业区域、人员或车辆行走速度、单位时间通行人数、搬运物品体积等因素而定。表 7 – 16 所示为主要通道宽度的参考值。

表 7 – 16　　　　　　　　　　主要通道宽度的参考值　　　　　　　　　　单位：米

通道类型	宽度	转弯半径
中枢主通道	3.5 ~ 6	
辅助通道	3	
人行通道	0.75 ~ 1	
小型台车	0.7 ~ 1.2	
手动叉举车	1.5 ~ 2.5	1.5 ~ 2.5（视载重而定）
重型平衡式堆高车	3.5 ~ 4	3.5 ~ 4
前置式堆高机	2.5 ~ 3	2.5 ~ 3
窄巷道式堆高机	2 ~ 2.5（1.1 × 1.1 托盘）	1.7 ~ 2
人	0.5	
手推车	1	

（二）进、出货作业区域的规划

进、出货作业区域规划的主要内容是进、出货平台（收发站台、月台或码头）的规划。进、出货平台主要包括进货平台、出货平台及进、出货共用平台。进、出货平台的基本作用是提供车辆停靠、货物的装卸与暂存，利用进、出货平台能方便地将货物装入或卸出车辆。

进、出货作业区域的规划通常包括进、出货平台的位置关系、平台形式、停车遮挡形式及平台宽度、长度和高度等内容。

1. 进、出货平台的位置关系

进、出货平台位置关系直接影响配送中心出入库的效率、作业差错率及配送中心内部的物流动线等。两者的位置关系有以下几种：

（1）进、出货共用平台。这种形式可提高空间和设备利用率，但管理困难。特别是进、出货高峰时间，容易导致进货与出货相互影响的不良后果。这种形式适合于进、出货时间错开的配送中心。

（2）进、出货平台分开使用，但两者相邻。这种形式可以将进、出货作业的空间分开，进、出货作业不会相互影响。虽然空间利用率较低，但是装卸搬运设备可以共用。这种形式适用于空间较大、进货和出货容易相互影响的配送中心。

（3）进、出货平台相互独立且不相邻。这种形式的进、出货作业平台完全独立，不但空间分开而且设备不共用。这种形式能提高进、出货的速度，但是空间和设备利用率均相对较低。

（4）多个进出货平台。当配送中心的空间足够大，同时货物进出量大且作业频繁时，可规划多个进货平台和出货平台以满足业务需求。

2. 进、出货平台的形式

（1）按照平台形状，进、出货平台有锯齿形和直线形两种形式。锯齿形的优点是车辆旋转纵深较浅，缺点是占用配送中心内部空间较大（如图 7 - 15 所示）；直线形的优点是占用配送中心内部空间小，装卸货布置简单，在平台长度相同的情况下，直线形平台布置的车位较多，缺点是车辆旋转纵深较大，且需要较大外部空间（如图 7 - 16 所示）。究竟选用哪种形式的进、出货平台，可根据进、出货特点和场地情况而定。在土地没有特殊要求时，尽量选用直线形平台。

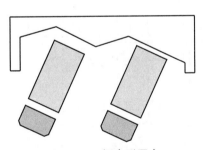

图 7 - 15　锯齿形平台

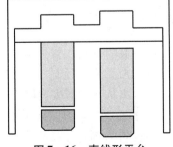

图 7 - 16　直线形平台

（2）按平台的高度可分为高站台和低站台两种。高站台具有利于装卸作业、泥土和雨水不易侵入等优点，但具有造价较高等缺点。低站台的优点在于可以在后边与侧面进行装卸作业，对大重量货物的装卸作业较为方便；缺点是作业动线交错，人力装卸作业比较困难，泥土和雨水易侵入站台。

3. 进、出货平台的停车遮挡形式

在设计进出货停车平台时，除考虑效率和空间之外，还应考虑安全的问题。因为许多货物对潮湿或阳光直射特别敏感，尤其是设计车辆和平台之间的连接部分时，必须考虑到如何防止大风吹入仓库内部和雨雪进入配送中心。此外，还应该避免库内空调的冷暖气外溢和能源损失。停车遮挡形式主要有以下三种：

（1）内围式［如图 7 - 17（a）所示］。把平台围在配送中心内部，车辆可直接进入内部装卸。优点在于安全，不怕风吹雨打及冷暖气外溢。

（2）齐平式［如图 7 - 17（b）所示］。平台与配送中心侧边齐平。优点是整个月台仍在配送中心内部，可避免能源浪费。这种形式造价低，目前被广泛采用。

（3）开放式［如图 7 - 17（c）所示］：平台全部突出在配送中心之外，平台上的货物完全没有遮挡，配送中心内的冷暖气容易外溢。

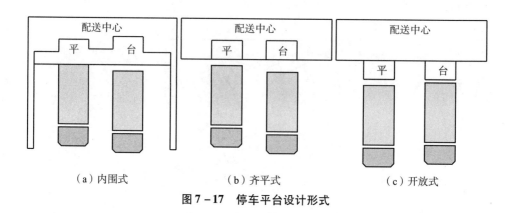

（a）内围式　　　　　（b）齐平式　　　　　（c）开放式

图 7 - 17　停车平台设计形式

4. 进、出货平台的宽度

进货时的物品一般要经过拆装、理货、检查与暂存等流程，才能进入后续作业。为此，在进、出货平台上应留有一定的空间作为暂存区/理货区。为了保证装卸业务的顺利进行，进、出货平台需要升降平台等连接设备配合（如图 7 - 18 所示）。假设连接设备的宽度为 s，当连接设备为活动连接设备时，s 介于 1 米与 2.5 米之间；当连接设备为固定连接设备时，s 介于 1.5 米与 3.5 米之间。

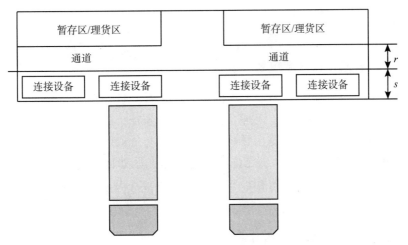

图 7-18 暂存区、连接设备和出入通道的布置形式

为了使车辆与人员进出畅通,在暂存区与连接设备之间应有出入通道。通常通道宽度 r 介于 2.5 米与 4 米之间,由此可见,进出货平台宽度 $w = s + r$。

5. 进、出货平台的长度

以进货为例,假设在 m 小时内需要完成 n 辆车的卸货任务,第 h 辆车卸货的时间为 t_h 分钟,进货峰值系数为 s,那么所需的车位数为:$n = \dfrac{s \times \sum\limits_{h=1}^{n} t_h}{m \times 60}$;若每个车位的宽度为 w 米,那么进货站台的长度为:$L = n \times w$ 米。

6. 进、出货平台的高度

对于高站台,进、出货平台高度主要取决于运输车辆车厢的高度。对于不同的车型,车厢的高度是不一样的,即使是同一车型,生产厂家不同,车型高度也略有不同。而且,对于同一辆车,空车与重载时车厢的高度也有差异。

(1) 当车型基本不变时,配送中心如果只选定使用频率较高的几种车型,则可由主车型车辆空载时车厢的高度与满载时车厢下降高度的差值来决定站台高度。满载时,车辆的车厢高度一般下降 0.1~0.2 米。

(2) 当车型变化很大时,为了适应各种车型车辆装卸货物的需要,必须配备升降平台来调整高度。通常,站台高度 H 为最高车厢高度与最低车厢高度的平均值。升降平台踏板的倾斜角根据叉车的性能略有差异,通常按倾斜角不超过 15° 来设计升降平台长度。

假设满载时车厢的最低高度为 H_1,空载时车厢的最高高度为 H_2,升降平台的倾斜角为 θ,那么站台的高度 H 和升降平台的长度 A 分别为:

$$H = \frac{H_1 + H_2}{2}, \quad A = \frac{(H_1 - H_2)/2}{\sin\theta}。$$

（三）仓储作业区域规划

在规划仓储作业区域时，考虑的主要因素有：货物尺寸和数量，托盘尺寸和货架空间，设备型号、尺寸、能力和旋转半径，通道宽度和位置，柱间距离、建筑尺寸与形式，进出货及搬运位置，补货或服务设施的位置（防火墙、灭火器、排水口等）。总之，不论仓储作业区如何进行规划，应先求出仓储所需要的空间大小、货物尺寸及数量、堆放方式、托盘尺寸和货架储位空间。

1. 仓储作业区域的面积计算

仓储作业区域的面积分为建筑面积、有效面积和实用面积。其中，建筑面积是指墙体所围成的面积；有效面积是指墙线围成的可供使用的面积，如设有立柱，应减去立柱所占的面积；实用面积是指存放货物占用的实际面积，即货垛和货架等所占用的面积之和。

假设拟建配送中心仓储作业区域的面积为 D，拟建配送中心仓储作业区域的最高仓储量为 Q，可以采用下列方法测算仓储作业区域的面积：

（1）比较类推法。这种方法是以已建成的同类配送中心的仓储作业区域面积为基础，根据仓储量增减的比例关系，加以适当的调整，最后测算出仓储作业区域的面积，具体计算公式为：

$$D = D_0 \times \frac{Q}{Q_0} \times k \qquad (7-4)$$

其中，D_0 为已建成的同类配送中心的仓储作业区域面积；Q_0 为已建成的同类配送中心的仓储作业区域的最高仓储量；k 为调整系数，当已建成的同类配送中心的仓储作业区域面积有富余时，$k<1$，面积不足够时，$k>1$。

（2）定额计算法。这种方法利用仓储作业区域有效面积中单位面积仓储定额来计算仓储作业区域的面积，具体计算公式为：

$$D = \frac{Q}{N_d} \times \frac{1}{\alpha} \qquad (7-5)$$

其中，N_d 为配送中心仓储作业区域的单位面积储存定额（单位：吨/平方米）；α 为仓储作业区域有效面积利用系数，为实用面积与有效面积的比值。

（3）荷重计算法。这种方法是在定额计算法的基础上，考虑了货物平均储存时间和配送中心年有效工作天数两个因素后计算仓储作业区域面积的一种方法，具体计算公式为：

$$D = \frac{Q \times T}{N_d \times T_0} \times \frac{1}{\alpha} \qquad (7-6)$$

其中，T 为货物平均仓储时间（单位：吨/天）；T_0 为配送中心的年有效工作天数。

（4）直接计算法。这种方法通过直接计算出货垛或货架所用的面积，全部通道所用的面积，最后把垛距、墙距和柱距所占面积相加求出总面积。配送中心的垛距一般不小于 0.1 米，内墙距一般为 0.3 米，外墙距一般为 0.5 米，柱距一般为 0.2 米。

2. 不同储存方式对应的作业区域面积计算

（1）托盘平置堆码。托盘平置堆码是将货物码放于托盘上，然后以托盘为单位直接平放在地面上。这种方式适用于周转频次高的配送中心，计算仓储作业区域的理论面积需要考虑货物的数量和尺寸、托盘的尺寸、安全系数等。

假设托盘的尺寸为 $L_p \times W_p$（平方米），由货物尺寸、托盘尺寸和码盘的层数计算出每个托盘可堆 N 箱货物。若配送中心的平均库存量为 Q 箱，安全系数为 S_f，则仓储作业区域的理论面积 D 为：

$$D = \frac{Q}{N} \times S_f \times (L_p \times W_p) \qquad (7-7)$$

仓储作业区域的实际面积需求还需要考虑叉车存取作业所需的通道面积。若采用中枢通道的布置方式，通道约占全部面积的 30% ~ 35%，此时，仓储作业区域的实际面积最大需求 A 为：

$$A = \frac{D}{1-0.35} \approx 1.538 \times D \qquad (7-8)$$

（2）托盘多层堆码。托盘多层堆码是将货物码放在托盘上，然后以托盘为单位进行多层码放的储存方式。如果配送中心的货物多为大批量进出，且配送中心面积不太充足，货物不怕重压，可用装卸搬运工具码放多层，就可以采用托盘多层堆码的储存方式。在这种储存方式下，计算仓储作业区域的理论面积需要考虑货物的数量和尺寸、托盘的尺寸、可堆放的层数、安全系数等。

假设托盘的尺寸为 $L_p \times W_p$（平方米），由货物尺寸、托盘尺寸和码盘的层数计算出每个托盘可堆 N 箱货物，托盘可码放 M 层。若配送中心的平均库存量为 Q 箱，安全系数为 S_f，则仓储作业区域的理论面积 D 为：

$$D = \frac{Q}{N \times M} \times S_f \times (L_p \times W_p) \qquad (7-9)$$

仓储作业区域的实际面积需求还需要考虑叉车存取作业所需的通道面积。此时，通道约占全部面积的 35% ~ 40%，仓储作业区域的实际面积最大需求 A 为：

$$A = \frac{D}{1-0.4} \approx 1.667 \times D \qquad (7-10)$$

（3）托盘货架储存。这种储存方式是将货物码放在托盘上，托盘再放在货架上。在计算仓储作业区域的面积时，需要考虑货架系统的区块分布和货物存放时彼此之间的空隙。

当考虑货架系统的区块分布时，由于货架具有区块特性，每个区块由两排货架及通道组成，因此，需由基本托盘所占面积换算成货架所占面积加上存取通道面积，才是实际所需的仓储作业区域面积。其中，通道宽度根据叉车是否做直角存取或仅是通行而定。货架的区域面积计算，以一个货架为计算基准。图 7 – 19 所示为采用托盘货架储存方式的俯视图。

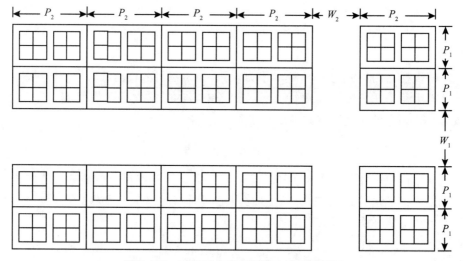

图 7 – 19　采用托盘货架储存方式的俯视图

假设 P_1 为单排货架的宽度，P_2 为货格的宽度，W_1 为货叉直角存取的通道宽度，W_2 为货架区侧向通道宽度，货架层数为 L，那么有：

货架的平面面积 A 为：

$$A = (4 \times P_1) \times (5 \times P_2) \tag{7 – 11}$$

货架的平面总面积 B 为：

$$B = 货架的平面面积 \times 层数 = A \times L \tag{7 – 12}$$

仓储作业区域平面面积 D 为：

$$D = 货架的平面面积 + 叉车通道面积 + 侧向通道面积$$
$$= A + W_1 \times (5 \times P_2 + W_2) + W_2 \times (4 \times P_1) \tag{7 – 13}$$

当考虑货物存放的空隙时，假设货架的一个货格可以存放两个托盘，并保留一定的存取作业需要的空间。图 7 – 20 为托盘货架储存空间的示意图。

假设托盘的尺寸为 $L_p \times W_p$，货架立柱的宽度为 a，托盘与货架之间的空隙宽度为 b，托盘与托盘之间的空隙宽度为 c，那么，单排货架的宽度 P_1（忽略相邻两排货架的间隙尺寸）和货格的宽度 P_2 可以通过下面的公式进行计算：
$P_1 = W_p$，$P_2 = a + 2 \times (L_p + b) + c$。

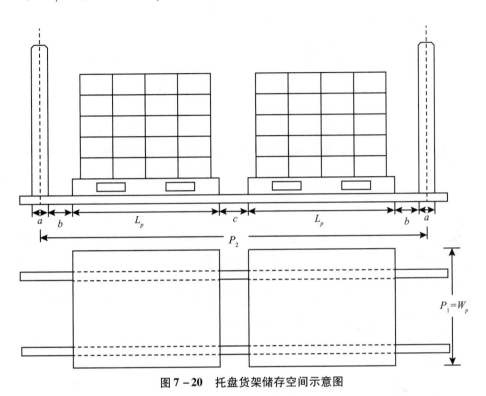

图 7-20　托盘货架储存空间示意图

（4）货物直接堆码。这种方式是将货物直接码放在地面的衬垫材料上，由下向上一层紧挨着一层以一定的形状堆码。

假设配送中心的平均库存量为 Q 箱，安全系数为 S_f，货物可堆码 M 层，单件物品的长度为 L_b，宽度为 W_b，当采用货物直接堆码的方式时，仓储作业区域所需的理论面积为：

$$D = \frac{Q}{M} \times S_f \times (L_b \times W_b) \tag{7-14}$$

确定货物堆码层数 M 时，需要考虑以下三个条件：

①地坪不超重，即：

$$M = \frac{地坪单位面积最高负荷量}{货物单位面积重量}$$

其中，货物单位面积重量 $= \dfrac{每件货物毛重}{L_b \times W_b}$。

②货垛不超高，即：

$$M = \frac{配送中心仓储作业区域可用高度}{每件货物的高度}$$

③最底层货物承重能力不超重，即：

$$M = \frac{\text{底层货物允许承载的最大重量}}{\text{单位货物重量}} + 1$$

在实际应用时，应当取上面三个数值中的最小值作为货物的可堆码层数。

（四）拣选作业区域规划

拣选作业是配送中心内最重要的工作，拣选作业会直接影响配送中心的作业效率和经营效益，是配送中心服务水平高低的重要标志。因此，保证拣选准确率，将准确数量的货物在合适的时间配送给客户，是拣选系统的最终目的。要达到这一目的，必须根据订单分析结果，确定采用的拣选设备，按一定拣选策略组合，采取切实可行且高效的拣选方法提高效率，避免拣选错误。

1. 拣选作业的分类

（1）按订单的组合方式，拣选作业可分为按单拣选（摘果式拣选）、批量拣选（播种式拣选）、整合按单拣选和复合拣选。

按单拣选是根据每一个客户的订单，拣选作业人员或设备在配送中心各个储存区巡回往返，把客户所需数量的货物从相应的储位取出，一次配齐一个客户需要的所有货物，然后集中在一起的拣选方式。

批量拣选是按照货物品种类别加总拣货，然后依据不同客户或不同订单分货。采用这种方式拣选，首先将各客户均需要拣选的一种货物集中搬运到配货场，然后取出每一个客户所需的货物数量，分别放到相应客户的货位上。一种货物配齐后，再按同样的方法配第二种货物，直至配货完成。

整合按单拣选主要应用于一天中每一订单只有一个品项的情形，为了提高运输车辆的装载率，可将某一地区的订单汇总成一张拣选单，做一次拣选后，集中捆包出库。

复合拣选是按单拣选与批量拣选的组合应用，按订单品项、数量及出库频率，决定哪些订单适合按单拣选，哪些订单适合批量拣选。

（2）按运动的方式，可以分为"人至物前"拣选和"物至人前"两种方式。当采用"人至物前"拣选方式时，拣选作业人员通过步行或搭乘拣选车辆到达货物拣选的位置。这种方式的特点是货物采取静态储存的方式，如托盘货架、轻型货架、重力式货架、阁楼式货架等。当采用"物至人前"的拣选方式时，拣选作业人员在固定的位置内作业，不需要去寻找货物的拣选位置。这种方式的特点是货物采用动态方式储存，如旋转式货架、自动化立体仓库。

（3）按人员的组合方式，可以分为单独拣选和接力拣选。单独拣选是一个拣选作业人员持一张拣选单进入拣选区拣选货物，直至将拣选单中的任务全部完成。接力拣选是将拣选区域分为若干个子区域，由若干个拣选作业人员分别操作，每个拣选作业人员只负责本区货物的拣选，拣选小车携带一张拣选单在各子区域巡回，各区域的拣货作业人员按拣货单的要求拣选所负责区域储存的货物，一个区域完成转移至下一个区域，直至拣选单中所列的货物全部拣选完成。

（4）按拣选提示信息，可分为拣货单拣选、电子标签辅助拣选、RF（radio frequency）辅助拣选和自动分拣等。

2. 拣选策略

拣选策略是影响拣选作业效率的重要因素。影响拣选策略的因素有分区、订单分割、订单分批及分类，这四个因素交叉运用，产生了多种拣选策略。

（1）分区策略。分区就是按一定的方法对拣选作业区域进行划分。根据分区的原则，常用的方法有以下几种：

①按货物特性分区。为了保证货物的品质在配送中心储存期间不发生变化，需要将特性相近的货物集中存放。例如，按货物所需储存条件，可分为冷冻区、冷藏区和常温区。

②按拣选单位分区。当采用这种方法时，拣选作业区域按拣选单元进行划分，如托盘拣选区、箱装拣选区和单件拣选区。

③按拣选方式分区。不同的拣选单位分区中，按拣选方式又可划分为若干个区域，通常按出货量和拣货次数进行 ABC 分类，然后选择合适的拣选设备和拣选方式。这样能使拣选作业单纯一致，减少不必要的重复行走时间。

④按工作分区。在相同的拣选方式下，将拣选作业区域再做划分，由一个人或一组固定的拣选作业人员负责拣选某区域内的货物。该策略的优点是拣选作业人员需要记忆的货位和移动距离减少，拣选时间缩短，还可以配合订单分割策略，运用多组拣选容易在短时间内共同完成订单的拣选。

（2）订单分割。订单分割是指将订单按拣选区域进行分解的过程。当需要分拣的货物品项较多或拣选系统要求快速及时处理时，为了能在短时间内完成拣选作业，可以将订单分成若干个子订单，并交由不同拣选区同时进行拣选作业。

（3）订单分批策略。订单分批策略是把多张订单集合成一个批次，然后进行批量拣选。这样不仅缩短了拣选的平均行走距离和时间，也减少了重复寻找货物的时间。常见的订单分批策略有以下几种：

①总合计量分批。当采用这种分批策略时，在拣选前先累计所有订单中每种货物的总量，再根据总量进行拣选，以使拣选路径缩至最短。这种策略适合固定点之间的周期性配送，例如，可以在当天中午前收集所有已到达的订单，下午做合计量分批拣选单据的打印，第二天上午进行拣选分类。

②时窗分批。当从订单到拣选完成再到出货所需的时间非常紧迫时，可采用此策略，把不同时窗内到达的订单做成一批，进行批量拣选。这一策略常与

分区及订单分割联合使用，特别适合到达时间短而平均、且品项数和订购量不太大的订单。

③固定订单量分批。按照先进先处理的原则，当累计订单数量达到设定的固定量时再进行拣选作业。这种分批策略注重维持较稳定的作业效率，处理速度通常比时窗分批慢。

④智能型分批。智能型分批是将订单汇总后利用复杂的算法处理，将拣选路径相近的订单合并成一批同时处理，可大量缩短拣选作业行走的距离。

除了上述四种分批策略，还有按配送地区、线路分批，按车次分批及按货物内容种类特性分批等。

（4）订单分类策略。当采用批量拣选策略时，货物拣选完毕后需要进行分类，就需要采用某种订单分类策略。分类策略可分为拣选时分类和拣选后集中分类。

①拣选时分类。在拣货的同时将货物按各订单分类，这种分类方法常与固定订单量分批或智能型分批一起使用。因此，需要使用计算机辅助台车作为拣选设备，以加快拣选速度并避免错误。

②拣选后集中分类。分批按批量合计拣选后再集中分类，一般有两种分类方法：一种是以人工作业为主，将货物搬运到空地上进行分发，但是每批次的订单量和货物量不宜过大，以免超出人员负荷；另一种是利用分类输送机进行集中分类。订单分割得越细，分批批量品项越多，后一种方式的效率就越高。

3. 拣选区作业方式选择

如果能合理地选择拣选区的作业方式，配送中心的效率也会得到进一步的提高。常见的拣选区作业方式有以下五种：

（1）仓储区与拣选区共用托盘货架的拣货方式。体积大、发货量大的货物适合这种模式。一般是托盘货架的第一层为拣选区，第二层及以上为仓储区。当拣货结束后再由仓储区向拣选区补货。

拣选区域的实际空间依赖于货物品项数和库存量所需的托盘数。假设平均库存量为 Q（以箱计），平均每托盘堆放的箱数为 N，堆码层数为 S，空间放大倍数为 S_f，则仓储区每层的托盘数 P 为：$P = \dfrac{Q}{N \times (S-1)} \times S_f$。

假设货物品项数为 I，因以托盘作为储存单位，当货物的数量不足一个托盘时仍按一个托盘进行计算，因此拣选区的实际空间面积为 $\max\{I, P\} \times L_p \times W_p$，其中，托盘的尺寸为 $L_p \times W_p$。

（2）仓储区与拣选区共用的零星拣选方式。

①重力式货架拣选作业方式。这种方式适用于进出货量较小、体积不大或外形不规则货物的拣选工作。使用重力式货架来实现仓储和拣选的动态管理功

能，可以实现货物的先入先出。在进货区把货物直接由货车卸到入库输送机上，入库输送机自动把货物送到仓储和拣选区，这种方式的拣货效率较高。拣取完的货物立即被置于出库输送机上，自动把货品送到发货区。

拣选单位可分为整箱拣选和单品拣选两种形式。拣选方式可配合贴条形码标签作业，进行输送带的分类作业。单品拣选还可以进行拆箱作业，并可利用储运箱为拣选用户的装载单位进行集货，再通过输送带分送至发货区。其中，储运箱应具有如条形码、发货单卡等识别标签。

重力式货架的优点在于：在拣选区通道上行走便可方便拣货，使用出库输送机提高效率，出库输送机和入库输送机分开可同时进行出、入库作业。图 7-21 为单列重力式货架拣选作业方式示意图。

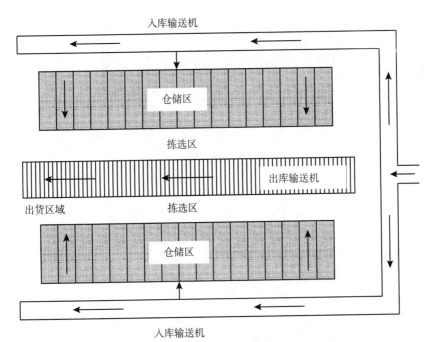

图 7-21　单列重力式货架拣选作业方式

对于规模较大的配送中心，可以采用多列重力式货架进行平行作业，然后用合流输送机对各输送线拣选的货物进行集中。图 7-22 为多列重力式货架拣选作业方式示意图。

②一般货架拣选作业方式。单面开放式货架进行拣选作业时，入库和出库是在同一侧。因此，可共用一条入库输送机进行补货和拣选作业。这种方式虽然节省空间，但是必须注意将入库和出库时间错开，以免造成作业混乱。图 7-23 为单面开放式货架的拣选作业方式示意图。

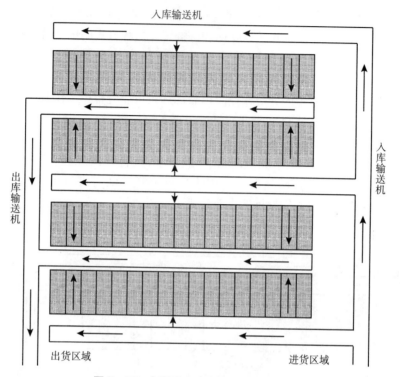

图 7 - 22   多列重力式货架拣选作业方式

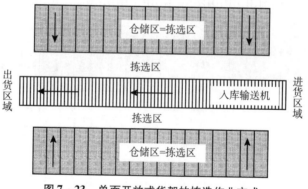

图 7 - 23   单面开放式货架的拣选作业方式

③阁楼货架拣选作业方式。如果拣选作业空间有限，可用阁楼式货架拣选。上层存放小型轻货，用于单品拣选，下层为重型货架，用于箱货拣选，这样做可充分利用空间。

（3）仓储区与拣选区分开的零星拣选作业方式。这种方式的特点是仓储区与拣选区不在同一个货架，要通过补货作业把货物由仓储区输送到拣选区。此种方式适合于进、出货物量适中的情况。图 7 - 24 为仓储区与拣选区分开的零星拣货作业方式示意图。

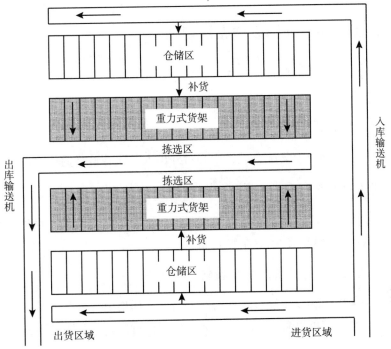

图 7 - 24　仓储区与拣选区分开的零星拣货作业方式

（4）分段拣货的少量拣选作业方式。当拣选区内拣货品项过多，使拣选路径过长时，可考虑接力式的分段拣选方式。如果订单品项分布都落在同一分区中，则可略过其他分区，缩短拣选的行走距离、避免绕行整个拣选区。图 7 - 25 为分段拣选作业方式示意图。

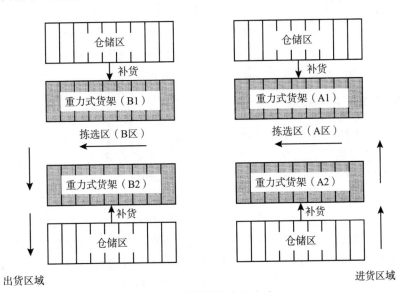

图 7 - 25　分段拣选作业方式

三、配送中心外围设施布局规划

为了配合配送中心的整体运作和使用，需要对配送中心的外围设施进行合理的布局规划。

（一）出入大门与警卫室

出入大门与警卫室需配合配送中心对外出入及联外道路的位置进行规划。

1. 出入口共享一个出入门

适用于配送中心仅单侧有联外道路且出入道路不宽的情况，此时，警卫室可设置于大门一侧并进行出入车辆管制。

2. 出入口相邻位于配送中心同侧

适用于配送中心仅单侧有联外道路的情况，如果出入道路较宽，可将出入线路分开，警卫室可设置于出入口中间，分别进行出、入车辆管制。

3. 出入口位于厂区不同侧

当配送中心两侧均有联外道路，可分别设置出入口与警卫室，或严格执行一边进厂、一边出厂的出入管制，通常用于进、出货时段重叠且进、出车辆频繁的情况。

（二）停车场

停车场对配送中心来说是非常重要的。停车场需要考虑员工用车、来宾车辆及运输车辆等的停车需求。在规划时，应根据配送中心的现状及未来发展趋势，估计车辆的种类和停车台数，并留有扩充的空间。

1. 停车方式

配送中心内的停车方式设计应遵循占地面积小、疏散方便和保证安全等原则，可供选择的停车方式有平行式、斜列式和垂直式三种（如图 7 - 26 所示）。其中，平行式所需停车带较窄，驶出车辆方便、快速，但是占地最长，单位长度内停放的车辆数最少；斜列式是指车身与通道成 30°、45°、60° 或其他锐角斜向停放，停车比较灵活，有利于车辆驶入、驶出，但是单位停车占地面积比垂直式多；垂直式单位长度内停放的车辆数最多，用地紧凑，但是停车带占地较宽，驶入、驶出停车位一般需倒车一次。在进行规划时，可根据配送中心的实际情况、车辆管理、进出车的要求等进行确定。

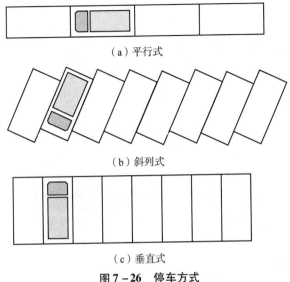

（a）平行式

（b）斜列式

（c）垂直式

图 7 – 26　停车方式

2. 停驶方式

配送中心场地及道路状况是选择车辆停驶方式的根本依据之一。可供选择的停驶方式有前进停车、后退发车，后退停车、前进发车，前进停车、前进发车三种（如图 7 – 27 所示）。

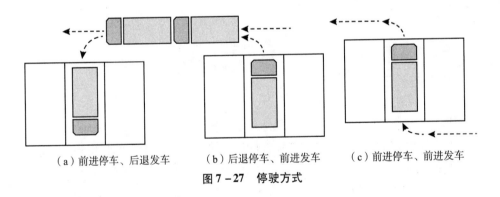

（a）前进停车、后退发车　　　（b）后退停车、前进发车　　　（c）前进停车、前进发车

图 7 – 27　停驶方式

3. 运输车辆回转空间

运输车辆回转空间需根据进出配送中心的车辆类型进行分析。以垂直式停车方式为例（如图 7 – 28 所示），回转空间宽度 L 主要取决于车辆的长度 L_v 和倒车所需的路宽 L_r，即 $L = L_v + L_r + C$，其中，C 为回转余量，对于运输车辆，C 通常取 3 米。L_r 的大小则和停车位宽度有关，停车位宽度越宽，L_r 就越小，通常取 $L_r = L_v$。

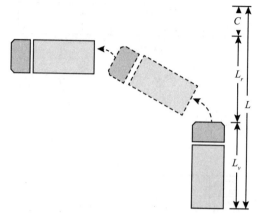

图 7 – 28 垂直式停车方式车辆回转空间宽度

（三）绿化带

工程建设一般对绿化覆盖率有一定要求，因此规划时要充分考虑绿化的要求。一般情况下，配送中心的主要出入口、办公楼前、物流作业区域周围、交通运输线路一侧或双侧，都是绿化的重点。在进行总体平面布置时，可考虑在上述区域留出适当的平面面积作为绿化带。

 习题

一、单选题

1. 下列关于 SLP 描述错误的是_____。

A. 是一种定量分析的方法

B. 着眼于整个物流系统，反复修正与调整

C. 适用范围广，可应用于各种类型的企业

D. 采用了严密的系统分析手段和规范的设计步骤

2. 配送中心内部设施规划与设计的方法不包括_____。

A. 摆样法　　　　　B. 图解法　　　　C. 从至表法　　　D. 数学模型法

3. SLP 的步骤不包括_____。

A. 物流相关性分析　　　　　　　　B. 相似配送中心布局分析

C. 非物流关系分析　　　　　　　　D. 作业单元综合相互关系分析

二、简答题

1. 配送中心有哪些功能？

2. 配送中心区域布局规划的目标有哪些？

第八章

物流园区规划

第一节　物流园区概述

一、物流园区的形成与发展

物流园区（logistics park）最早出现在 20 世纪 60 年代末的日本东京，又被称为物流团地，主要是为解决城市功能紊乱、缓解城市交通压力而建设的。日本在物流园区发展上以"宏观统筹调控，微观自由放开"模式为主，采取的措施主要有：政府牵头确定市政规划，规划园区用地；物流园区的建设资金以物流行业协会会员入股集资和向政府低息贷款取得。物流园区的出现，对于整合市场、降低物流成本起到了非常大的作用，成为支撑日本现代经济的基础产业。

欧洲的物流园区出现稍晚，自 20 世纪 80 年代开始，以德国为首的欧洲各大城市开始建设物流园区。在德国，物流园区被称为货运村（freight village），主要是为了降低物流成本而建设。在物流园区的规划建设方面，德国与日本有一定差别。德国的基本做法是联邦政府统筹规划，州政府、市政府投资建设，公司化经营管理，入驻企业自主经营。1984 年，德国第一个真正意义上的物流园区——不莱梅物流园区，在不莱梅市政府和州政府的支持下建成，通过优惠的土地价格，扩建周边的公路、港口等基础设施建设促使园区得到了迅速的发展。

我国物流园区发展较晚，第一个物流园区是深圳市平湖物流园区，始建于 1998 年。其后，许多地方政府积极规划并建设物流园区。2020 年，我国物流园区已有 1802 个。近年来，我国开始对物流园区进行整治，物流园区的增速逐渐放缓，一批没有经过详细规划的物流园区项目被取消，但整体上，我国物流园区建设仍呈稳步增长态势。

二、物流园区的定义

物流园区是现代物流产业发展中的新事物，从目前国内外的相关研究及实践情况来看，不同国家、部门及学者对物流园区概念的认识不尽相同，还没有形成统一的定义。

2013 年，国家发展改革委同有关部门组织编写的《全国物流园区发展规划（2013—2020 年）》中对物流园区的内涵进行了界定："物流园区是物流业规模化和集约化发展的客观要求和必然产物，是为了实现物流运作的共同化，按照城市空间合理布局的要求，集中建设并由统一主体管理，为众多企业提供物流基础设施和公共服务的物流产业集聚区。"

中华人民共和国国家标准《物流园区分类与规划基本要求》（GB/T 21334—2017）给出的物流园区的定义为："为了实现物流设施集约化和物流运作共同化，按照城市空间合理布局的要求，集中建设并由统一主体管理，为众多企业提供物流基础设施和公共服务的物流产业集聚区。"

中华人民共和国国家标准《物流术语》（GB/T 18354—2021）给出的物流园区定义为："由政府规划并由统一主体管理，为众多企业在此设立配送中心或区域配送中心等，提供专业化物流基础设施和公共服务的物流产业集聚区。"

虽然目前物流园区尚无明确和统一的定义，但物流园区的出现是经济发展的必然要求。作为城市系统的一部分，物流园区是具有经济开发性质的城市物流功能区域，凭借良好的物流发展平台条件及先进的技术、设施，吸引物流及相关企业在园区集聚，通过产业集聚、规模效益等降低物流成本，提高物流运作效率，更好地满足经济发展的需求。

三、物流园区与物流中心、配送中心的区别

作为物流网络的重要组成部分，物流园区、物流中心与配送中心是三种不同规模层次的物流节点，它们的区别主要体现在以下几个方面：

第一，从设施的规模看，物流园区是巨型物流设施，其规模最大，物流中心次之，配送中心最小。

第二，从流通的货物看，物流园区的综合性较强，专业性较弱；物流中心在某个领域的综合性与专业性较强；配送中心则主要面向城市生活或某一类型的生产企业，具有很强的专业性。

第三，从节点的功能看，物流园区的功能十分全面，仓储能力大，调节功能强；物流中心的功能健全，具有一定的仓储能力和调节功能；配送中心的功能却较为单一，以配送功能为主，仓储功能为辅。

第四，从运作的主体看，物流园区本身并不是物流运营和管理的实体，而是多个物流实体企业或组织在空间集中的场所，而物流中心是经营物流业务的实体。

四、物流园区的作用

物流园区的作用主要体现在以下几个方面。

（一）促进城市或区域经济发展

物流园区能促进货物从传统的、低效的流通方式转变为高水平、集约型的流通方式，使货物流通成为专业化的产业领域。专业、高效、现代化的第三方物流产业能促使企业摆脱并不擅长且投资较大的物流业务，集中精力于企业的核心业务，促进产业发展及结构优化，并且物流园区的集聚效应和规模效应能促进物流产业效率的提高，促进经济发展。

（二）实现物流资源优化配置的有效途径

传统的企业模式是"大而全""小而全"，物流业务作为企业的一部分或一个部门，属于自有资源，仅为企业自身服务，不以营利为目的。因此，物流处于相对封闭的状态，物流设施、设备属于不同行业的不同企业或部门，各自规划、各自运作，存在严重浪费。作为社会化、专业化分工的产物，物流园区以一种先进的物流理念和组织形式，打破了部门、企业和行业的壁垒，充分整合各方物流资源，以盈利为目标，以市场调节为机制，提供专业化的第三方物流服务。

（三）提高物流集约化程度

物流园区是物流集约化经营的结晶，它的集约体现在以下几个方面：

第一，物流企业的集约。众多物流企业在园区的集聚形成类似于物流产业开发区，技术与信息共享，合作与竞争共存，优势互补，形成产业集群优势。

第二，货物处理的集约。物流园区对货物进行集约化处理，产生规模效应。

第三，技术的集约。物流园区是物流产业的集群，拥有完善的、专业化程度高的物流功能，是各种专业化物流设备、先进物流技术的集结地，具有产业集群的技术优势。

第四，管理的集约。物流园区内的相关企业代表着区域内最先进的物流发展业态，其现代化、专业化的管理，能有效地提高物流活动效率。

（四）有利于城市功能的完善及可持续发展

经济的快速发展促使物流规模急剧扩大，对城市的功能、环境等产生了一些负面影响。而物流园区的规划建设将原来分散于城市各地的物流企业、物流设施、设备等在特定空间上集聚，除了获得物流产业集聚的经济效益之外，对城市布局优化、城市功能的提升、环境的改善都起着积极的改善作用，促进了城市的可持续发展。

五、物流园区的功能

物流园区所具备的功能是由物流园区的战略定位和市场需求决定的，不同的战略定位和市场需求对其功能要求不尽相同。总的来说，物流园区的功能主要有以下几种。

（一）运输集散主体功能

物流园区的运输集散主体功能主要表现在货物周转和支撑联合运输两个方面。

1. 货物周转中心

物流园区集中供应商的货物，合理组合后，再实施干线运输，可以发挥物流规模效益，抑制社会物流成本的上升。干线运输的货物在消费地附近的物流园区统一管理，再安排小型运输车辆进行配送，可以大大提高物流效率。

2. 支撑联合运输

过去受条件限制，联合运输仅在集装系统取得了稳定的发展，其他散杂和分散接运的货物很难进入联合运输的范围。物流园区出现之后，公路、铁路、水路、航空等不同运输方式实现了有效衔接，借助物流园区之间的干线运输和与之衔接的配送、集货运输，使得联合运输的对象大为扩展。

（二）物流综合服务功能

物流园区的物流综合服务功能主要体现在以下几个方面。

1. 货物分拣

市场需求日益多样化和差异化会产生多样化和差异化的货物流，这就使货物的集散与分拣功能显得尤为重要。通过将来自不同供应商的货物调运到物流园区，再通过物流园区向各类批发商和零售商发货，大大节约了货物分拣作业的工作量，保证了货物发运、调运的及时性和准确性。

2. 货物保管

物流园区的保管功能主要表现在对在库货物的管理上，这种管理主要是针对货物再生产、运输等补充时间比用户规定抵达时间长的情况。为了消除货物供求时间上的差异，防止客户出现缺货现象，同时尽可能实现"零库存"，物流园区的物流企业通过安全库存管理，能做到在客户要求的时间迅速、有效地发货。

3. 共同配送

共同配送可以最大限度地提高人员、货物、资金、时间等资源的使用效率，因而对提高物流运作效率和降低物流成本具有重要意义。物流园区通过筹建共同配送体系，成立一家大型的物流公司，构建类似客运的士的运营模式，配备统一的配货送货标志，在经济合理区域范围内实现高效配送，这样既可以向配送中心或其他区域物流节点实施日常配送，也可以针对零售企业特别是连锁经营企业提供配送服务。

4. 流通加工

货物从生产地到消费地通常需要经过多道加工作业，特别是开展共同配送后，在消费地附近需要将大批量运达的货物进行细分，随之而来的装配、条码生成、标签印刷等作业都可以在物流园区内进行。此外，物流园区的流通加工功能也在不断扩充，如蔬菜调理、食品冷冻加工、食品保鲜、原材料加工、零部件半加工等作业都可以在物流园区内完成。

（三）信息网络平台服务功能

物流园区的信息网络平台服务功能主要体现在物流信息服务和商流信息服务两个方面。

1. 物流信息服务

物流园区内部物流作业流程的管理调度控制和对外的物流服务都是在信息化条件下进行的。物流园区内通过物流信息系统进行管理控制，并实现各物流单位、企业通过物流信息系统进行协同配合，有效地减少非增值的物流活动，提高物流效率。对外通过物流公共信息平台准确地掌握客户的供求，进行客户关系管理，提供物流决策支持等，并且向客户提供相应的物流信息。

2. 商流信息服务

商流信息服务是指电子商务功能，表现为物流园区向其客户提供用于公共信息发布、订货发货、网络营销、在线交易、财务结算等商务活动的电子商务平台。

（四）管理服务功能

1. 内部综合服务功能

物流园区统一为物流园区内的企业单位在生产作业、日常办公以及生活等方面提供物业管理、公共基础设施维护等服务，为园区内物流企业的人员进行业务知识培训、物流企业间的人才交流创造环境，为在园区内举行的商务会议、业务洽谈、贸易等商务活动提供活动场所、餐饮等支持性服务。

2. 政务保障功能

物流园区的政务保障功能主要是指通过吸引政府工商、税务、海关等部门入驻，提供一系列的政务保障一条龙服务，如提供报关、商检、动植物检疫、卫生检疫、保税仓储、签单等"一站式"大通关服务和商务代理服务。

3. 商务办公功能

物流园区的商务办公功能主要是指整个物流园区内部的日常管理、办公、后勤保障，以及为入驻物流园区的企业、政府机构等办理租赁手续等方面的服务。

（五）交易展示功能

进入物流园区的货物可以在园区的交易展示区域进行样品展示，还可以通过现场洽谈、拍卖、期货、电商等方式进行交易，交易成功可以现场办理财务结算、物流配送等。

六、物流园区的分类

随着专业功能不断纵深细分，各种类型的物流园区纷纷规划建设并投入运营，基于不同的角度，物流园区也形成了不同的分类标准，如表 8 - 1 所示。

表 8 - 1　　　　　　　　　　　　　　　物流园区的分类

分类标准	类型
区域辐射范围	国际型物流园区、区域型物流园区、城市型物流园区
依托对象	货运枢纽型物流园区、生产服务型物流园区、商贸服务型物流园区、口岸服务型物流园区、综合服务型物流园区
开发主体	公共投资型物流园区、私有投资型物流园区、公共—私人合资型物流园区
空间布置	集中型物流园区、非集中型物流园区
园区功能	转运型物流园区、仓储型物流园区、配送型物流园区、商贸型物流园区、综合型物流园区
交通特征	陆港型物流园区、空港型物流园区、港口型物流园区
经营性质	自用性物流园区、公共型物流园区

第二节　物流园区规划概述

一、物流园区规划的定义

物流园区规划是指国家、地区或行业组织按照国民经济和社会发展的要求，根据国家发展规划和产业政策，在分析外部环境和内部条件现状及其变化趋势的基础上，为物流园区长期生存与发展制定的未来一定时期内的方向性、整体性、全局性的定位、发展目标和相应的服务功能、物流设施、配套设施布局以及实施方案。

物流园区规划是一项复杂的系统工程，可以分为战略层、策略层和运作层三个不同层面的规划。战略层规划主要解决客户服务目标、园区选址战略、库存决策战略和运输战略等问题。策略层规划涉及整个物流园区构成的问题，也就是说，策略层规划决定了整个物流园区的模式、结构和形状。策略层规划主要解决物流园区宏观布局、园区内部设施布局及作用方案制定等问题。物流园区的运作层规划主要解决内部功能区建设序列及物流园区经营模式等问题。物流园区规划是一项复杂的系统工程，涉及多方面的内容，不论哪个层面的物流园区规划，在进行规划的过程中，都必须综合权衡涉及的各个相关要素，力争达到"1 + 1 > 2"的效果。

二、物流园区规划的原则

物流园区是区域物流系统运行的载体，也是区域经济发展中各产业的纽带和通道，做好物流园区的规划可以促进经济的可持续发展。为了合理发挥物流园区的功能，物流园区的布局应遵循以下几个原则。

(一) 经济合理性原则

能否为物流企业发展提供有利空间、吸引物流企业进驻是决定物流园区规划成败的关键，在物流园区选址和确定用地规模时，必须以物流现状分析和预测为依据，按服务空间范围的大小，综合考虑影响物流企业布局的各种因素，选择最佳地点，确定最佳规模。

(二) 环境合理性原则

缓解城市交通压力、减轻物流对环境的不利影响是物流园区规划的主要目的，也是"以人为本"规划思想的直接体现。使占地规模较大、噪声污染严重、对周围景观具有破坏性的配送中心尽量远离交通拥挤、人口密集和人类活动比较集中的城市中心区，为人们创造良好的工作生活环境，既是物流园区产生的直接原因，也是城市可持续发展的必然要求。

（三）发挥自身优势，整合现有资源原则

由于现代物流所需的高水平物流设施不可能一步到位，因此，在物流园区规划时需考虑利用和整合现有资源，合理规划物流基础设施的新建、改建和与现有物流服务相关的企业功能，以期最大限度地发挥物流服务的系统效能。以仓储设施的利用为例，在诸多物流基础设施中，仓库以其庞大的规模和资产比率，成为物流企业的空间主体，国外一般经验是仓库用地占整个配送中心用地的40%左右；仓库建设投资大，回收周期长且难以拆迁，充分利用好现有的仓储设施，可基本解决原有设施再利用及优化资本结构的问题；仓库多分布在交通枢纽和商品主要集散地，交通便利，区位优势明显，可满足物流企业对市场区位和交通区位的要求。充分利用已有仓储用地，可减少用地结构调整和资金投入，是物流园区规划的捷径。

（四）重点推进、循序渐进的原则

物流园区规划同其他规划一样，具有一定的超前性，但任何盲目的、不符合实际的超前都可能造成不必要的资源浪费。因此，必须坚持循序渐进的原则，结合地区实际，在客观分析物流业发展现状和未来趋势的基础上，合理规划物流园区。同时，物流园区的建设又是一项规模宏大、内容繁杂的长期任务，规划阶段的工作关键是选择好作为物流园区建设突破口的启动建设项目，使其对全局推进产生重要的示范性影响，并以此形成物流园区的基础框架，为今后持续发展和经验积累打下基础。

（五）全方位、多渠道协调的统一规划原则

在物流园区系统规划阶段，应注重协调和整合各方面的因素，在重视服务系统与基础设施建设的同时，以技术建设、管理建设、政策建设和人才建设，促进物流服务市场及其主体物流服务企业的培育。物流园区的规划应该从城市整体发展的角度来统筹考虑，并结合规划选址的用地条件来确定物流园区的具体位置。因此，物流园区应由规划部门统一规划，以便与城市总体规划、土地利用总体规划及其他相关规划相协调，符合城市物流用地空间的统一布局和统筹安排，满足城市地域合理分工与协作的要求。

（六）与城市总体规划相协调原则

物流园区的规划属于政府行为，是城市规划的组成部分。物流园区的规划应以城市的总体规划和布局为依据，顺应城市产业结构调整和空间布局的变化

需要，与城市功能定位和远景发展目标相协调。

（七）可持续发展原则

可持续发展是指经济、社会、生态三者的协调持续发展，是指导经济社会建设的时代原则。物流园区规划在经济上应适应时代潮流和市场经济的特征，为经济提供良好的运行环境。从对社会的作用来看，应创造更多的社会价值，为人们生活提供更多的便利。从环境方面来看，物流园区应以绿色物流的发展模式进行规划，发展回收物流和废弃物物流。

三、物流园区规划的步骤

物流园区建设需要大量的土地和资金，具有高风险特征。为了避免由于规划错误而带来的投资风险，在规划时应按照一定的步骤有条不紊地进行。物流园区规划的基本步骤如图 8-1 所示。

（一）规划筹备阶段

物流园区的规划筹备工作主要包括确定规划目标和设立组织机构两个方面的工作。

1. 确定规划目标及原则

确定规划目标及原则是物流园区规划的第一步，主要是依据调研获取的资料及物流园区的实际情况确定。

2. 成立组织机构

在规划初期，应当成立或委托专门的组织机构进行规划，并明确任务、确定规划的进度及就物流园区规划的细节问题达成共识。

（二）需求分析阶段

需求分析阶段的工作主要是了解城市或区域内的物流需求，分析和预测货物的流量和流向，掌握支持物流服务的交通网络、物流节点分布、运输方式等信息，为物流园区的规划确定方向。

收集物流园区规划所需的资料，并保证资料的真实性和充分性。基础资料主要包括以下一些：

一是区域经济发展资料。主要包括社会经济发展状况，城市经济地理条件，内外部资源流入流出情况，产业布局，工、农、商、服务业及住宅布局规划。

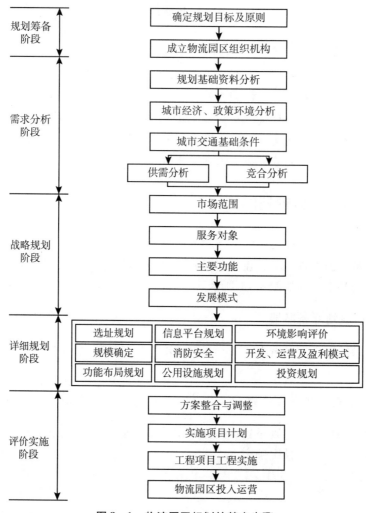

图 8-1 物流园区规划的基本步骤

二是城市综合规划资料。主要包括土地利用总体规划、城市发展规划、综合交通规划等资料。

三是竞争对手资料。主要包括区域内物流园区的分布情况，以及其他物流园区的业务类型、营业范围、营业额、从业人数、运输车辆数、仓储面积、入驻企业数量、多式联运条件等。

四是行业相关政策。包括城市物流产业发展规划及物流业发展支持政策等。

五是环境保护的相关资料。主要包括环境保护相关的法律法规和社会可持续发展的相关需求。

六是城市交通基础条件及物流节点资料。主要包括交通运输干线、多式联运中转站、货运站、港口、机场等布局状况。

（三）战略规划阶段

战略定位是物流园区规划的核心，能够为物流园区创造一种独特、有利的价值定位。定位准确的物流园区能够更好地吸引企业和产业的集聚，实现差异化竞争和发展。物流园区的战略定位以需求分析为前提，解决的是物流园区未来的发展方向、重点和路径问题。一般来说，物流园区战略定位需要考虑四个方面的因素，即市场范围、服务对象、主要功能和发展模式。

1. 市场范围

市场范围指物流园区服务的区域，一般与物流园区的区位和交通条件直接相关。若物流园区依托大型港口、机场而建，具有国际物流系统网络，那么物流园区的市场范围能够辐射联通国际区域和国内区域；若物流园区依托国内主要铁路枢纽和大型公路枢纽，则其市场范围主要服务所在区域，面向若干省份和城市。市场范围影响物流园区的基础设施和服务功能，如服务国际物流和区域物流的网络园区，需要建设完善的多式联运设施和中转集散设施；服务国际物流的物流园区还需要提供保税物流等功能。

2. 服务对象

服务对象指物流园区服务的产业和企业。服务的产业一般为物流园区辐射范围内、具有较大物流需求的产业类型，如汽车产业、钢铁产业、化工产业、商贸业等。产业类型直接影响物流园区入驻的企业类型和服务功能。服务的企业是入驻物流园区、具有公共服务需求的企业，包括物流企业和非物流企业。服务对象直接影响物流园区的功能和设施设备配置。如主要服务于医药产业的医药物流园区，对仓储、配送等专业化设施设备要求较高，而服务于电商企业的物流园区对仓配一体化设施需求量较大。

3. 主要功能

主要功能指根据服务的范围和对象，确定物流园区为客户提供的服务类型。如依托大型机场而建、面向电商和区域分销商的物流园区，其主要功能包括航空快递分拨集散、区域分销等；依托大型港口而建的国际性物流园区，其主要功能可能包括保税物流、多式联运、集装箱物流等。不同物流园区的功能定位一般具有较大的差异。

4. 发展模式

发展模式是指物流园区为了实现发展目标所采取的发展措施和选择的发展道路，应根据物流园区对外部发展环境和自身发展条件进行选择。发展模式主要取决于城市或区域的经济发展水平、产业特征和物流园区自身的特点。

（四）详细规划阶段

物流园区规划的内容主要有选址规划，规模确定，功能布局规划，信息平台规划，消防安全，公用设施规划，环境影响评价，开发、运营及盈利模式，投资规划等。

1. 选址规划

物流园区的选址规划是解决物流园区应该建在什么地方的问题，是物流园区规划中至关重要的内容。作为物流网络中的一个节点，在明确选址的原则和程序后，可以采用合适的选址方法给出物流园区的备选选址方案。

2. 规模确定

物流园区的功能和空间布局决定了物流园区的规模一般较大，否则就无法承载设施集中和服务企业集中的重荷。此外，物流园区的规模包括两个部分：区域内物流园区的总规模和各个物流园区的规模。这两个部分规模的确定需要选用不同的方法进行测算。

物流园区的功能和服务对象、区域的物流服务需求存在较大差异，使得物流园区在规模上也相差较大。物流园区的建设规模过大，可能导致投资浪费和资源闲置的情况；物流园区的建设规模过小，会闲置区域潜在的物流需求，不利于物流园区长远的发展。

3. 功能布局规划

物流园区的功能布局规划是指根据物流园区的战略定位和经营目标，在已确认的空间场所内，按照从货物的进入、仓储、加工到运出的全过程，力争对人员、设备和物料所需要的空间做适当的分配和有效的组合，以获得最大的经济效益。

4. 信息平台规划

发展现代物流服务离不开信息技术与网络技术的支持。在各行业众多的企业中，所有信息技术都由企业自己开发是不现实的，也是不经济的。物流园区为企业提供信息平台，不仅可以整合企业资源，提高资源配置的合理化水平，而且可以促进物流与信息流的结合，提高区域内的信息化、网络化应用水平。在对物流园区的信息平台进行规划时，除考虑与当地政府公用信息平台的连接外，还应充分考虑园区内一些特殊企业对时效性、零库存及其将物流功能外包的要求。对物流园区信息平台进行总体规划，需要确定各功能模块的详细功能及开发次序，如可优先开发仓储管理、货物跟踪查询、配送管理、车辆调度、订单管理、财务结算等模块。另外，还要研究信息平台建设策略，明确信息平台开发主体，制定分期实施规划等。

5. 消防安全

由于物流园区规模大、层次高、人员集中，物流设施设备先进，存货数量巨大，而且有的价值极高，一旦发生火灾，可能带来巨大的经济损失甚至生命危险。因此，物流园区的消防安全是进行物流园区规划时必须考虑的因素。物流园区的消防安全规划主要包括仓库消防和室外设施消防。

6. 公用设施规划

物流园区的公用设施规划包括给排水设施、电力设施、供热与燃气设施等。在进行规划时，除了考虑物流园区的实际需要外，还要与物流园区所在地的市政工程规划相一致。

7. 环境影响评价

物流园区环境影响评价是分析、预测和评估物流园区建成后可能对环境产生的影响，并提出防止和减轻污染的措施与方法。

8. 开发、运营管理及盈利模式

考虑到经济发展的特点、物流市场需求及投资主体特征等因素，需要科学地选择物流园区开发和运营管理模式。我国物流园区的开发模式主要有以政府为主导的自上而下建立的模式和以企业为主导的自下而上建立的模式。在运营管理模式上，我国物流园区的运作主要采取以企业为主体的市场化运作方式，具体的做法是政府统筹规划、企业与政府共同开发建设、公司化经营管理、入驻企业自主经营。

由于物流园区的盈利途径有限，其投资回收期在 15 年左右。例如，德国的不莱梅物流园区经过 10 多年的经营才使投入产出比达到 1:6，投资收益率只有 6% ~ 8%。目前，物流园区主要的盈利渠道有土地增值、设施投资回报和服务投资回报。其中，设施投资回报主要包括仓库租赁费、营业用房租赁费、设备租赁费和停车场收费；服务投资回报主要包括信息服务费和其他服务费，信息服务主要包括提供车辆配载信息和货物供求信息，其他服务主要包括餐饮住宿、汽修汽配、人员培训、专案咨询、生活服务等。

9. 投资规划

物流园区的投资规划主要根据物流园区的功能定位、服务对象、服务范围等因素，分析物流园区各种资源要素的投入和产出情况。

(五) 评价实施阶段

1. 物流园区规划方案评价

对于规划阶段形成的多个物流园区规划方案，应采用科学的评价方法对各个方案进行比较和评估，从中选择一个最优的方案详细设计。对物流园区的评价主要从经济效益和社会效益两个方面展开。

2. 物流园区规划的实施

物流园区规划的实施只是规划工作的阶段性成果，规划的科学性、合理性和效益性必须通过规划的实施及实施的效果进行检验。规划的实施本质上是物流园区新战略的实施过程，做好实施发动、实施计划、规划战略的匹配与战略调整等多方面的工作，是实施的关键。

第三节　物流园区的发展模式

模式是从生活、生产经验中总结出来的解决某一类问题的方法上升到理论层面的产物，是一种有助于快速提出方案、完成任务的指导方针。模式不是千篇一律的，也不具有普适性，需要根据具体情况具体分析做出合理的选择。结合我国物流园区的实践，当前物流园区的发展模式主要有以下几种。

一、"物流 + 贸易" 模式

"物流 + 贸易" 模式是由物流业与商贸流通相结合形成的。物流园区入驻企业的物流运作嵌入供应链之中，与分销企业、电商企业、批发零售企业建立合作关系，实现物流与商流的良性互动。一方面，入驻企业可以利用园区的物流平台优势打造产品的展示和销售平台，增加产品销路并为客户提供高效、便捷的销售物流服务；另一方面，贸易的繁荣不仅使物流需求增加，也会对物流服务提出更高的要求，这样又会促进物流业向着更好、更快的方向发展。这种模式不仅适合建在制造业较为发达城市的物流园区，也适合建在消费型城市的物流园区，展示交易区就是为了满足这种发展模式的需要。

二、"物流 + 产业链" 模式

"物流 + 产业链" 模式是随着物流园区与区域内产业的不断融合、聚集能力不断增强而出现的一种模式，是 "物流 + 产业" 模式的升级。物流园区依托自身便捷的集、散、分拨条件和物流资源集聚优势，围绕所服务的核心产业，不断延伸产业链，向上游可以延伸到技术研发环节，向下游可以延伸到市场开拓环节和售后服务环节，促使产业链上下游企业在物流园区内集聚实现链条化发展，成为产业链的枢纽。园区服务功能由初级的物流服务向深加工服务、展示交易、信息服务和金融保险服务拓展，实现由基础物流服务向高级增值服务功能的转变。此外，物流园区还可以为某一种产业开展集中采购和分销业务建设电子商务网站和实体展示交易平台，实现产业链的线上线下同步发展。这种模式适用于依托大型交通枢纽，具有明显的交通优势，拥有如汽车、大宗商品、装备制造等供应链纵深较长的货源资源，同时集聚了一批供应链管理企业的物流园区。

三、"物流＋金融"模式

"物流＋金融"模式包括广义和狭义两种。广义的"物流＋金融"模式是指在整个供应链管理过程中，通过开发和应用各种金融产品，有效地组织和调剂物流领域中货币资金的流动，实现商流、资金流、物流和信息流的有机统一，提高供应链运作效率的融资经营活动，最终实现物流业和金融业融合发展的态势；狭义的"物流＋金融"模式是指在供应链管理过程中，第三方物流运营商与金融机构向客户提供商品和货币，完成结算和实现融资的活动，以及为客户提供采购执行、分销执行等服务，实现同生共长的一种经济模式。"物流＋金融"模式往往和其他模式共存于一个物流园区中，有效地组织和调剂物流领域中资金的流动，通过物流企业参与金融服务的执行和信用担保活动，为采购、保兑仓、仓单质押、信用证担保、买方信贷、授信融资、保税监管等服务提供金融服务支持。

四、"物流＋互联网"模式

"物流＋互联网"模式是在物流园区发展过程中将线上平台与线下资源融合，实现实体平台与信息平台的联动发展，是伴随互联网在各行各业的不断渗透发展起来的。具体来说，采用这种发展模式的物流园区需要利用线下实体网络布局及交易中心的优势，建设功能完善、操作便捷、安全可靠的线上信息平台，将货源、物流企业及车源进行整合，为制造企业和商贸企业、物流企业、个人车主提供高效、准确的物流交易服务，从而解决货主和车主信息不对称、运输过程不透明等问题，实现线上交易、支付、车辆监控与线下物流操作过程的融合。这种模式既可以单独存在，又可以与其他模式结合运用，适用于园区基础设施和服务功能完善、车源和货源等线下资源充足及信息化建设水平较高的物流园区。

第四节　物流园区选址及规模的确定

一、物流园区选址

物流园区选址一般来说取决于建立物流园区的目的。例如，如果是为了缓解市内交通拥挤，那么应将其建立在城乡接合部，但是要防止物流园区与产品的供应地、需求地和交通设施距离过远，造成运输距离长、运费增加；如果以提高经济效益为目的，那么可以将物流园区建在交通枢纽地区或产品供应地与需求地，以便于综合利用交通运输设施，就地就近集散货物，从而降低成本。如果根据物流园区在城市物流产业发展及物流体系中的地位和作用对其进行分类的话，可分为综合型物流园区和专业型物流园区。前者以现代化、多功能、社会化、大规模为主要特征，后者则以专业化、现代化为主要特征，如港口集装箱、保税、空港、钢铁基地、汽车生产基地等专业物流园区。对于综合型物流园区，选址的原则主要有以下几个：

第一，靠近内、外交通枢纽中心地带，如紧邻港口、机场、铁路编组站等，周围有高速公路网，内部有两种以上运输方式相连。

第二，靠近交通主要干道出入口，对外交通便捷。

第三，位于土地开发资源较好的地区，用地充足，成本较低。

第四，紧邻大型工、商业企业，由于工、商业企业是物流园区生存的基础，所以靠近市场、缩短运输距离、降低费用、迅速供货应该是物流园区选址要考虑的因素。

第五，考虑物流通道网络的影响，由于道路网的通达性直接影响运输的效率，因此在选址时应综合考虑道路网分布、通行能力和交通管制情况等因素。

第六，考虑环境因素，尽可能降低对城市生活的干扰，因此，综合物流园区一般设在城乡接合部、城市道路网的外环线附近。

第七，周围有足够的发展空间，由于物流业的发展与当地的产业结构及布局紧密相关，因此，物流园区的选址要为未来的发展留有余地。

物流园区的选址问题可以采用第四章讲述的重心法、Baumol – Wolfe 模型、CFLP 模型等方法进行建模和求解。

二、物流园区整体规模的确定

物流园区整体规模的确定是解决"物流园区整体占地规模大小"的问题，关于物流园区的占地规模，国内外没有形成严格统一的标准。一方面，物流园区受到战略定位、货运需求量、用地条件、交通依托条件、设施设备的技术水平及物流运作水平等诸多因素的影响，不同因素可能会导致物流园区的占地规模不同；另一方面，物流园区是一个物流服务的综合体，有的功能分区占地规模可以定量计算，如仓储区、流通加工区、保税物流区等，但有的功能分区无法定量计算而只能定性分析，如综合服务区、企业基地区等。

确定物流园区整体规模通常采用类比分析方法，即通过广泛地借鉴国内外已建成的物流园区的经验，在深入分析规划的物流园区的建设背景与条件的基础上，适当调整一些技术参数，用来确定物流园区的整体规模。

下面给出国内外部分物流园区的相关资料，供规划物流园区时参考。

(一) 国外物流园区占地规模

日本是最早建立物流园区的国家，自 1965 年至今已建成 20 多个大规模的物流园区，平均占地面积为 0.74 平方千米。东京作为日本最繁忙的都市，其周边的物流园区是为了缓解城市交通压力而建立的，其占地面积和运营指标如表 8-2 所示。

表 8-2　　　　　　　　　　东京物流园区占地面积和运营指标

物流园区名称	占地面积（平方千米）	物流强度［万吨/（平方千米·年）］
足立物流园区	0.33	921.9
板桥物流园区	0.31	855
平和岛物流园区	0.63	588.1
越谷物流园区	0.49	593.24

资料来源：杨扬、郭东军等：《物流系统规划与设计》（第 2 版），电子工业出版社 2020 年版。

德国的物流园区更多带有交通运输枢纽的性质，一般占地规模较大，部分物流园区的占地面积如表 8-3 所示。

表 8-3　　　　　　　　　　德国物流园区占地面积和运营指标

物流园区名称	占地面积（平方千米）	物流作业面积（平方米）	兼有的运输方式	仓库总面积（平方米）
不莱梅物流园区	1.7	1200000	公、铁、水、空	330000
特里尔物流园区	0.64	360000	公、铁、水、空	15000
纽伦堡物流园区	2.55	256000	公、铁、水、空	406000
莱比锡物流园区	0.96	282000	公、铁、空	126000
德累斯顿物流园区	0.39	80000	公、铁、水、空	31000

资料来源：杨扬、郭东军等：《物流系统规划与设计》（第 2 版），电子工业出版社 2020 年版。

韩国在梁山和富古建设的两个物流园区，占地面积都是 0.33 平方千米；荷兰统计的 14 个物流园区的平均占地面积为 0.49 平方千米；英国的物流园区平均占地面积为 0.88 平方千米；西班牙的物流园区平均占地面积为 0.42 平方千米；法国的物流园区平均占地面积为 0.31 平方千米；丹麦的物流园区平均占地面积为 1.4 平方千米；意大利的物流园区平均占地面积为 1.99 平方千米。一般来说，国外物流园区的平均占地面积多在 1 平方千米以内，年平均物流强度为 456.3 万 ~921.5 万吨/平方千米。

（二）国内物流园区占地规模

近年来，我国政府及企业也非常重视物流园区的建设，基本形成了从南到北、从东到西的物流园区建设发展局面。我国部分物流园区占地面积和兼有的运输方式情况如表 8-4 所示。

表 8-4 我国物流园区占地面积和兼有的运输方式

物流园区	占地面积（平方千米）	兼有的运输方式
上海浦东空港物流园区	16.8	公、铁、空
上海外高桥保税物流园区	1.03	公、铁、水、空
上海西北综合物流园区	3.58	公路
上海洋山深水港物流园区	13.8	公、水、空
北京空港物流园区	6.2	公、空
北京通州物流基地	5.04	公、海
天津空港国际物流园区	1.2	公、铁、水、空
南京龙潭物流园区	7.58	公、铁、水、管
深圳平湖物流基地	6	公、铁、水
深圳盐田港保税物流园区	0.96	公、铁、水
深圳笋岗—清水河物流园区	4.74	公、水、空
苏州工业园物流园区	8.38	公路
上合组织（连云港）国际物流园	44.89	公、铁、水、空、管

资料来源：杨扬、郭东军等：《物流系统规划与设计》（第 2 版），电子工业出版社 2020 年版。

第五节 物流园区功能布局规划

平面布局规划是物流园区规划中至关重要的内容之一。物流园区的平面布局规划主要解决三个方面的问题：一是物流园区应该由哪些功能区组成；二是这些功能区各自的规模；三是这些功能区之间的相对位置关系。

一、物流园区功能布局规划模式

目前，国内外物流园区的功能布局规划模式主要有功能区布局模式、地块式布局模式、概念式布局模式及混合式布局模式。

功能区式布局模式是将物流园区按照物流功能或物流经营主体的行业性质，划分为不同功能的子区，例如，可以将物流园区划分为仓储配送区、流通加工区、保税物流区等。

地块式布局模式是利用自然条件（如河流、道路等）或人为地把物流园区内部土地分成若干大小不一的地块，由符合用地经营要求的企业根据需要租赁相应的地块，并进行自用设施设备的建设。

概念园式布局模式也称弹性功能区模式，是将大的园区分成几个子区，对各子区并不进行严格的经营限制，而是通过分析各子区的区位条件给出概念定位，企业根据自己的业务需要选择进驻不同的子区。

混合式布局模式是指在一个物流园区内以上几种布局模式同时存在。把大的园区分成几个子区，每个子区并不进行严格的经营限制，根据园区发展需要和企业自身需求进行建设。例如，整体上将物流园区分割成若干个大型地块，某些地块直接出售给大型物流企业进行自建自营，而某些地块进行详细功能分区布局，出租给一些中小型物流企业，或者对某些地块进行概念设计。

物流园区不同功能布局规划模式的优缺点和适用范围如表8-5所示。

表8-5　　　　　　　　物流园区功能布局规划模式对比

布局模式	优点	缺点	适用范围
功能区式布局模式	同类设施统一规划和建设于某一功能区，可以提高设施的共享率和使用效率；有利于同类企业之间的协作	灵活性较差，可能会因物流需求量预测不准而造成设施建设多余或不足；无法满足入驻物流企业的特殊需求	适合由主体企业引导开发的物流园区、依托大型枢纽的物流园区及专业型物流园区
地块式布局模式	用地灵活性高，可减少物流基础设施的超前投入；入驻企业可以根据自己的需求自建自营	物流流程链缺乏统一规划，物流资源分散，不利于整合优化；入驻企业初建周期长，投入高	适合物流市场发育良好的区域或城市，物流园区内以几家大型物流企业为主导
概念式布局模式	结合了功能区式和地块式模式的特点，在用地集中性和灵活性方面能有效协调	监管不力可能造成过多非物流设施和非物流业务占用物流用地	适合经济发达、高端物流需求旺盛的地区

目前，我国物流业还处于发展起步阶段，第三方物流主体依然是中小企业，实力较弱，这一阶段的物流发展还是以整合物流资源、转变传统枢纽单一功能为方向，物流园区平面布局应以功能区式布局模式为主，科学划分功能区和配置规模、合理布局。随着物流行业的不断发展和物流市场的不断成熟，根据物流发展的需求，可以尝试其他布局模式。

二、物流园区功能区确定

物流园区的功能区确定是解决"物流园区应该由哪些功能分区组成"的问题。物流园区功能分区的划分并没有严格、统一的形式，不同类型的物流园区可能会划分出不同的功能分区，有时候也会因为功能服务的侧重不同造成功能分区的命名不同等，这就要求在进行功能区域划分时灵活处理。

一般来说，物流园区主要包括以下功能分区。

（一）公路货运区

物流园区承载着合理化运输组织、完善综合运输系统的使命，因此，公路货运区是许多物流园区重要的组成部分。

（二）仓储配送区

仓储、配送是物流园区的核心功能。物流园区通常将仓储与配送整合为仓储配送区，用于货物的暂时存放、仓储和配送。这个功能分区又可以分为以下几种：

一是堆场。主要办理长、大、散货物的中转、仓储业务，重点发展集装箱堆场。

二是特殊商品仓库。主要处理有特殊要求的货物存储、中转业务，如保鲜货物、保价保值货物、化工危险货物、保税货物等。

三是配送仓库。经过倒装、分类、保管和流通加工等作业后，按照客户的需求备齐货物，暂存在配送仓库。

四是普通仓库。主要处理大部分普通货物的仓储、中转业务，如百货日用品、一般包装食品、文化办公用品等。

（三）流通加工区

流通加工是现代物流作业的环节之一，是实现物流增值服务的重要途径。流通加工服务需求较大的物流园区，一般划分流通加工区，作为原料初加工、配套装备、条码生成、标签印刷、贴标签、换包装等活动的作业场所。

（四）交易展示区

依托物流园区货物集聚辐射的优势，划分交易展示区，为商品提供展示平台，为供需双方提供交易平台。

（五）保税物流区

保税物流区是为了适应现代物流运作与国际贸易的发展需求，满足跨国企业全球运作和经济全球化的要求而设置的。其优势在于可以在该功能区域方便地办理进出口通关业务。

（六）综合服务区

综合服务区一般是物流园区行政管理机构所在的区域，也是为物流园区提供政务、商务、生活等配套服务的场所。

（七）企业基地区

企业基地区是在物流园区内划分出的一个分区，采用企业自主开发的模式，让企业自建自营，它是在确定功能区时融入了地块式布局模式思想的产物。

三、功能分区占地面积确定

（一）仓储配送区面积

仓储配送是物流园区最重要的功能，其占地面积在一定程度上决定了物流园区的整体规模。仓储配送区面积主要由仓库的占地面积、装卸货平台的占地面积和装卸场占地面积三个部分组成。

由于物流园区处理的货物种类繁多，特性差异大，因此，要根据货物的密度、存储周期、仓库利用率等因素计算仓库的占地面积。假设仓储区年吞吐量为 Q 吨，货物平均堆存期为 M 天，入库系数为 α，通常取 $0.5\sim0.7$，年运营天数为 T 天，货物单位面积堆存量或仓储量为 S_i 吨/平方米，仓库面积利用系数为 β，通常取 $0.6\sim0.7$，那么仓库面积 S_c（平方米）可根据式（8-1）进行计算：

$$S_c = \frac{Q \times M \times \alpha}{T \times S_i \times \beta} \tag{8-1}$$

装卸货平台的占地面积与建筑方案密切相关，可在仓库建筑方案确定后根据式（8-2）进行计算：

$$S_z = K \times H \tag{8-2}$$

其中，S_z 为装卸货平台的占地面积（平方米），K 为仓库装卸货平台的长度（米），H 为装卸货平台的深度（米）。

卸货场占地面积可根据式（8-3）、式（8-4）进行计算：

$$S_d = 2 \times K_c \times L \qquad (8-3)$$

$$S_u = 2 \times S_d \qquad (8-4)$$

其中，S_d 为单面作业卸货场的面积（平方米），K_c 为仓库总长度（米），L 为运输车辆的长度（米），S_u 为双面作业卸货场的面积（平方米）。

（二）流通加工区面积

流通加工区的主要作业是接货、流通加工和发货。在作业量一定的情况下，作业效率越高，单位时间内需要的作业面积越小。流通加工区的占地面积可根据式（8-5）进行计算：

$$S_s = \frac{Q \times T_s}{H_s} \times N \qquad (8-5)$$

其中，S_s 为流通加工区的面积，Q 为日均作业量（吨），T_s 为完成每次作业的时间，H_s 为每日的实际作业时间，N 为单位货物的平均占地面积（平方米/吨）。

（三）集装箱堆场面积

假设长度为 L、宽度为 W 的集装箱的最大堆高层数为 H，预测集装箱日均运输量为 Q（个），集装箱堆场的占地面积 S_c 可根据式（8-6）进行计算：

$$S_c = \frac{Q}{H} \times L \times W \qquad (8-6)$$

四、功能分区布局常用的方法

在确定物流园区的功能分区及相应的面积后，可以使用第七章讲述的摆样法、数学模型法和 SLP 法对物流园区进行布局优化。

第六节　物流园区内部路网规划

一、物流园区道路交通的特点

物流园区的道路交通是连接物流园区各功能分区的纽带，具有城市交通的基本属性，同时又具有许多特殊性。

（一）货运交通为主

从交通的构成来说，物流园区的交通以货物运输为主。作为物流网络的重要节点，物流园区的主要功能之一就是货物的运输，所以必然会带来大量进出园区以及在园区内流动的运输车辆。这些运输车辆流动形成的交通流是构成物流园区道路交通的主要成分。运输车辆的各项技术指标（如车的长度、宽度、载重量等）和交通特性与客车不同，所以物流园区的道路交通规划应该与城市道路交通规划区别对待。

（二）货物运输的时效性要求高

城市交通中，在司机能够容忍的情况下，高峰时期大都允许一定时间的等待。而现代物流服务具有及时性要求，进出物流园区的运输车辆在时间上有要求。尤其是航空物流具有更强的时效性，要求良好的集疏运条件以及较高的运输服务水平，否则会带来利益损失。因此，物流园区对道路的通畅程度要求较高。

（三）车辆行驶目的性很强

物流园区的交通与城市交通不同，进出园区的车辆目的性较强，运输车辆受物流园区的功能布局与作业流程约束一般都沿固定的路线行驶并到达固定的目的地，而客流则主要是由业务联系或展示、交易产生。

（四）客货混合交通

除了货物运输外，物流园区还含有其他重要的物流运作、展示交易及相关服务配套行业等内容，实际运行中会有大量工作人员及客流的出入。相比之下，在城市交通组织中，常常采用市区货车夜运的方式将大型运输车辆引发的交通与客流交通在时间上进行分离。但对于物流园区，客流产生与物流运作密切相关，客货交通无法在时间上分离，因此物流园区的内部路网规划应注重客货流在空间上的分离。

二、物流园区道路类型

物流园区路网是由不同等级的道路组成的。根据园区用地条件、功能分区布局要求、周边路网状况等客观因素，将不同等级的道路以一定的形式进行布局并有效衔接，便形成了物流园区的路网。在物流园区内部路网规划过程中，园区道路可以划分为主干道、次干道和支路三个等级，如表 8-6 所示。

表 8 - 6 物流园区道路等级分类及宽度参照表

物流强度〔万吨/（平方千米·年）〕	道路等级结构	道路宽度
≤100	主干道	两车道
	支路	两车道或单车道
≤150	主干道	四车道
	支路	两车道或单车道
≤200	主干道	六车道或四车道
	次干道	四车道或两车道
	支路	两车道或单车道
>250	主干道	六车道
	次干道	四车道
	支路	两车道或单车道

主干道是指物流园区主要出入口道路，包括货运车流频繁的道路，人流、非机动车流及客运车流集中的道路，以及兼有上述两种情况的道路。

次干道主要承担物流园区内部各功能分区之间的交通及园区主干道与支路之间的起承转合。通常，园区次干道是园区内部各功能分区之间交通运输繁忙的道路，或是连接物流园区次要出入口的道路。在规模较大的物流园区内部，次干道有时也可作为园区主干道的辅助性道路，在园区功能分区内起干线道路的作用。

支路包括直接与两侧建筑物出入口相接的道路、消防道路以及功能分区内部道路，支路的规划建设可在各功能分区具体项目确定后，根据入驻企业的实际要求进行规划。

三、物流园区道路类型

物流园区内道路的布置形式有环状式、尽端式和混合式三种。

（一）环状式道路布置形式

环状式道路布置形式是根据物流园区内部各功能分区的布局，道路沿着各分区周围布置，道路大多平行于主要建筑物，组成纵横贯通的道路网（见图 8 - 2）。这种布置方式便于各分区相互联系，便于组织货流、人流，是较多被采用的道路布置形式，一般适用于货运量大、场地条件好的物流园区。这种布置形式的缺点是：园区道路总长度长，占地多，对场地地形要求高。

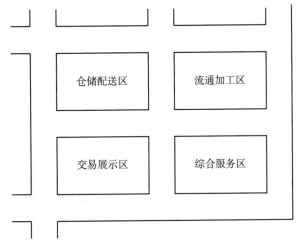

图 8-2　环状式道路布置形式

（二）尽端式道路布置形式

由于受运输要求或场地地形条件限制，道路不能纵横贯通，只通到某个地点即终止（见图 8-3）。尽端式道路布置的优点是：园区道路总长度短，对场地地形适应性强，一般适用于货运量较小、货流分散的物流园区。该种道路布置的缺点是：园区内纵横运输联系不方便，货流、人流组织混杂，为了汽车掉头，需设置回车场或转向设施。

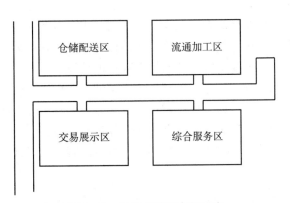

图 8-3　尽端式道路布置形式

（三）混合式道路布置形式

混合式道路布置形式是指在物流园区内同时采用环状式和尽端式两种道路布置形式（见图 8-4）。这种布置形式兼具环状式和尽端式的优点，既满足了生产、运输的要求和货流、人流的畅通，又能适应场地，节约用地和减少土石方工程量，是一种比较灵活的布置形式。

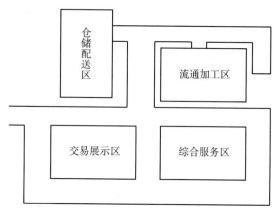

图 8 – 4   混合式道路布置形式

四、物流园区停车场规划

停车场规划是物流园区内部路网规划的重要组成部分。作为一个占地面积很大的物流服务综合体，物流园区的停车场规划与一般的停车场规划有所不同。在进行物流园区停车场规划时，应遵循以下原则：

一是决定性因素领先原则。停车位的数量和划分是由路段内交通量及构成所决定的。交通量及构成要充分考虑长远发展的变化，避免设计与发展的相互脱节。

二是集中与分区就近统一原则。停车场应集中一处，避免分散设置多个小停车场，尽量提高停车场综合利用率；但是为了平衡服务水平，一般做法是将大中型车与小型车的停车场分开，小型车的停车场布置在距离餐饮、休息等设施较近的位置，大中型车的停车场布置在较远的位置。

三是功能协调原则。车辆在停车场内的交通路线必须明确，应采取单向行驶线路，避免互相交叉，为了便于司机停放和寻找车辆，停车场内应当用标牌标识区域，用标线指示行进方向，划分车位并进行编号。

停车场的停车及停驶方式可按照第七章所讲内容进行设计。

第七节   物流园区绿化系统布局规划

根据国家规定，园区内绿化覆盖面积要达到总占地面积的30%，除考虑利用上述占地面积间的空余地带进行绿化（如道路两旁，广场、建筑物边等）外，还至少有15%～20%的地带应专设为绿化用地。物流园区一般设在城乡接合部，其绿化系统规划方法可参照一般的城市绿地系统规划，但又有其特殊之处，如更多的噪声、尾气排放、车流量大、人流量小等。因此，在规划时要结合物流园区自身的特点。

一、物流园区绿地的作用

第一，保护环境。物流园区自身的特点决定了园区内有较大的车流量，会产生大量的噪声和尾气排放。大面积的绿地能起到净化空气、调节小气候、降低噪声和过滤尘埃的作用。

第二，改善园区面貌，提供休息的场所。物流园区内建筑多是仓库、车间，缺少层次和变化，极易形成单调呆板的景观形象。在园区中，结合有利的自然地形条件布置绿地，可以增添美丽的自然景色，丰富园区景观，并给人们提供休息、游览的场所，降低人们的疲劳情绪。

第三，有利于防震、抗灾。在发生地震或火灾时，一定数量的绿地面积能起到临时安全疏散的作用。

二、物流园区绿地分类

按照绿地的主要功能及其使用对象，物流园区绿地可分为以下几种：

一是集中公共绿地。分布面积较大的集中成片布置的绿地，包括广场绿地、生态防护绿地等。

二是分散专用绿地。分散在各类用地边角地带以及院落的小块绿地（如花园、小游乐园），一般属于某单位或某部门专用的绿地，其投资和管理也归该单位或部门负责。

三是道路绿地。各种道路用地上的绿地，包括行道树、交通岛绿地、桥头绿地等。这类绿地具有遮阳防晒、减弱交通噪声、吸附尘埃等功能。

三、物流园区绿地布置策略

（一）主干道及前区绿地布置

在对物流园区前区的绿化景观进行设计时，可以在道路两旁种植一些容易成活、方便管理的树种作为行道树。同时，可以在行车道与人行道之间种植一些大乔木、灌木，形成一条防止噪声及灰尘等污染源的隔离带，并能够有效分离行车道与人行道。另外，在针对道路弯道处或者是交叉口这种容易发生事故的道路口，要制定符合行车距离的规定，为驾驶员的驾驶视距提供有效保障。通常情况下，可以将其分为两边 14 米的 45 度角，以等腰三角形的方式进行设置，这样可以避免绿化带对驾驶员的视线产生影响。

（二）物流园区各功能分区绿地布置

在对物流园区各功能分区进行绿地布置时，应保证一定的美观性，同时还要保证整个区域的干净程度。

（三）物流园区周边绿化以及防护绿地

物流园区在周边绿化景观设计和具体操作过程中，要与实际情况进行结合，积极采取有针对性的措施，保证周边环境的绿化效果。防护绿地可以对粉尘污染起到良好的过滤作用，还可以有效吸收空气当中一些有毒、有害气体，起到净化空气的作用。设置防护绿地还可以对物流园区周边的环境起到良好的改善作用。

第八节　物流园区信息平台规划

物流园区是物流相关资源的集聚地，是采集信息、整合资源为社会提供物流服务的重要场所。随着日趋成熟的信息技术在物流领域的广泛应用，物流园区信息平台的重要性日益显现，其规划也成为物流园区规划的重要内容。

一、信息平台规划的目标

物流园区信息平台建设的目标是实现物流园区内的信息化管理，为物流园区内的物流企业提供物流基础信息和交易信息，实现物流信息的共享和交换，达到物流交易的信息化，以最小的费用实现物流资源的最佳配置，完善物流系统的运行。信息平台规划的关键是确定信息平台的体系框架，确定各系统之间的衔接要求，明确信息组织方案等。

二、信息平台规划的原则

物流园区信息平台规划涉及政府及其相关职能部门、园区管理者、物流企业、工商企业等众多单位的参与，数据传输和处理量非常大，因此良好的规划是其成功的基础，在系统规划设计中，要注意以下原则。

（一）合作协调原则

物流园区信息平台需要整合不同部门的信息，需要政府、企业和信息系统开发商等多方参与系统的开发、维护和使用，要求参与各方统一规则、通力合作、积极参与，才会取得良好的效益。

（二）总体规划、分步开发、递进完善原则

物流园区信息平台的建设发展需要从总体上进行规划，并与城市企业信息化水平的逐渐提高相匹配，进行分步开发、应用，优先开发应用对物流企业具有重要作用的基础信息平台。

（三）开放性与标准化原则

物流园区信息平台不是一个封闭的系统，必须通过接口与其他平台相连接，在平台建设中应充分考虑与外界信息系统交换的需求分析，通过标准化数据交换实现系统的相互连通。

（四）可扩充性与可修改性原则

首先，物流园区信息平台要充分利用已有的信息资源，与现有的系统进行"无缝连接"；其次，要能适应新的应用功能要求，在原有的基础上进行改造、更新，能够通过增加模块增加新的功能，使原有系统的投资得到最大程度的保护；最后，由于信息技术变化发展的速度飞快，在对现有技术进行分析、评价和选择时，应当充分考虑到技术的发展因素。

（五）可靠性和安全性原则

网络病毒防范与防止黑客攻击是信息平台正常运行不可缺少的保证。物流园区信息平台的开发、建设、运行要充分考虑系统的可靠性与安全性。

三、物流园区信息平台框架

物流园区信息平台一般由公用信息平台、物流基础信息平台和作业信息平台组成，三部分是一个有机的整体，相互支撑。

（一）公用信息平台

公用信息平台的主要功能是为各位参与者提供一个通过基本功能的子系统进行信息交互的平台。同时，为了满足政府有关部门以及园区内物流相关企业对平台的要求，平台需要设计出一整套可以对数据进行收集、分析、处理最后可以共享信息的物流信息系统。除此之外，平台还需要满足针对不同客户提供相应信息的功能。

（二）物流基础信息平台

物流基础信息平台主要是为了提供物流相关的技术支持。首先，平台可以

为入驻园区的物流相关企业提供信息共享技术；其次，平台可以为客户提供园区有关业务范围的所有信息；最后，平台可以为政府相关部门和物流相关企业提供决策和咨询服务。

（三）作业信息平台

作业信息平台主要是向园区内的物流企业提供一个完整的物流作业信息平台，满足物流企业完成物流作业的各项功能需求。物流作业信息平台的设置满足了物流企业的需求，减少了重复建设，提高了园区信息网络资源的利用率，降低了物流成本。

 习题

简答题

1. 物流园区规划的原则有哪些？
2. 物流园区的功能有哪些？
3. 物流园区有哪些作用？
4. 物流园区信息平台由哪几部分组成？

第九章

物流系统评价方法

第一节　物流系统评价概述

一、物流系统评价的定义

物流系统评价是对物流系统的各种可行方案进行评价，即根据物流系统的评价标准及环境对物流系统的要求，详细比较各种可行方案的优劣，从中选出一个令人满意的方案并付诸实施。在物流系统规划过程的每一个阶段和每一个层次都要对有关问题进行若干方案的评价和选择，因此，需要利用科学的评价方法与手段来解决规划中所涉及的方案选择问题。

二、物流系统评价的原则

作为一个复杂的系统，物流系统涉及范围广，构成要素多，这无疑增加了物流系统评价的难度。为了对物流系统做出客观的评价，应主要遵循以下原则。

（一）客观性原则

评价的目的是决策，因此评价的质量影响着决策的正确性。也就是说，必须保证评价的客观性。必须弄清资料是否全面、可靠、正确，防止评价人员的主观倾向性，并注意评价人员的组成应具有代表性。

（二）局部服从整体原则

物流系统由若干个子系统或要素构成，物流系统各子系统或要素之间存在

"效益悖反"现象，因此，在进行物流系统评价时，应重点评价物流系统的整体运行效果，而不是看某些子系统或要素是否达到了最佳效果。

（三）指标体系和评价指标的先进合理和可操作性原则

影响物流系统功能发挥的因素是非常多的，因此在建立物流系统指标体系时，不可能面面俱到，但应在突出重点的前提下，尽量做到先进合理和兼具可操作性。可操作性是指评价指标既具有可行性又具有可比性。其中，可行性是指标设置符合物流系统的特征和功能要求，可比性是指指标含义确切，便于进行比较，评出高低。

（四）实用性原则

评价的意义在于分析现状，认清物流系统变化所处阶段和发展中存在的问题，寻找影响物流系统运行的主要方面，更好地指导实际工作，因此要尽量选取日常统计指标或容易获得的指标，以便直观、方便地说明问题。

三、物流系统评价的步骤

物流系统评价的步骤主要包括明确评价目的、建立评价指标体系、确定评价结构和评价准则、确定评价方法、单项评价和综合评价六个步骤。

（一）明确评价目的

对物流系统进行综合评价，是为了从总体上把握物流系统的现状，寻找物流系统的薄弱环节，明确物流系统的改善方向。为此，应将物流系统各项评价指标的实际值与设定的基准值相比较，以显现现实系统与基准系统的差别，基准值的设定通常有下列三种方式。

一是以物流系统运行的目标值为基准值，评价物流系统对预期目标的实现程度，寻找实际与目标的差距所在。

二是以物流系统运行的历史值为基准值，评价物流系统的发展趋势，从中发现薄弱环节。

三是以同行业的标准值、平均水平值或先进水平值为基准值，评价物流系统在同类系统中的地位，从而找出改善物流系统的方向。

（二）建立评价指标体系

从系统的观点来看，系统的评价指标体系是由若干个单项评价指标组成的有机整体。它应反映出评价目的的要求，并尽量做到全面、合理、科学、实用。为此，在建立物流系统综合评价的指标体系时，应选择有代表性的物流系统特征值指标，以便从总体上反映物流系统的现状，发现存在的主要问题，明确改善方向。

（三）确定评价结构和评价准则

在评价过程中，如果仅仅是定性地描述系统要达到的目标，而不是定量地描述，就难以做到科学、客观地评价，因此要对所确定的指标进行量化处理。每个具体的指标可能是几个指标的综合，这是由评价系统的特性和评价指标体系的结构所决定的，在评价时要根据指标体系和系统的特性来弄清指标间的相互关系，确定评价的结构。另外，由于各指标的评价标准与尺度不同，不同的指标难以统一比较，没有可比性，因此，必须对指标进行规范化，并制定出统一的评价准则，根据指标所反映因素的特征，确定各指标的结构与权重。

（四）确定评价方法

物流系统在其各个阶段都涉及多个方案的评价，由于拟评价对象的具体要求不同，因此采用的评价方法也有所不同，在确定选用何种评价方法时，需要考虑系统目标、分析结果、费用与效果测定方法、评价准则等因素。

（五）单项评价

单项评价是对物流系统的某一特殊方面进行详细的评价，以查明各项指标的实现程度。单项评价只反映物流方案在单一方面的特征，不能说明整个物流方案的优劣，但是，它是综合评价的基础。

（六）综合评价

综合评价就是按照评价准则、各指标的结构与权重，在单项评价的基础上，对物流系统进行全面客观的评价，利用相关评价方法，从整体出发，综合分析问题，采用技术经济的方法对比各种可行方案，选择满意的方案，从而达到评价的目标。

第二节　物流系统评价指标分类与数据处理

一、物流系统评价指标分类

物流系统的范围很广，既包括仓储、运输、配送、装卸搬运等子系统，也包括城市物流、区域物流、国际物流等处于社会经济环境中的系统。因此，物流系统评价需包含技术、经济、效益、时间、风险、政策、社会环境和生态环境等方面的因素。因此，物流系统常用的评价指标可以分为以下六类：

一是政策性指标，包括政府有关物流产业和物流系统方面的法律、法规、政策、标准、发展规划等，这对物流系统的规划十分重要。

二是技术性指标，包括物流系统所使用设备的性能、寿命、可靠性、安全性、服务能力与灵活性等。

三是经济性指标，包括物流系统方案成本效益、财务评价、国民经济评价、区域经济影响分析等。

四是社会性指标，包括物流系统对国民经济大系统的影响，对地方福利、地方就业、环保、生态环境等方面的影响。

五是资源性指标，包括物流工程项目中的人、财、物、能源、水源、土地条件等。

六是时间性指标，包括物流系统实施的进度、时间节约以及物流系统的生命周期等方面的指标。

上述六类评价指标是物流系统评价时要考虑的。在具体条件下，可以适当增减。至于大类下面的单项指标，需要根据具体的物流系统及评价的目的进行选择。

二、物流系统评价指标数据的处理方法

在进行物流系统评价时，通常会选择多个指标对物流系统进行全面的评价，各个评价指标存在单位不同、量纲不同、数量级不同的现象，这无疑给评价带来了一定的困难，如果评价时直接计算，则将会影响评价的结果，严重时甚至会造成决策的失误。为了统一标准，便于数据处理，必须对原始评价值进行预处理，即对所有的评价指标值进行标准化处理，成为无量纲化、无数量级的标准分，消除指标值间的偏差，然后再进行评价和决策。

从经济角度，评价指标通常可分为两类：一类是效益型指标，这类指标的值越大越好，如利润、客户满意度、货物完好率、配送准时率等；另一类是成本型指标，这类指标的值越小越好，如成本、货物损耗率、客户投诉率等。

在一个物流系统的指标评价中，假设有 n 个评价指标 $f_j(j=1, 2, \cdots, n)$，m 个决策方案 $m_i(i=1, 2, \cdots, m)$，相应的评价决策矩阵为 $A = (x_{ij})_{m \times n}$，其中，$x_{ij}$ 表示第 i 个方案 a_i 在第 j 个指标 f_j 上的原始评价值；处理后的评价决策矩阵为 $R = (r_{ij})_{m \times n}$，其中，$r_{ij}$ 表示第 i 个方案 a_i 在第 j 个指标 f_j 上预处理后的评价值。

（一）定量指标的标准化处理

1. 线性比例变换

令 $\bar{f}_j = \max_i x_{ij} > 0$，$\underline{f}_j = \min_i x_{ij} > 0$ （$j=1, 2, \cdots, n$）。

对于效益型指标，令 $r_{ij} = \dfrac{x_{ij}}{\overline{f_j}}$ $(i = 1, 2, \cdots, m; j = 1, 2, \cdots, n)$。

对于成本型指标，令 $r_{ij} = \dfrac{\underline{f_j}}{x_{ij}}$ $(i = 1, 2, \cdots, m; j = 1, 2, \cdots, n)$。

这种处理方法的优点是：对于每一个预处理后的评价值均有 $0 \leqslant r_{ij} \leqslant 1$，而且计算方便，并保留相对排序关系。

2. 极差变换

令 $\overline{f_j} = \max_i x_{ij} > 0$，$\underline{f_j} = \min_i x_{ij} > 0$ $(j = 1, 2, \cdots, n)$。

对于效益指标，令 $r_{ij} = \dfrac{x_{ij} - \underline{f_j}}{\overline{f_j} - \underline{f_j}}$ $(i = 1, 2, \cdots, m; j = 1, 2, \cdots, n)$。

对于成本指标，定义：$r_{ij} = \dfrac{\overline{f_j} - x_{ij}}{\overline{f_j} - \underline{f_j}}$ $(i = 1, 2, \cdots, m; j = 1, 2, \cdots, n)$。

这种处理方法的特点是：对于每一个预处理后的评价值有 $0 \leqslant r_{ij} \leqslant 1$；并且对于每一个指标，总有一个最优值为 1 和最差值为 0，因此在评价时会对最差值做较大的惩罚。

（二）定性模糊指标的量化处理

在对物流系统进行评价时，许多评价指标是模糊指标，只能用一些模糊的语言来描述，如设备性能高、人员素质高、服务态度好等。对于这类指标需要赋值并使其量化。一般把定性模糊指标值分为三档、五档或七档。最好的值可赋值为 10，最差的值可赋值为 0，当然也可取 0 与 1 之间的数值。定性模糊指标也可分为效益型指标与成本型指标。对于定性的效益和成本指标，其指标的量化可参照表 9 - 1 进行。

表 9 - 1 模糊指标的七档量化表

	指标状况						
	最低	很低	低	一般	高	很高	最高
效益指标	0	1	3	5	7	9	10
成本指标	10	9	7	5	3	1	0

（三）统一评价准则法

统一评价准则法是由评价主体（一般为领域专家群体）确定每个指标的评分标准，一般分为 3 ~ 7 档，规定每档得分的条件。这种方法由于采用标准分，得分不受其他方案的得分影响，因此能进行绝对的排序，而不是前两种标准化处理后的相对排序。

【例9-1】某企业拟将物流业务外包给第三方物流公司，现有5家第三方物流公司 $E_1 \sim E_5$ 可供选择，企业管理人员通过咨询专家，确定了表9-2所示的指标及每个指标的评分标准。

表9-2　　　　　　　统一评价准则法的评分标准

得分	评价指标					
	服务及时性	服务差错率	公司信誉	资产规模（万元）	收费标准（占货值的百分比）（%）	员工素质
5	很高	很低	很高	1000以上	3.5以下	很高
4	高	低	高	801~1000	3.5~4.5	高
3	一般	一般	一般	501~800	4.5~5	一般
2	低	高	低	101~500	5~6	低
1	很低	很高	很低	100及以下	6及以上	很低

解：根据表9-2的评分标准对5家第三方物流公司进行打分，所得的结果如表9-3所示。

表9-3　　　　　　　统一评价准则法的打分结果

第三方物流公司	评价指标					
	服务及时性	服务差错率	公司信誉	资产规模（万元）	收费标准（占货值的百分比）（%）	员工素质
E_1	5	1	1	3	1	4
E_2	5	2	1	3	4	5
E_3	4	1	4	5	3	4
E_4	3	3	4	4	3	3
E_5	1	3	1	3	5	3

第三节　物流系统评价的常用方法

一、加权因素评价法

加权因素评价法是在处理后的评价决策矩阵 R 的基础上进行的，它先对 n 个标准化的指标构造以下评价函数：

$$U(A_i) = \sum_{j=1}^{n} \omega_j \times r_{ij} \quad (i = 1, 2, \cdots, m) \quad\quad (9-1)$$

其中，$\omega_j \geq 0$（$j = 1, 2, \cdots, n$）分别为 n 个指标的权重系数，且满足 $\sum_{j=1}^{n} \omega_j = 1$。

通过比较不同方案评价函数的值，选出最优的方案 $A^* = \{A_i \mid \max [U(A_i)]\}$，$i = 1, 2, \cdots, m$。

二、层次分析法

层次分析法（analytical hierarchy process，AHP）是 1973 年由美国运筹学家萨蒂（T. L. Saaty）提出的，是一种定性与定量相结合的评价决策分析方法，特别是将评价者的经验判断给予量化，在评价指标众多且缺乏必要的数据时非常实用。

（一）层次分析法的原理

层次分析法把复杂问题分解成若干个组成要素，又将这些要素按支配关系分组成递阶层次结构。在每层次按照某一规定的准则，通过两两比较的方式确定各个要素的相对重要性，建立判断矩阵。通过计算判断矩阵的最大特征值和对应的正交化特征向量，得出该层要素对于该准则的权重。在此基础上，计算出各层次要素对总体目标的组合权重。然后，结合有关人员的判断，确定备选方案相对重要性的最终排序。

（二）层次分析法的步骤

采用层次分析法进行评价时，大致有以下四个步骤。

1. 建立层次结构模型

用层次分析法进行物流系统评价时，首先要把问题层次化、条理化，构造一个层次结构模型。在这个结构模型下，复杂的问题被分解为不同的组成元素，这些元素又按其属性分成若干组，形成不同层次，上一层次元素作为准则对下一层次的某些元素起支配作用，同时它们又受上一层次某个或某些元素的支配。这些层次大体上可分为 3 类：

（1）最高层：这一层中只有一个元素，一般它是问题的预定目标或理想结果，因此也称为目标层。

（2）中间层：这一层包括为了实现目标所涉及的中间环节，它可以由若干个层次组成，包括所需考虑的准则、子准则，因此也称为准则层。

（3）最底层：表示为实现目标可供选择的各种措施、决策方案等，因此也称为措施层或方案层。

递阶层次结构中各层次之间的支配关系不一定是完全的，即可以存在这样的元素，它并不支配下一层次所有元素而仅支配其中部分元素，这种自上而下的支配关系所形成的层次结构被称为递阶层次结构（注意此时层次内部元素之间不存在支配关系）。一个典型的层次结构如图 9 - 1 所示。

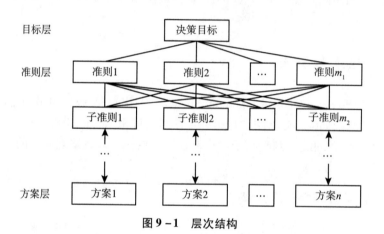

图 9 - 1　层次结构

递阶层次结构中的层次数与问题的复杂性有关，一般地，层次数可以不受限制，每个层次中各元素所支配的元素一般不要超过 9 个，这是因为支配的元素过多会给下一步的两两比较判断带来困难。一个好的层次结构对于解决问题是至关重要的，它为获得良好的结果奠定了基础，因此，需要反复讨论和斟酌。

2. 建立两两比较判断矩阵

建立递阶层次结构以后，上下层因素之间的隶属关系就被确定了。假定以上一层的元素 C_1 为准则，所支配的下一层次的元素为 u_1，u_2，$\cdots$，u_n，需要按它们相对于 C_1 的重要性赋予元素 u_1，u_2，$\cdots$，u_n 不同的权重。当

u_1，u_2，$\cdots$，u_n 对于 C_1 的重要性可以直接定量表示时（如利润值、成本值等），它们相应的权重可以直接确定。但对于大部分物流系统评价问题，特别是比较复杂的系统评价问题，元素的权重不易直接确定。这时就需要有适当的方法导出它们的权重，常用的导出权重的方法就是两两比较的方法，其中适用的标度是比例标度。

在进行两两比较时，决策者需要反复回答问题，针对准则 C_1，两个元素 u_i 和 u_j 哪一个更重要，重要多少？并按 1~9 比例标度对重要性程度赋值。如表 9-4 所示列出了 1~9 标度的含义

表 9-4 　　　　　　　　　　　　判断矩阵比例标度及其含义

标度值	含义
1	表示两个因素相比，一个因素比另一个因素的重要程度：同样重要
3	表示两个因素相比，一个因素比另一个因素的重要程度：稍微重要
5	表示两个因素相比，一个因素比另一个因素的重要程度：明显重要
7	表示两个因素相比，一个因素比另一个因素的重要程度：强烈重要
9	表示两个因素相比，一个因素比另一个因素的重要程度：绝对重要
2，4，6，8	上述两相邻判断的中值
倒数	对角线两边的值呈倒数关系

这样，对于准则 C_1，n 个比较元素构成了一个两两比较判断矩阵 $A = (a_{ij})_{n \times n}$，其中，$a_{ij}$ 就是元素 u_i 和 u_j 相对于准则 C 的相对重要性之比。判断矩阵具有以下性质：

（1）$a_{ij} > 0$；

（2）$a_{ij} = \dfrac{1}{a_{ji}}$（$i$，$j = 1$，$2$，$\cdots$，$n$）；

（3）$a_{ii} = 1$（$i = 1$，2，$\cdots$，n）。

在理想的状态下，判断矩阵 A 的元素具有传递性，即满足等式：

$$a_{ij} \times a_{jk} = a_{ik} \tag{9-2}$$

当式（9-2）对于 A 的所有元素均成立时，那么 A 就称为一致性矩阵。但一般并不要求判断矩阵的元素满足这种传递性要求。事实上，对矩阵的完全一致性要求是不切实际的。

关于两两判断矩阵需要做以下几点说明：

第一，分析物流系统不难看出，许多被测对象只有相对性质，很难用同一种绝对标度进行测量。例如，物流效率高低、服务水平等概念很难有一个绝对的标准，只能在比较中显示优劣。层次分析法所采用的两两比较判断矩阵正是一种既能测量各种属性优劣，又能充分利用专家的经验和判断的相对标度法。

它的应用使系统从无结构向结构化和次序化转化，因而是系统分析中的一大突破。

第二，层次分析法采用了 $1 \sim 9$ 的比例标度，是因为这种比例标度比较符合人们进行判断时的心理习惯。首先认为参与比较的对象对于它们所从属的性质或准则有较为接近的强度，否则比较判断的定量化就会失去意义。其次人们通常用相等、较强（弱）、明显强（弱）、很强（弱）、绝对强（弱）这类语言表达两个因素的某种属性的比较。如果再进一步细分，正好是 9 级，因而用 9 个数字表达强弱是恰当的。

第三，实验心理学表明，普通人在对一组事物的属性进行比较时，使判断基本保持一致所能正确辨别事物的个数在 $5 \sim 9$ 个之间，因此，在层次分析法中，一般在一个准则下，被比较对象通常不超过9个。

第四，为了获得两两比较判断矩阵，需要进行 $\frac{n(n-1)}{2}$ 次比较。有人认为，只要把所有元素逐个与某个元素做比较，只需要 $n-1$ 次比较就能获得排序向量。这种做法的弊端在于，任何一个判断的失误，均可导致不合理的排序。而这种失误对于难以度量的系统又是很可能发生的。因此，进行两两比较可以提供更多的信息，通过各种不同角度的反复比较得到一个更合理的排序。

3. 单一准则下元素相对权重的计算

在这一步需要根据 n 个元素 u_1，u_2，$\cdots$，u_n 对于准则 C_1 的判断矩阵求出它们对于准则 C_1 的相对排序权重 ω_1，ω_2，$\cdots$，ω_n。当两两比较判断矩阵 A 是一致性矩阵时，A 应为：

$$A = \begin{bmatrix} 1 & \frac{\omega_1}{\omega_2} & \cdots & \frac{\omega_1}{\omega_n} \\ \frac{\omega_2}{\omega_1} & 1 & \cdots & \frac{\omega_2}{\omega_n} \\ \vdots & \vdots & \ddots & \vdots \\ \frac{\omega_n}{\omega_1} & \frac{\omega_n}{\omega_2} & \cdots & 1 \end{bmatrix} \quad (9-3)$$

用判断矩阵 A 左乘权重向量 $W = \begin{bmatrix} \omega_1 & \omega_2 & \cdots & \omega_n \end{bmatrix}^T$，其结果为：

$$AW = \begin{bmatrix} 1 & \frac{\omega_1}{\omega_2} & \cdots & \frac{\omega_1}{\omega_n} \\ \frac{\omega_2}{\omega_1} & 1 & \cdots & \frac{\omega_2}{\omega_n} \\ \vdots & \vdots & \ddots & \vdots \\ \frac{\omega_n}{\omega_1} & \frac{\omega_n}{\omega_2} & \cdots & 1 \end{bmatrix} \begin{bmatrix} \omega_1 \\ \omega_2 \\ \vdots \\ \omega_n \end{bmatrix} = nW \quad (9-4)$$

从式（9-4）可以看出，权重向量 W 正好是判断矩阵 A 对应于特征根 n 的特征向量。根据矩阵理论可知，n 为判断矩阵 A 的唯一非零解，也是最大的特征值，而权重 W 则为最大特征值所对应的特征向量。由于判断矩阵 A 一般是不一致的，但它是正矩阵，因此，可以用 A 的最大特征值 λ_{max} 对应的特征向量 W 作为近似排序向量，即满足 $AW = \lambda_{max}W$。这种方法称为特征根法。

在层次分析法中，判断矩阵的特征值与特征向量的求解方法可采用方根法或规范平均法。

（1）方根法。这是一种近似算法，计算步骤为：

①计算判断矩阵每一行所有元素的几何平均值：

$$\overline{\omega}_i = \sqrt[n]{\prod_{j=1}^{n} a_{ij}} \quad (i = 1,\cdots,n) \tag{9-5}$$

得到 $\overline{W} = [\overline{\omega}_1 \quad \overline{\omega}_2 \quad \cdots \quad \overline{\omega}_n]^T$。

②将 $\overline{\omega}_i$ 归一化，即计算 $\omega_i = \dfrac{\overline{\omega}_i}{\sum\limits_{i=1}^{n}\overline{\omega}_i}$ $(i=1, \cdots, n)$，得到 $W = [\omega_1 \quad \omega_2 \quad \cdots \quad \omega_n]^T$，即为所求特征向量的近似值，这也是各因素的相对权重值。

③计算判断矩阵的最大特征值：$\lambda_{max} = \sum\limits_{i=1}^{n} \dfrac{(AW)_i}{n\omega_i}$。

（2）规范列平均法。

①对判断矩阵每一列规范化：$\overline{a}_{ij} = \dfrac{a_{ij}}{\sum\limits_{i=1}^{n} a_{ij}}$。

②求规范列平均值：$\omega_i = \dfrac{1}{n}\sum\limits_{j=1}^{n}\overline{a}_{ij}$，得到 $W = [\omega_1 \quad \omega_2 \quad \cdots \quad \omega_n]^T$，即为所求特征向量的近似值。

③计算判断矩阵的最大特征值：$\lambda_{max} = \sum\limits_{i=1}^{n} \dfrac{(AW)_i}{n\omega_i}$。

在这一步中，还需要对判断矩阵的一致性进行检验。从理论上来讲，求得的最大特征值应该为 n，但实际情况往往有偏差，这通常是由判断矩阵的误差引起的。因为对于多个复杂的因素采用两两比较时，不可能做到判断完全一致，形成的判断矩阵可能存在着估计误差，从而导致最大特征根和特征向量计算的偏差。因此，为了保证得到的结论可靠性，必须对最大特征根做一致性检验。一致性检验的步骤为：

计算一致性指标：$CI = \dfrac{\lambda_{max} - n}{n - 1}$。当 $\lambda_{max} = n$ 时，$CI = 0$，说明完全一致；CI 值越大，判断矩阵的完全一致性越差。一般只要 $CI \leqslant 0.1$，认为判断矩阵的

一致性可以接受，否则重新进行两两比较判断。

随着判断矩阵维数 n 的增大，判断的一致性将越来越差，故应放宽对高维判断矩阵一致性的要求。于是引入了修正值 RI（如表 9－5 所示）并取更为合理的 CR 为衡量判断矩阵一致性的指标：$CR = \dfrac{CI}{RI}$。

表 9－5　　　　　　　　　　　　　　　修正值 RI

	维数														
	1	2	3	4	5	6	7	8	9	10	11	12	13	14	15
RI	0	0	0.58	0.9	1.12	1.24	1.32	1.41	1.45	1.49	1.52	1.54	1.56	1.58	1.59

4. 计算各层元素对目标层的总排序权重

上一步得到的是一组元素对其上一层中某个元素的权重向量，称为单准则下的权重向量。层次分析法最终要得到各元素特别是最底层中各方案对目标的排序权重，即所谓的总排序权重向量，据此可进行方案选择。总排序权重要自上而下地将单准则下的权重进行合成。

假设在层次结构中，对于某一层次 A 包含 m 个元素 A_1，A_2，$\cdots$，A_m，其层次总排序权重分别为 a_1，a_2，$\cdots$，a_m，层次 A 的下一层 B 包含 n 个元素 B_1，B_2，$\cdots$，B_n，对于 A 层某个元素 A_j 在 B 层中各元素 $B_i(i = 1, 2, \cdots, n)$ 的单排序权重分别为 b_{1j}，b_{2j}，$\cdots$，b_{nj}；当 B_i 与 A_j 无联系时，$b_{ij} = 0$。相应地，B 层各元素的总排序权重值如表 9－6 所示。

表 9－6　　　　　　　　　　　　总排序权重值的计算

B 层次	A 层次及权重				B 层次总排序权重
	A_1	A_2	$\cdots$	A_m	
	a_1	a_2	$\cdots$	a_m	
B_1	b_{11}	b_{12}	$\cdots$	b_{1m}	$\sum\limits_{j=1}^{m} a_j b_{1j}$
B_2	b_{21}	b_{22}	$\cdots$	b_{2m}	$\sum\limits_{j=1}^{m} a_j b_{2j}$
$\cdots$	$\cdots$	$\cdots$	$\cdots$	$\cdots$	$\cdots$
B_n	b_{n1}	b_{n2}	$\cdots$	b_{nm}	$\sum\limits_{j=1}^{m} a_j b_{nj}$

5. 层次总排序一致性检验

层次总排序完成后，同样需要对层次总排序判断矩阵的一致性进行检验，过程与层次单排序一致性检验的方法一样，分别计算 CI 及 CR，当 $CR < 0.1$ 时，一致性检验通过。计算公式为：$CI = \sum_{i=1}^{m} a_i CI_i$，$RI = \sum_{i=1}^{m} a_i RI_i$，$CR = \dfrac{CI}{RI}$，其中，$CI_i$ 表示 a_i 对应的 B 层次中判断矩阵 CI 值，RI_i 表示 a_i 对应的 B 层次中判断矩阵 CR 值。

（三）应用层次分析法的注意事项

应用层次分析法时如果所选的要素不合理，其含义混淆不清，或要素间的关系不准确，都会降低分析结果质量，甚至导致决策失败。

为保证递阶层次结构的合理性，需把握以下原则：第一，分解简化问题时把握主要因素，不漏不多；第二，注意相比较因素之间的强度关系，相差太悬殊的因素不能在同一层次比较；第三，同一层次的因素个数最好不超过 9 个。

第四节　模糊综合评价法

模糊综合评价法（fuzzy comprehensive evaluation，FCE）是由模糊数学发展而来的一种综合评价法。模糊数学是由美国自动控制专家查德（Zadeh）教授首次提出的一种数学分析方法，常用于对受到多维因素影响的对象进行综合评价，对于非结构化问题的解决尤为适合。

模糊综合评价法根据模糊数学中的隶属度理论将定性评价转换为定量评价，依据评价因素的隶属度界定并描述模糊边界。待评价对象通常受多种因素的影响，而这些影响因素往往具有模糊性，难以量化，通常使用"很好""较好""较差""很差"等定性词汇进行描述。模糊综合评价通过将各因素进行两两比较，各因素都能够按照其最优及次优程度得到相应的评价。同时，模糊综合评价法可以根据各因素的特征合理确定评价值与评价因素值之间的函数关系，形成隶属度函数。模糊综合评价法对于处理多层次多因素问题具有显著优势，能够构建出易于理解的数理模型。模糊综合评价法的这些优点使其成为应用广泛的多指标综合评价方法。

一、模糊综合评价法的基本步骤

模糊综合评价法的基本原理是：首先确定被评价对象的因素（指标）评

价集，再分别确定各因素的权重及隶属度向量，得到模糊评价矩阵，最后把模糊评价矩阵与因素的权向量进行模糊运算并进行归一化，得到模糊综合评价结果。在实际运用中可分为以下步骤进行。

（一）确定评价对象的因素集和评语集

评价对象因素集在物流系统评价中也可以理解为评价指标的集合。假设有 m 个评价指标，记 $U = \{u_1, u_2, \cdots, u_m\}$ 为评价对象的因素（指标）论域。

评语集即每个评价指标可能取值的集合，用 $V = \{v_1, v_2, \cdots, v_n\}$ 表示。例如，$V = \{$优秀，良好，中等，差，劣$\}$。

（二）进行单因素评价

在进行单因素评价时，需首先建立隶属度函数（函数形式视具体问题而定，或由专家的方法直接得出），确立指标集中各元素对评语集中各元素的隶属关系，一个被评价对象在某个指标 u_i 方面的表现通过模糊评价向量 $r_i = (r_{i1}, r_{i2}, \cdots, r_{im})$ 描述，该向量称为单因素模糊向量，所有单因素模糊向量构成了因素模糊评价矩阵：

$$R = \begin{bmatrix} r_{11} & r_{12} & \cdots & r_{1m} \\ r_{21} & r_{22} & \cdots & r_{2m} \\ \cdots & \cdots & \cdots & \cdots \\ r_{n1} & r_{n2} & \cdots & r_{nm} \end{bmatrix}$$

其中，$r_{ij}(i = 1, 2, \cdots, m; j = 1, 2, \cdots, n)$ 表示某个被评价对象指标 u_i 对评语 v_j 的隶属度。

（三）确定各指标的模糊权重向量

一般来说，各指标的相对重要程度不同，所以指标的权重分配是 V 上的一个模糊向量，记作 $W = (w_1, w_2, \cdots, w_m)$，其中，$w_i \geq 0$，$\sum_{i=1}^{m} w_i = 1$，$w_i$ 表示第 i 个指标所对应的权重。在进行评价时，权重向量 W 一般由专家打分法或层次分析法得到。

（四）多因素模糊评价

利用合适的合成算子将 W 与模糊关系矩阵 R 合成得到各被评价对象的模糊综合评价结果向量。

$$S = W \circ R = (w_1, w_2, \cdots, w_m) \begin{bmatrix} r_{11} & r_{12} & \cdots & r_{1n} \\ r_{21} & r_{22} & \cdots & r_{2n} \\ \cdots & \cdots & \cdots & \cdots \\ r_{m1} & r_{m2} & \cdots & r_{mn} \end{bmatrix} = (s_1, s_2, \cdots, s_n)$$

其中，"°"表示合成算子，s_j（$j=1$，2，$\cdots$，n）由 W 与 R 的第 j 列运算得到，表示被评价对象从整体上看对 v_j 评语子集的隶属程度。常用的合成算子有以下四种，在解决具体问题时可适当选取：

（1）$M(\wedge，\vee)$ 算子：$s_j = \bigvee\limits_{i=1}^{m}(w_i \wedge r_{ij}) = \max\limits_{1 \le i \le m}\{\min(w_i，r_{ij})\}$　（$j=1$，2，$\cdots$，n）；

（2）$M(\cdot，\vee)$ 算子：$s_j = \bigvee\limits_{i=1}^{m}(w_i，r_{ij}) = \max\limits_{1 \le i \le m}\{w_i r_{ij}\}$　（$j=1$，2，$\cdots$，n）；

（3）$M(\wedge，\oplus)$ 算子：$s_j = \min\{1，\sum\limits_{i=1}^{m}\min(w_i，r_{ij})\}$　（$j=1$，2，$\cdots$，n）；

（4）$M(\cdot，\oplus)$ 算子：$s_j = \min\{1，\sum\limits_{i=1}^{m}w_i r_{ij}\}$　（$j=1$，2，$\cdots$，n）。

（五）对模糊综合评价结果进行分析

对模糊综合评价结果向量 S 进行处理，计算出每个被评价对象的综合分值，按照综合分值的大小对被评价对象进行排序。一般采用以下两种方法：

（1）最大隶属度原则：$s_r = \max\limits_{1 \le j \le n}\{s_j\}$，$s_r$ 为综合分值。

当采用最大隶属度原则时，选择评语集中隶属度最高的评价等级作为对该对象的评价。当被评事物影响因素数目较多时，采用最大隶属度原则会丢失信息，使评价者给出的信息没有得到充分的利用，导致得出不正确的评价结果。

（2）加权平均求隶属等级：$S = \dfrac{\sum\limits_{j=1}^{n}s_j^k \times f_j}{\sum\limits_{j=1}^{n}s_j^k}$，$S$ 为综合分值，k 通常取 1，f_j 为评语赋值。

利用加权平均求隶属等级的方法可以有效利用所有评价信息，克服最大隶属度原则的缺点。

二、模糊综合评价法的特点

模糊综合评价法的特点主要有以下几种：

第一，模糊综合评价法可以进行多层次评价，并且评价过程是可以循环的。前一过程综合评价结果，可以作为后一过程综合评价的投入数据。也就是说，对于一个较为复杂的评判对象可以进行单级模糊综合评判和多级模糊综合评判。

第二，模糊综合评价法本身的性质决定了评判结果只能是一个向量，因此评判结果是一个模糊向量，而不是一个点值，并且评判结果对被评对象具有唯一性。因为模糊综合评价的对象是具有中间过渡性或亦此亦彼的事物，所以它的评判结果也就不应该是断然的，而只能用各个等级的隶属度来表示；而模糊综合评价法一般都是对被评对象逐个进行的，每个被评对象都可确定一个 R 矩阵，最终也得到一个 S 向量，所以对同一个被评判对象而言，只要评判指标权数相同，合成算子相同，模糊综合评价法的结果是具有唯一性的。不论被评对象处于什么样的被评对象集合中，评判结果都不会改变。

第三，评判的权重处理。模糊综合评价法中的权重系数向量 W 是模糊向量，不是模糊综合评价过程中伴随生成的。

第四，评判等级论域的设立。在模糊综合评价法中，总设有一个评语等级论域，且各等级含义必须是明确的。

第五节　灰色关联度综合评价法

灰色关联度综合评价法的基本思路是依据各元素（指标）的样本数据用灰色关联度来描述元素间的关系和次序，具体的评价步骤如下。

一、设计评价指标并收集相关数据

假设有 n 个评价对象，每个评价对象对应一个数据列，每个数据列含有 m 个评价指标，于是形成了一个评价指标（行）和评价对象（列）构成的二维矩阵：

$$(X_1',\ X_2',\ \cdots,\ X_n')\ =\begin{pmatrix} x_1'(1) & x_2'(1) & \cdots & x_n'(1) \\ x_1'(2) & x_2'(2) & \cdots & x_n'(2) \\ \cdots & \cdots & \cdots & \cdots \\ x_1'(m) & x_2'(m) & \cdots & x_n'(m) \end{pmatrix}$$

其中，$X_i' = (x_i'(1),\ x_i'(2),\ \cdots,\ x_i'(m))$，$i = 1,\ 2,\ \cdots,\ m$。

二、确定参考数据阵

以矩阵 $(X_1',\ X_2',\ \cdots,\ X_n')$ 中的某一列作为参考数据列，其他各列与之比较。通常在进行物流系统评价时，选取各指标的最优值或最劣值作为参考数据列。假设选取的参考数据列记为 $X_0' = (x_0'(1),\ x_0'(2),\ \cdots,\ x_0'(m))$。

三、数据列无量纲化

一般地，采用均值化法或初值化法对数据列进行无量纲化处理。

均值化法：$x_i(k) = \dfrac{x_i'(k)}{\dfrac{1}{m}\sum\limits_{i=1}^{m} x_i'(k)}$ $(i = 0, 1, 2, \cdots, n; k = 1, 2, \cdots, m)$。

初值化法：$x_i(k) = \dfrac{x_i'(k)}{x_i'(1)}$ $(i = 0, 1, 2, \cdots, n; k = 1, 2, \cdots, m)$。

处理后的数据矩阵为：

$$(X_0, X_1, \cdots, X_n) = \begin{pmatrix} x_0(1) & x_1(1) & \cdots & x_n(1) \\ x_0(2) & x_1(2) & \cdots & x_n(2) \\ \cdots & \cdots & \cdots & \cdots \\ x_0(m) & x_1(m) & \cdots & x_n(m) \end{pmatrix}$$

其中，X_0 为参考系列，$X_1, \cdots, X_n$ 为比较系列。

四、求序列差值及最大最小差值

逐个计算比较序列与参考序列各指标的绝对差值 $|x_0(k) - x_i(k)|$，$k = 1, 2, \cdots, m$，$i = 1, 2, \cdots, n$。m 为评价指标个数，n 为评价对象个数。$\min\limits_{i=1}^{n}\min\limits_{k=1}^{m}|x_0(k) - x_i(k)|$ 为差值最小值，$\max\limits_{i=1}^{n}\max\limits_{k=1}^{m}|x_0(k) - x_i(k)|$ 为差值最大值。

五、计算关联系数

依据式（9-6）计算各比较列和参考列对应元素的关联系数。

$$\xi_{0i}(k) = \frac{\min\limits_{i=1}^{n}\min\limits_{k=1}^{m}|x_0(k) - x_i(k)| + \rho \max\limits_{i=1}^{n}\max\limits_{k=1}^{m}|x_0(k) - x_i(k)|}{|x_0(k) - x_i(k)| + \rho \max\limits_{i=1}^{n}\max\limits_{k=1}^{m}|x_0(k) - x_i(k)|}$$

$$(9-6)$$

其中，ρ 为分辨系数，影响关联系数间差异的显著性，一般取 0.5。

六、计算关联序

对各比较列（评价对象）的评价指标分别计算其余参考列对应元素关联系数的均值 $r_{0i} = \dfrac{1}{m}\sum\limits_{k=1}^{m}\xi_{0i}(k)$，该值反映了各比较列与参考列的关联关系，称为关联序。如果需要考虑各评价指标权重的差别，那么 $r_{0i} = \dfrac{1}{m} \sum_{k=1}^{m} w_k \times \xi_{0i}(k)$ ，其中，w_k 为各指标的权重。各指标权重值的大小由专家打分法或层次分析法等方法确定。

七、确定灰色关联综合评价结果

因关联序是各比较列与参考列比较的结果，而参考列通常是各指标的最优值或最劣值，所以依据各评价对象关联序的大小可以确定最终的评价结果。

第六节　TOPSIS 法

逼近理想解法（technique for order preference by similarity to an ideal solution，TOPSIS）又称为优劣解距离法，是多目标决策分析中一种常用的方法。TOPSIS 法将各评价对象与理想化目标的接近程度进行排序，其基本原理是在多个评价对象的各评价指标中分别选出最优值和最劣值，称为正理想解和负理想解，然后通过分别计算各评价对象与正理想解和负理想解的距离来确定各评价对象的排序位次，如果其中有一个评价对象最接近理想解，同时又远离负理想解，则该评价对象在所有评价对象中的排序最靠前。

一、TOPSIS 法的步骤

假设有 m 个评价对象，n 个评价指标，使用 TOPSIS 法进行评价的具体步骤如下。

（一）数据规范化处理

TOPSIS 法要求各评价指标的数据具有单调性（数据同方向变化的趋势，要么各指标值都是越大越好，要么都是越小越好），因此需要对评价数据进行同方向变换，常用的变换方法有倒数法和极差化法。

（1）倒数法：$X'_{ij} = \dfrac{1}{X_{ij}}$ 　（$i = 1，2，\cdots，m，j = 1，2，\cdots，n$）。

（2）极差化法：

①越大越优型指标：$y_{ij} = \dfrac{x_{ij} - \min\limits_{1 \leqslant i \leqslant m} x_{ij}}{\max\limits_{1 \leqslant i \leqslant m} x_{ij} - \min\limits_{1 \leqslant i \leqslant m} x_{ij}}$ 　（$i = 1，2，\cdots，m$）。

②越小越优型指标：$y_{ij} = \dfrac{\max\limits_{1 \leqslant i \leqslant m} x_{ij} - x_{ij}}{\max\limits_{1 \leqslant i \leqslant m} x_{ij} - \min\limits_{1 \leqslant i \leqslant m} x_{ij}}$ 　（$i = 1，2，\cdots，m$）。

在完成变换后，按照 $y_{ij} = \dfrac{x_{ij}}{\sqrt{\sum\limits_{i=1}^{m} x_{ij}^2}}$ 　$(i=1,\ 2,\ \cdots,\ m;\ j=1,\ 2,\ \cdots,\ n)$

对各指标数据进行向量归一化处理。

（二）确定正理想解和负理想解

由于评价数据经过了规范化处理，因此可直接选择各评价对象的最大指标值作为正理想解向量，最小指标值作为负理想解向量。

（三）确定评价指标权重

通过层次分析法或熵值法等其他方法确定指标权重。

（四）计算距离

（1）按照 $D_i^+ = \sqrt{\sum\limits_{j=1}^{m} w_j \times (a_{ij}^+ - a_{ij})^2}$ 计算与正理想解的距离。

（2）按照 $D_i^- = \sqrt{\sum\limits_{j=1}^{m} w_j \times (a_{ij} - a_{ij}^-)^2}$ 计算与负理想解的距离。

其中，w_j 为评价指标权重，a_{ij} 为各评价对象的指标值，a_{ij}^+ 为评价指标的最优值，a_{ij}^- 为评价指标的最劣值。

（五）计算接近程度

按照 $C_i = \dfrac{D_i^-}{D_i^+ + D_i^-}$ 计算接近程度，由计算结果可得各评价对象的排序位次，数值越大，排序位次越高。

二、TOPSIS 法的特点

TOPSIS 法与灰色关联度评价法有很多相似之处，都是将各评价对象与构造出的参考数据做比较，TOPSIS 法是和正理想解与负理想解做比较，灰色关联度评价法是和由各指标的最大值或最小值构成的参考列做比较，不同的是，TOPSIS 法用欧氏距离来求解，灰色关联度评价法用关联系数进行求解。

习题

简答题

1. 物流系统评价的原则有哪些?
2. 物流系统评价的步骤有哪些?
3. 常见的评价方法有哪些?
4. 层次分析法的步骤是什么?

参 考 文 献

[1] 曹二保：《物流配送车辆路径问题模型及算法研究》，湖南大学博士学位论文，2008 年。

[2] 陈德良：《物流系统规划与设计》，机械工业出版社 2021 年版。

[3] 陈萍：《启发式算法及其在车辆路径问题中的应用》，北京交通大学博士学位论文，2009 年。

[4] 戴恩勇、阳晓湖、袁超：《物流系统规划与设计》，清华大学出版社 2019 年版。

[5] 邓延伟：《我国水产品冷链物流绩效评价研究》，北京交通大学博士学位论文 2014 年。

[6] 韩伯领、周凌云：《物流园区规划设计与运营：理论方法及实践》，北京交通大学出版社 2018 年版。

[7] 贺苗苗：《沈阳近海物流园区信息系统规划研究》，北京交通大学硕士学位论文，2008 年。

[8] 贺一：《禁忌搜索及其并行化研究》，西南大学博士学位论文，2006 年。

[9] 胡良德：《城市物流园区规划研究》，武汉理工大学硕士学位论文，2005 年。

[10] 孔继利：《物流配送中心规划与设计》（第 2 版），北京大学出版社 2018 年版。

[11] 李浩、刘桂云：《物流系统规划与设计》，浙江大学出版社 2009 年版。

[12] 李庆庚：《SLP 在农产品物流园区布局中的应用研究》，同济大学硕士学位论文，2006 年。

[13] 李相勇：《车辆路径问题模型及算法研究》，上海交通大学博士学位论文，2007 年。

[14] 李晓梅、傅书勇：《市场调查分析与预测》，清华大学出版社 2020 年版。

[15] 刘联辉、罗俊：《物流系统规划及其分析设计》，中国财富出版社 2017 年版。

[16] 刘满凤、陶长琪、柳键等：《运筹学教程》，清华大学出版社 2010 年版。

［17］米婷露：《基于改进 SLP 的物流园区功能区布局规划研究》，北京交通大学硕士学位论文，2014 年。

［18］苗敬毅、董媛香、张玲等：《预测技术与方法》，清华大学出版社 2019 年版。

［19］齐二石、方庆琯：《物流工程》，机械工业出版社 2021 年版。

［20］乔普拉、迈因德尔：《供应链管理：战略、计划和运作》，刘曙光、吴秀云译，中国人民大学出版社 2017 年版。

［21］王术峰：《物流系统规划与设计》，机械工业出版社 2021 年版。

［22］王勇、刘永：《运输与物流系统规划》，西南交通大学出版社 2018 年版。

［23］王媛媛：《物流园区规划与运作若干问题研究》，西南交通大学硕士学位论文，2005 年。

［24］魏权龄：《数据包络分析（DEA）》，载《科学通报》2000 年第 17 期。

［25］徐贤浩：《物流配送中心规划与运作管理》，华中科技大学出版社 2020 年版。

［26］杨健：《定量分析方法》，清华大学出版社 2018 年版。

［27］叶珍：《基于 AHP 的模糊综合评价方法研究及应用》，华南理工大学硕士学位论文，2011 年。

［28］伊俊敏：《物流工程》（第 5 版），电子工业出版社 2020 年版。

［29］郁磊、史峰、王辉等：《MATLAB 智能算法 30 个案例分析》，北京航空航天大学出版社 2015 年。

［30］张华歆：《预测与决策：理论及应用》，上海交通大学出版社 2014 年版。

［31］张庆英：《物流系统工程：理论、方法与案例分析》，电子工业出版社 2011 年版。

［32］钟石泉：《物流配送车辆路径优化方法研究》，天津大学博士学位论文，2007 年。

［33］朱耀勤、王斌国、姜文琼：《物流系统规划与设计》，北京理工大学出版社 2017 年版。

［34］Langevin A, Soumis F, Desrosiers J. Classification of Travelling Salesman Problem Formulations, *Operations Research Letters*, Vol. 9, No. 2, March 1990, pp. 127 – 132.